l'orthographe



## LES ACCORDS

### ▸ L'accord du verbe avec son sujet

- **Le verbe s'accorde en genre, en nombre et en personne avec son sujet.**
- Certains pronoms, certaines expressions sont toujours au singulier : *on, chacun, tout le monde, une foule de...*
- L'expression *la plupart* demande le pluriel.

### ▸ L'accord de l'adjectif

- **L'adjectif s'accorde en genre et en nombre avec le nom auquel il se rapporte**.
- **La majorité des adjectifs de couleur s'accorde.**
- Les adjectifs de couleur qui font référence à des objets (notamment un végétal) ne s'accordent pas : *des chaussures marron*.

  **Attention !** Les adjectifs *écarlate, fauve, incarnat, mauve, rose, pourpre* font exception à cette règle et s'accordent.
- Les adjectifs de couleur composés ne s'accordent pas : *des chaussures bleu ciel*.

### ▸ L'accord du participe passé

- **Le participe passé employé sans auxiliaire**

Il s'accorde en genre et en nombre avec le nom auquel il se rapporte.

- **Le participe passé employé avec l'auxiliaire *être***

Il s'accorde en genre et en nombre avec le sujet.

*Elle est revenue*.

- **Le participe passé employé avec l'auxiliaire *avoir***

Il s'accorde **avec le COD** si celui-ci est **placé avant le verbe**.
*Nous avons cueilli des fraises et nous les* (COD) *avons mangées*.

- **Le participe passé d'un verbe pronominal**

– Si le verbe n'a **pas de COD**, le participe passé s'accorde avec le sujet. *Elle s'est lavée*.

– Si le verbe est **suivi de son COD**, le participe passé ne **s'accorde pas**. *Elle s'est lavé les mains*.

– Si le verbe est **précédé de son COD**, le participe passé **s'accorde avec ce COD**.
*Ses mains ? Elle se les est lavées*.

# Outils d'analyse littéraire

## FIGURES DE STYLE

| | |
|---|---|
| une allitération | répétition d'un son : une ou plusieurs consonnes<br>*Ex.* : « Pour qui sont ces serpents qui sifflent sur vos têtes » (Racine) |
| une assonance | répétition d'un son : une ou plusieurs voyelles<br>*Ex.* : « Dans votre nuit, sans lui complète » (Hugo) |
| une anaphore | répétition d'un mot au début d'un vers ou d'une phrase<br>*Ex.* : Rome, l'unique objet de mon ressentiment !<br>Rome, à qui vient ton bras d'immoler mon amant ! » (Corneille) |
| une antithèse | opposition entre deux mots<br>*Ex.* : « ver de terre amoureux d'une étoile » (Hugo) |
| un chiasme | figure à quatre termes : le premier est associé au dernier, le second au troisième<br>*Ex.* : « Ils ne *mouraient* pas tous mais tous étaient *frappés*. » (La Fontaine) |
| un oxymore | rapprochement de deux termes opposés<br>*Ex.* : « Le soleil noir de la mélancolie » (Nerval) |
| une allégorie | représentation concrète d'une idée abstraite<br>*Ex.* : Une vielle femme avec sa faux est une allégorie de la mort. |
| une personnification | fait d'attribuer des caractéristiques humaines à une chose ou à un animal<br>*Ex.* : « Le Cerf ne pleura point » (La Fontaine) |
| un euphémisme | expression qui atténue la brutalité d'un fait<br>*Ex.* : « Il nous a quittés » pour dire « Il est mort ». |
| une hyperbole | exagération<br>*Ex.* : J'ai un appétit d'ogre. |
| une métaphore | comparaison sans outil de comparaison (ex. : absence du mot « comme »)<br>*Ex.* : un océan de blé |

## PROCÉDÉS DE VERSIFICATION

| | |
|---|---|
| un alexandrin | vers de 12 syllabes |
| une césure | pause au milieu de l'alexandrin |
| un hémistiche | demi-alexandrin (6 syllabes) |
| un décasyllabe | vers de 10 syllabes |
| un octosyllabe | vers de 8 syllabes |
| des rimes plates | rimes qui se suivent (a.a.b.b.) |
| des rimes croisées | le 1er vers rime avec le 3e et le 2e avec le 4e (a.b.a.b.) |
| des rimes embrassées | le 1er vers rime avec le 4e et le 2e avec le 3e (a.b.b.a.) |
| un sonnet | poème formé de deux quatrains et de deux tercets |
| un quatrain | strophe de quatre vers |
| un tercet | strophe de 3 vers |

## PRINCIPAUX GENRES

| | |
|---|---|
| un roman | long récit de fiction en prose |
| une autobiographie | récit de sa propre vie |
| un conte | récit de fiction plutôt court transmettant une leçon |
| une fable | court récit de fiction en vers transmettant une leçon |
| un poème | texte, en vers ou en prose, destiné à émouvoir par une utilisation particulière du langage |
| une pièce de théâtre | texte destiné à être représenté par des comédiens plutôt que lu |

Le Bled Collège

# Français

**Isabelle de Lisle**
Professeur agrégé

**Karine Juillien**
Professeur agrégé

hachette
ÉDUCATION

# Mode d'emploi

**Le BLED Collège** est l'ouvrage de référence qui vous accompagnera tout au long de votre scolarité au collège.

L'ensemble des programmes de français de la 6e à la 3e est traité à travers 165 leçons claires et structurées.

Des **onglets de couleurs** différentes pour repérer chaque partie

**Le cours** expliqué simplement

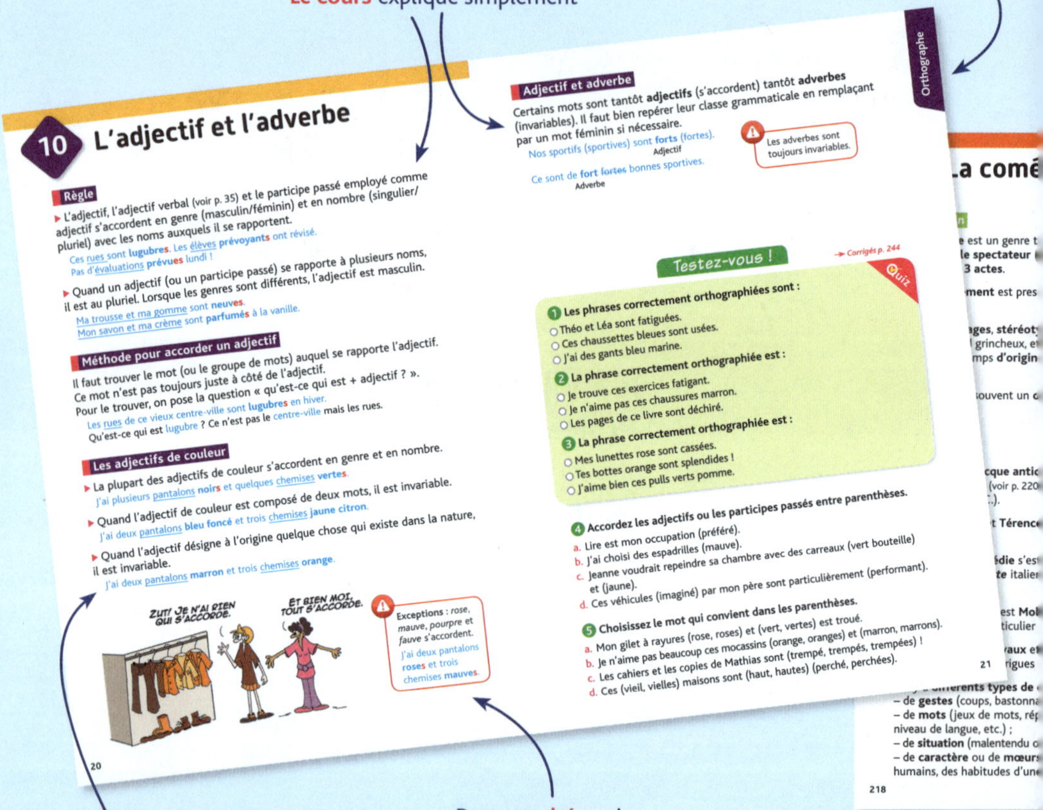

## 10 L'adjectif et l'adverbe

**Règle**

▸ L'adjectif, l'adjectif verbal (voir p. 35) et le participe passé employé comme adjectif s'accordent en genre (masculin/féminin) et en nombre (singulier/pluriel) avec les noms auxquels il se rapportent.

Ces rues sont **lugubres**. Les élèves **prévoyants** ont révisé.
Pas d'évaluations **prévues** lundi !

▸ Quand un adjectif (ou un participe passé) se rapporte à plusieurs noms, il est au pluriel. Lorsque les genres sont différents, l'adjectif est masculin.

Ma trousse et ma gomme sont **neuves**.
Mon savon et ma crème sont **parfumés** à la vanille.

**Méthode pour accorder un adjectif**

Il faut trouver le mot (ou le groupe de mots) auquel se rapporte l'adjectif. Ce mot n'est pas toujours juste à côté de l'adjectif. Pour le trouver, on pose la question « qu'est-ce qui est + adjectif ? ».

Les rues de ce vieux centre-ville sont **lugubres** en hiver.
Qu'est-ce qui est lugubre ? Ce n'est pas le centre-ville mais les rues.

**Les adjectifs de couleur**

▸ La plupart des adjectifs de couleur s'accordent en genre et en nombre.
J'ai plusieurs pantalons **noirs** et quelques chemises **vertes**.

▸ Quand l'adjectif de couleur est composé de deux mots, il est invariable.
J'ai deux pantalons **bleu foncé** et trois chemises **jaune citron**.

▸ Quand l'adjectif désigne à l'origine quelque chose qui existe dans la nature, il est invariable.
J'ai deux pantalons **marron** et trois chemises **orange**.



**Exceptions** : *rose, mauve, pourpre* et *fauve* s'accordent.
J'ai deux pantalons **roses** et trois chemises **mauves**.





**Adjectif et adverbe**

Certains mots sont tantôt **adjectifs** (s'accordent) tantôt **adverbes** (invariables). Il faut bien repérer leur classe grammaticale en remplaçant par un mot féminin si nécessaire.

Nos sportifs (sportives) sont **forts** (fortes).
Adjectif

Ce sont de **fort** ~~fortes~~ bonnes sportives.
Adverbe

Les adverbes sont toujours invariables.

**Testez-vous !**

→ Corrigés p. 244

Quiz

1 **Les phrases correctement orthographiées sont :**
○ Théo et Léa sont fatiguées.
○ Ces chaussettes bleues sont usées.
○ J'ai des gants bleu marine.

2 **La phrase correctement orthographiée est :**
○ Je trouve ces exercices fatigant.
○ Je n'aime pas ces chaussures marron.
○ Les pages de ce livre sont déchiré.

3 **La phrase correctement orthographiée est :**
○ Mes lunettes rose sont cassées.
○ Tes bottes orange sont splendides !
○ J'aime bien ces pulls verts pomme.

4 **Accordez les adjectifs ou les participes passés entre parenthèses.**
a. Lire est mon occupation (préféré).
b. J'ai choisi des espadrilles (mauve).
c. Jeanne voudrait repeindre sa chambre avec des carreaux (vert bouteille) et (jaune).
d. Ces véhicules (imaginé) par mon père sont particulièrement (performant).

5 **Choisissez le mot qui convient dans les parenthèses.**
a. Mon gilet à rayures (rose, roses) et (vert, vertes) est troué.
b. Je n'aime pas beaucoup ces mocassins (orange, oranges) et (marron, marrons).
c. Les cahiers et les copies de Mathias sont (trempé, trempés, trempées) !
d. Ces (vieil, vielles) maisons sont (haut, hautes) (perché, perchées).





Des **encadrés** qui attirent l'attention sur une difficulté

De nombreux **exemples** pour bien comprendre


Couverture et maquette intérieure : Mélissa Chalot
Illustrations : Anne-Gaëlle Poirier
Mise en page : Mediamax

ISBN : 978-2-01-290369-2

Des **encadrés** qui attirent l'attention sur un point du cours

Des **extraits d'œuvres** au programme

MON OR!

ou en vers dont le but est
e). Elle est généralement

reux et aboutit souvent

valet
onnus,

**À savoir**
Le mot « comédie » signifie « chant de la cérémonie » en grec, en référence au caractère religieux des premières comédies grecques.

ée dans les **mêmes conditions**
célèbre est **Aristophane**

J.-C.) l'ont détachée de tout

ée de la **farce** (voir p. 217) et de
mprovisation et le **comique de**

3). Il a repris certaines de ses
s plus célèbres pièces : *L'Avare*.

ont également eu un grand
que celles de Molière.

.) ;
s ou patois,

s l'intrigue) ;
es défauts
e époque).

**À savoir**
Le **quiproquo** est une situation où une personne ou une chose est prise pour une autre.

**Exemple**

SCAPIN. – Attendez, Monsieur, nous y voici. Pendant que nous mangions, il a fait mettre la galère en mer, et se voyant éloigné du port, il m'a fait mettre dans un esquif, et m'envoie vous dire que, si vous ne lui envoyez par moi tout à l'heure cinq cents écus, il va vous emmener votre fils en Alger.
GÉRONTE. – Comment, diantre, cinq cents écus ?
SCAPIN. – Oui, Monsieur ; et de plus il ne m'a donné pour cela que deux heures. [...]
GÉRONTE. – Que diable allait-il faire dans cette galère ?
SCAPIN. – Il ne songeait pas à ce qui est arrivé.
GÉRONTE. – Va-t'en, Scapin, va-t'en vite dire à ce Turc que je vais envoyer la justice après lui.
SCAPIN. – La justice en pleine mer ! Vous moquez-vous des gens ?
GÉRONTE. – Que diable allait-il faire dans cette galère ?

Molière, *Les Fourberies de Scapin*, Acte II, scène 7, 1671.

**Testez-vous !** → Corrigés p. 257

Quiz

**1 Quel est le rang social majoritaire des personnages de comédie ?**
○ Ils sont issus de la noblesse.
○ Ils sont issus de la haute bourgeoisie.
○ Ils sont issus du peuple.

**2 Sur quel type de comique les premières comédies reposent-elles ?**
○ De gestes. ○ De mots. ○ De situation.

**3 Pourquoi les personnages des comédies sont-ils stéréotypés ?**
○ Parce que les auteurs de comédies manquent d'imagination.
○ Parce que c'est plus facile de se moquer de ce type de personnages.
○ Parce que les spectateurs les identifient mieux.

**4 Sur quels types de comique la scène ci-dessus repose-t-elle ?**
a. Sur le comique de gestes.
b. Sur le comique de mots.
c. Sur le comique de situation.
d. Sur le comique de caractère.

**5 Dans le texte ci-dessus, à quoi voit-on que Géronte ne veut pas payer ?**
a. La réplique « Comment, diantre, cinq cents écus ? » montre son agacement.
b. Il ne croit pas ce que dit Scapin.
c. Il ne répond jamais à la demande de Scapin.
d. Il est tellement triste qu'il perd la tête.

Littérature, lecture et analyse

219

**Un quiz** et **des exercices**, pour valider la maîtrise du cours

Un renvoi aux **corrigés**

# Et aussi, disponibles en fin d'ouvrage

Tous les **corrigés** des quiz et des exercices

Corrigés

244

Les **tableaux de conjugaison** modèles

DIRE

279

Un **index détaillé** pour trouver rapidement l'information cherchée

Index

260

# Sommaire

## ORTHOGRAPHE

### Orthographe d'usage



### Les accords



### Les terminaisons des verbes



### Les homophones

## GRAMMAIRE

### Les classes grammaticales



### Les fonctions



### La phrase

## CONJUGAISON



## VOCABULAIRE – RÉDACTION

### Vocabulaire



### Rédaction

## LITTÉRATURE : LECTURE ET ANALYSE

### Les registres et les genres littéraires



### Les outils d'analyse

# 1 Les accents

## Les accents sur le *a*, le *i*, le *o* et le *u*

▶ On peut trouver un **accent grave** sur les voyelles ***a*** et ***u*** ; il permet de distinguer les homophones.

***à*** → une machine à laver / Il a raison.
***çà*** → çà et là / Je n'aime pas ça.
***là*** → J'habite là. / la maison
***où*** → Je sais où tu vis. / du beurre ou du miel

▶ En conjugaison, on peut trouver un **accent circonflexe** sur le ***a***, le ***i***, le ***o*** et le ***u***.

Le passé simple → Nous chantâmes, vous finîtes, nous courûmes. (voir p. 144)
L'imparfait du subjonctif → Qu'il eût, qu'il parlât. (voir p. 154)

▶ On trouve un **accent circonflexe** sur certains mots, ce qui permet de distinguer les homophones. (voir p. 36 à 53)

un mur / Il est mûr. ; sur la table / Il est sûr de lui. ; du pain / J'ai dû partir...

▶ D'autres mots ont des accents circonflexes : drôle, bâton, hôpital...

▶ La réforme de 1990 permet de supprimer l'accent circonflexe quand il n'est pas indispensable. une boîte ou une boite, le dîner ou le diner, naître ou naitre

## Les accents sur le *e*

▶ L'**accent aigu** indique une prononciation fermée : l'été.

▶ L'**accent grave** et l'**accent circonflexe** indiquent une prononciation ouverte : il achète, une crêpe.

> ⚠ On ne met jamais d'accent devant un *x*, une double consonne, le groupe *-st-*, les consonnes finales.
>
> un exercice, une brochette, un estuaire, un pied, le boucher, le nez

## Le tréma

Le tréma se place sur les voyelles ***e***, ***i*** et ***u*** pour demander une prononciation particulière.

le maïs, Noël, une situation ambiguë (ou ambigüe selon la nouvelle orthographe)

**Quiz** Corrigés p. 244

**1 Comment doit-on compléter la phrase suivante ?**

J'ai ... fermer la porte ... placard.

- ○ du – du.
- ○ dû – dû.
- ○ dû – du.

**2 Le mot correctement orthographié est :**

- ○ un élève.
- ○ un èlève.
- ○ un èléve.

**3 Le mot correctement orthographié est :**

- ○ un éxemple.
- ○ une fourchètte.
- ○ un festival.

# 2 Les doubles consonnes

## Les doubles consonnes au début d'un mot

▶ Les mots commençant par ***-ac***, ***-af***, ***-at***, ***-ar*** et ***-ap*** doublent la consonne ***-c***, ***-f***, ***-t***, ***-r*** ou ***-p***.

accueillir, affection, attacher, arriver, affliger, appartenir...

**Exceptions :** ***ac*** : acacia, acompte, acajou, académie, acrobate... ; ***af*** : afin, Afrique, africain ; ***at*** : atlas, athlète, atelier... ; ***ar*** : arête, aromate... ; ***ap*** : apercevoir, aplatir, aplanir, apostrophe, apaiser, apeuré, apitoyer...

▶ Les mots commençant par ***-as*** doublent le ***-s*** s'il est suivi d'une voyelle.

associé, assez, assassin...

▶ Les mots commençant par ***-ad*** et ***-ag*** ne doublent pas la consonne.

adresse, admettre, adorer, agriculture, agrafe, agir...

**Exceptions :** les mots de la famille d'*addition*, *agglomération*, *aggraver* et *agglutiner*.

## Les doubles consonnes au milieu d'un mot

▶ Le ***-s*** entre deux voyelles est doublé s'il se prononce « s » et non « z ».

Je m'appuie sur un coussin ; j'ai invité mon cousin.

▶ Quand ***-e-*** se prononce « è » et ne porte pas d'accent, la consonne qui suit le *-e-* est doublée.

une fourchette, une poubelle, il appelle, il jette, ils prennent...

**À savoir**

Pour écrire un mot, il est souvent utile de connaître les mots de la même famille.

terre → terrestre, terrain, enterrer, atterrir...

## Les doubles consonnes au féminin

Certains noms et adjectifs doublent la consonne au féminin.

chien → chienne ; ancien → ancienne ; gros → grosse ; superficiel → superficielle

**Quiz** Corrigés p. 244

**1 Le mot correctement orthographié est :**

○ apercevoir. ○ appaiser. ○ aprendre.

**2 Le mot correctement orthographié est :**

○ l'agravation. ○ l'agrafe. ○ l'aglomération.

**3 Le mot correctement orthographié est :**

○ un buisson. ○ une assperge. ○ un plasstique.

# 3 La fin des noms

| Son final | Règle | Exceptions |
|---|---|---|
| Le son « eur » | Les noms masculins et féminins se terminent par **-eur**. le coiffeur, la douceur | le beurre, la demeure, un leurre, un heurt, un cœur, un chœur, la sœur, la rancœur **Mots d'origine anglaise :** manager, leader… |
| Le son « o » | • **-eau** (surtout des noms masculins) : le château, le poteau<br>• **-au** : le noyau, le tuyau<br>• **-o** : le lavabo<br>• **-o** ou **-au** + **lettre finale muette** : un escroc, le galop, un taux… | |
| Le son « é » pour les noms masculins | • **-er** : un boulanger, un poirier<br>• **-é** : un café, un employé<br>• **-ée** : un musée, un lycée | **Quelques terminaisons particulières :** un pied, un marchepied, un nez… |
| Le son « é » pour les noms féminins | Ils se terminent par **-ée** : une année, la soirée, une mosquée | la clé (clef), l'acné **Les noms féminins en *-té* ou *-tié*** : la vérité, la réalité (sauf la dictée, la montée, la jetée, la portée et les noms qui indiquent un contenu : une assiettée…) |
| Le son « è » pour les noms masculins | Ils se terminent souvent par **-et** : le muguet, le ticket, un sonnet | le quai, le relais, un portrait, un souhait, un poney… |
| Le son « è » pour les noms féminins | Ils se terminent par **-aie** : la baie, la monnaie | la paix, la forêt |
| Le son « u » pour les noms masculins | • **-u** : un tissu, un fichu<br>• -u + **lettre finale muette** : un jus, un flux | |
| Le son « u » pour les noms féminins | Ils se terminent par **-ue** : la rue, la verrue | une tribu, la vertu, la glu, la bru |
| Le son « i » pour les noms masculins | • -i : un oubli, un pari, un abri<br>• -i + **lettre finale muette** : un nid, un outil, un répit | |

| Son final | Règle | Exceptions |
|---|---|---|
| Le son « i » pour les noms féminins | Ils se terminent par -ie : la pluie, l'ortie | la perdrix, la souris, la brebis, la fourmi, la nuit… |
| Le son « ou » pour les noms masculins | Terminaisons variées : le pou, le loup, le pouls… | |
| Le son « ou » pour les noms féminins | Ils se terminent par -oue : la joue, la boue | la toux |
| Le son « oir » pour les noms masculins | Ils se terminent généralement par -oir : le trottoir, un devoir | **Quelques exceptions courantes** : le répertoire, le laboratoire, un territoire, un interrogatoire |
| Le son « oir » pour les noms féminins | Ils se terminent par -oire : une histoire, une baignoire | |

**À savoir**

Il est souvent utile de regarder les mots de la même famille.
reposer → le repos

## Testez-vous !

→ Corrigés p. 244

Quiz

**1 Le mot correctement orthographié est :**
○ la sociétée. ○ l'amabilitée. ○ la dictée.

**2 Le mot correctement orthographié est :**
○ une fourmi. ○ une brebi. ○ la stratégi.

**3 Le mot correctement orthographié est :**
○ un pommié. ○ un charcutié. ○ un blessé.

**4 Choisissez le mot qui convient dans les parenthèses.**

a. La (véritée, vérité) est que je n'aime pas le (pâtée, pâté) de ce (charcutier, charcutié).
b. Je fais un (souhait, souhai, souhé) : me transformer en (perdri, perdris, perdrix).
c. Il est l'(heur, heure) d'aller chez le (docteur, docteure).
d. Le (laboratoir, laboratoire) se trouve sur le même (trottoir, trottoire) que la poste.

**5 Chaque phrase contient une erreur : corrigez-la.**

a. Cette souri grise est capable de manger un loup !
b. Restez à l'abris de la pluie.
c. Le devoir portera sur notre visite au musé.
d. N'utilise pas cet outil pour enlever ta verru !

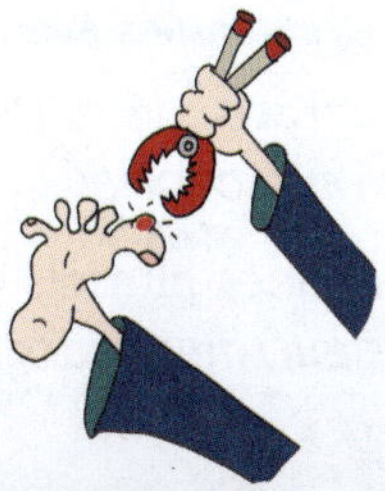

# 4 Genre et nombre des noms

## Le genre (masculin/féminin) des noms communs

▶ La plupart des noms ont un genre qui leur est propre et ils ne peuvent pas en changer.

une table : au féminin uniquement ; un crayon : au masculin uniquement.

▶ Certains noms peuvent se mettre au féminin.

le cousin → la cousine : ajout d'un *-e*.

l'épicier → l'épicière : ajout d'un *-e* et d'un accent.

l'acteur → l'actrice : changement de suffixe.

le cheval → la jument : changement de mot.

## Le nombre (singulier/pluriel) des noms communs : la règle

On met un ***-s*** à la fin d'un nom quand il est au pluriel.

une bouteille, des bouteilles

## Le nombre des noms communs : les particularités

▶ Quand un nom au singulier se termine par ***-au***, ***-eau*** ou ***-eu***, il prend un ***-x*** au pluriel.

un gâteau/des gâteaux ; un feu/des feux

**Exceptions :** *landau(s), pneu(s), un (des) bleu(s)*

> Quand un nom se termine par ***-s***, ***-x*** ou ***-z*** au singulier, il ne change pas au pluriel.
>
> une croix/des croix ; un nez/des nez

▶ Quand un nom se termine par ***-ou*** au singulier, il se termine par un ***-s*** au pluriel.

le cou/les cous

**Exceptions :** *bijou(x), caillou(x), chou(x), genou(x), hibou(x), joujou(x), pou(x)*

Dans ce coffre, il n'y a pas de bijoux mais des clous et des cailloux.

▶ Les noms se terminant par ***-al*** au singulier se terminent par ***-aux*** au pluriel.

un cheval/des chevaux ; un journal/des journaux

**Exceptions :** *régal(s), récital(s), festival(s), chacal(s), carnaval(s), bal(s)*

▶ Quand un nom se termine par ***-ail***, il prend un ***-s*** au pluriel.

un éventail/des éventails

**Exceptions :** *vitrail/vitraux ; travail/travaux ; corail/coraux ; émail/émaux ; soupirail/soupiraux*

▶ Quelques pluriels particuliers : *œil/yeux ; aïeul/aïeux ; madame/mesdames ; monsieur/messieurs ; ciel/cieux ; bonhomme/bonshommes.*

## Les noms propres au pluriel

- Certains noms propres sont toujours au pluriel.
  les Alpes, les Pyrénées
- Les prénoms et les noms de famille ne se mettent pas au pluriel.
  Il existe plusieurs Marie Dupont en France.

**À savoir**
En règle générale, les noms propres sont invariables.

## Testez-vous !

→ Corrigés p. 244

Quiz

**1 Le groupe nominal correctement orthographié est :**

- ○ les détails.
- ○ les vitrails.
- ○ les travails.

**2 Le groupe nominal correctement orthographié est :**

- ○ les cloux.
- ○ les choux.
- ○ les écroux.

**3 Le groupe nominal correctement orthographié est :**

- ○ les carnavals.
- ○ les journals.
- ○ les animals.

**4 Mettez au pluriel les groupes nominaux suivants.**

Un tuyau, un nez, un portail, un morceau, un pou, un verrou, un anneau, un bal, un canal, un vœu, un bleu, un jeu, un pneu.

**5 Corrigez les six erreurs dans les phrases suivantes.**

a. Nous avons observé de magnifiques corails.
b. Monsieur Durand est sévère : chez les Durands, les enfant obéissent.
c. Mes aïeuls collectionnaient les bijous, les sous et les éventails.
d. Les dames directeures de l'école des oiseau sont des hiboux.

# 5 Genre et nombre des adjectifs

## Le féminin des adjectifs : la règle

**Les adjectifs prennent un *-e* au féminin.**
– Si l'adjectif au masculin se termine par une consonne muette, on entend la modification.

grand → grande ; content → contente

– Si l'adjectif se termine par une voyelle, on n'entend pas la modification.

menu → menue

## Le féminin des adjectifs : particularités

▶ Les adjectifs qui se terminent par un ***-e*** sont identiques au masculin et au féminin singuliers.

un boulevard large, une avenue large

▶ Quand l'adjectif au masculin se termine par ***-et***, ***-on***, ***-ien***, ***-l*** ou ***-s***, la consonne finale est doublée.

muet → muette ; bon → bonne ; ancien → ancienne ; cruel → cruelle ; gras → grasse

▶ Certains adjectifs changent de suffixe au féminin :
***-er* → *-ère*** : cher → chère ; printanier → printanière
***-eau* → *-elle*** : beau → belle ; nouveau → nouvelle
***-eux* → *-euse*** : joyeux → joyeuse ; peureux → peureuse
***-eur* → *-euse*** : charmeur → charmeuse ; joueur → joueuse
***-eur* → *-rice*** : évocateur → évocatrice ; créateur → créatrice
***-eur* → *-eresse*** : vengeur → vengeresse ; enchanteur → enchanteresse
***-ou* → *-olle*** : mou → molle ; fou → folle

▶ Quelques adjectifs courants :
neuf → neuve ; vif → vive ; sec → sèche ;
frais → fraîche ; vieux → vieille

> ⚠ Le **beau** temps, le **bel** été (masculin), une **belle** saison.
> Un **nouveau** mois, le **nouvel** an (masculin), la **nouvelle** année.

## Le pluriel des adjectifs : la règle

Les adjectifs prennent un ***-s*** au pluriel.

grand → grands ; grande → grandes

## Le pluriel des adjectifs : particularités

▶ Les adjectifs qui se terminent par un ***-s*** ou un ***-x*** sont identiques au masculin singulier et au masculin pluriel.

un papier gras/des papiers gras ; un enfant paresseux/des enfants paresseux

▶ Les adjectifs terminés par *-eau* au masculin singulier prennent un *-x* au pluriel.

beau → beaux ; nouveau → nouveaux

▶ Les adjectifs terminés par *-al* au masculin singulier se terminent par *-aux* au pluriel.

national → nationaux ; génial → géniaux

**Exceptions :** *banal(s), bancal(s), fatal(s), glacial(s), natal(s), naval(s), final(s)*

les combats navals, les résultats finals

## Testez-vous !

→ *Corrigés p. 244*

Quiz

**1 Le groupe nominal correctement orthographié est :**

○ une histoire particulierre.
○ une jeune fille vive.
○ une vallée enchantrice.

**2 Le groupe nominal correctement orthographié est :**

○ un beau enfant.
○ des idées génials.
○ un garçon malheureux.

**3 Le groupe nominal correctement orthographié est :**

○ les dénouements fataux.
○ les projets originals.
○ les élections municipales.

**4 Remplacez le nom en gras par le nom entre parenthèses et effectuez les modifications nécessaires.**

a. Un **vent** (brise) léger et frais soufflait.
b. Ce **climat** (saison) chaud et sec est fatigant.
c. Mon **oncle** (tante) est bourru et rêveur.
d. Le **concours** (compétition) annuel est ambitieux.

**5 Mettez au pluriel les noms en gras et effectuez les modifications nécessaires.**

a. Ce nouveau **film** est passionnant.
b. Le **conseil** régional prend une **décision** essentielle.
c. Le **chevalier** courageux ne craint pas le **coup** fatal.
d. Ce **fait** banal ne fait pas la une du **quotidien** national.

# 6 Les adverbes en *-ment*

## Formation des adverbes en *-ment* : la règle

▶ Les adverbes en ***-ment*** se forment à partir des adjectifs au féminin.

sec / sèche → sèchement ; vif / vive → vivement

▶ De nombreux adjectifs sont identiques au masculin et au féminin.

agréable → agréablement ; aimable → aimablement

## Formation des adverbes en *-ment* à partir des adjectifs terminés par *-ant* et *-ent*

▶ Les adverbes formés à partir des adjectifs en ***-ant*** se terminent par ***-amment***.

cour**ant** → couramment ; méch**ant** → méchamment

▶ Les adverbes formés à partir des adjectifs en ***-ent*** se terminent par ***-emment***.

pati**ent** → patiemment

prud**ent** → prudemment

**Exceptions :** *lent/lente → lentement ; véhément/véhémente → véhémentement.*

## Particularités

▶ Quand l'adjectif se termine au masculin par une autre voyelle que le ***-e***, l'adverbe correspondant se forme à partir de l'adjectif au masculin et non pas au féminin.

vrai → vraiment ; absolu → absolument ; hardi → hardiment ; poli → poliment

▶ Dans certains cas, le ***-e*** final de l'adjectif est remplacé par un ***-é*** dans l'adverbe correspondant.

aveugle → aveuglément ; précis → précisément

▶ De nombreux adverbes formés à partir des adjectifs en ***-u*** prennent un accent circonflexe selon l'orthographe traditionnelle. Depuis 1990, cet accent est facultatif.

assidu → assidûment (assidument) ; goulu → goulûment (goulument)

▶ Certains adverbes sont irréguliers.

gentil → gentiment ; bref → brièvement ; gai → gaiement

**Quiz** Corrigés p. 244

**1 L'adverbe est :** ○ hurlement. ○ équipement. ○ rapidement.

**2 L'adverbe correspondant à l'adjectif *vaillant* est :**

○ vaillantement. ○ vaillamment. ○ vaillemment.

**3 L'adverbe formé à partir de *intense* est :**

○ intensément. ○ intensement. ○ intensémment.

# 7 Majuscule ou minuscule

## La majuscule au début de la phrase

▶ La **majuscule**, placée au début de la phrase, et le **point**, à la fin, sont les deux signes qui permettent de **délimiter une phrase**.

▶ On met une majuscule après un point, un point d'interrogation, un point d'exclamation ou des points de suspension. On ne met pas de majuscule après un point-virgule.

J'habite à Lyon. Où habites-tu ? Quelle journée !
Un vaisseau a atterri ; un martien a débarqué.

▶ On ne met pas de majuscule au début d'une incise narrative dans le dialogue.

– Où nous sommes-nous posés ? **a**-t-il demandé.

**À savoir**

On met une majuscule au début d'un titre et aussi au premier nom dans le titre.

*Les Misérables*, *Les Travailleurs de la mer* sont écrits par Victor Hugo.

## La majuscule pour les noms propres

▶ Les noms propres (prénoms, noms de famille) qui désignent des personnes commencent par une majuscule. Jean de La Fontaine, Molière, Victor Hugo...

▶ Les noms qui désignent des localités (continents, pays, régions, villes...) commencent par une majuscule. l'Amérique, la France, la Bretagne, Rennes...

▶ Le nom qui désigne les habitants d'un pays ou d'une ville prend une majuscule, mais quand ce nom désigne la langue parlée, il n'en prend pas. L'adjectif correspondant ne prend pas de majuscule.

Les Espagnols sont nos voisins. Je parle espagnol. C'est une ville espagnole.

**Quiz** Corrigés p. 244

**1 La phrase correctement écrite est :**
- ○ Il pleut ; Nous restons à la maison.
- ○ Pourquoi ris-tu ? demande Claire.
- ○ La provence est une région ensoleillée.

**2 La phrase correctement écrite est :**
- ○ Thomas habite à singapour.
- ○ Je reviendrai demain, Dit Thomas.
- ○ Je ne parle pas japonais.

**3 La phrase correctement écrite est :**
- ○ Les nouilles Chinoises sont délicieuses.
- ○ Qui a pris mon livre d'Anglais ?
- ○ Les Finlandais connaissent un hiver très long.

# 8 Les accords au sein du groupe nominal

## Les règles

▶ À l'intérieur du groupe nominal, **le déterminant et l'adjectif s'accordent** en genre et en nombre avec le nom auquel ils se rapportent.

▶ Le plus souvent, le -*e* marque le féminin et le -*s* le pluriel.
**un** conte étonnant, **une** histoire étonnante, **des** contes étonnants…

▶ Le **complément du nom** ne s'accorde pas avec le nom qu'il complète.
un roman **d'amour**, des romans **d'amour**

▶ En l'absence de déterminant, il faut se demander si le nom est singulier ou pluriel. un mur en béton, un troupeau de chèvres

## Particularités

▶ Attention au cas particulier des **adjectifs de couleur** (voir p. 20).
**des** chaussettes jaune citron, **des** chaussettes bleues et marron

▶ Attention aux **noms composés** :
– Au singulier, certains noms composés prennent un -*s* car le sens le demande.
un porte-bagages (pour les bagages), un porte-avions (pour les avions)
– Les noms et les adjectifs peuvent se mettre au pluriel si le sens le demande.
des wagons-lits, des timbres-poste (pour la poste)
– Les verbes, les adverbes et les prépositions sont invariables.
des porte-clés, des haut-parleurs, des arrière-boutiques

### À savoir

La réforme de 1990 recommande de ne mettre le second élément au pluriel que lorsque le nom composé est au pluriel.
un porte-bagage,
des porte-bagages

### Quiz

Corrigés p. 244

**1 L'expression correctement orthographiée est :**
- ○ trois grand sacs de terre.
- ○ trois grands sacs de terres.
- ○ trois grands sacs de terre.

**2 L'expression correctement orthographiée est :**
- ○ cet ancien livre de recette.
- ○ cet ancien livre de recettes.
- ○ cette ancien livre de recettes.

**3 L'expression correctement orthographiée selon les règles traditionnelles est :**
- ○ deux nouveau timbres-poste.
- ○ deux nouveaux timbres-poste.
- ○ deux nouveaux timbres-postes.

# 9 Les numéraux

## La règle : les numéraux

On distingue les **numéraux cardinaux** (*un*, *deux*, *trois*...) et les **numéraux ordinaux** (*premier*, *deuxième*, *troisième*...).

| Numéraux ordinaux | Numéraux cardinaux |
|---|---|
| Ce sont des **adjectifs** et ils **s'accordent** avec le nom auquel ils se rapportent. | Ce sont des **déterminants invariables**, sauf quelques exceptions. |
| le **premier** été, la **première** année, les **premières** années | **cinquante** chocolats, **sept** bonbons et **quatre** sucettes |

## L'orthographe des numéraux cardinaux : précisions

▶ On met traditionnellement un trait d'union entre les nombres composés en dessous de *cent* mais pas au-delà.
dix-huit, deux cent vingt-et-un

La réforme de 1990 recommande de mettre des traits d'union entre tous les mots du nombre.
deux-cent-vingt-et-un

▶ ***Vingt*** prend un *-s* quand il est multiplié et non suivi par un autre nombre.
80 (4 × 20) → quatre-vingts
2 020 (2 000 + 20) → deux-mille-vingt (vingt n'est pas multiplié)
90 (80 + 10) → quatre-vingt-dix (vingt est suivi d'un nombre)

▶ ***Cent*** prend un *-s* quand il est multiplié et non suivi par un autre nombre.
300 (3 × 100) → trois-cents
2 100 (2 000 + 100) → deux-mille-cent
(cent n'est pas multiplié)
412 → quatre-cent-douze
(cent est suivi d'un nombre)

▶ ***Millier***, ***million*** et ***milliard*** prennent un *-s*.
deux milliers, trois millions, quatre milliards...

**À savoir**
*Millier* signifie *mille*. *Mille* est invariable.
4 000 personnes : quatre-mille personnes, quatre milliers de personnes

**Quiz** Corrigés p. 244

**1 Le nombre correctement orthographié est :**
○ trois-cent-vingts. ○ trois-cents-vingt. ○ trois-cent-vingt.

**2 Le nombre correctement orthographié est :**
○ six-cents-quatre-vingts. ○ six-cent-quatre-vingt. ○ six-cent-quatre-vingts.

**3 Le nombre correctement orthographié est :**
○ deux-milles-six-cents. ○ deux-mille-six-cents. ○ deux-mille-six-cent.

# 10 L'adjectif et l'adverbe

## Règle

▶ L'adjectif, l'adjectif verbal (voir p. 35) et le participe passé employé comme adjectif s'accordent en genre (masculin/féminin) et en nombre (singulier/pluriel) avec les noms auxquels il se rapportent.

Ces rues sont **lugubres**. Les élèves **prévoyants** ont révisé.
Pas d'évaluations **prévues** lundi !

▶ Quand un adjectif (ou un participe passé) se rapporte à plusieurs noms, il est au pluriel. Lorsque les genres sont différents, l'adjectif est masculin.

Ma trousse et ma gomme sont **neuves**.
Mon savon et ma crème sont **parfumés** à la vanille.

## Méthode pour accorder un adjectif

Il faut trouver le mot (ou le groupe de mots) auquel se rapporte l'adjectif.
Ce mot n'est pas toujours juste à côté de l'adjectif.
Pour le trouver, on pose la question « qu'est-ce qui est + adjectif ? ».

Les rues de ce vieux centre-ville sont **lugubres** en hiver.
Qu'est-ce qui est lugubre ? Ce n'est pas le centre-ville mais les rues.

## Les adjectifs de couleur

▶ La plupart des adjectifs de couleur s'accordent en genre et en nombre.

J'ai plusieurs pantalons **noirs** et quelques chemises **vertes**.

▶ Quand l'adjectif de couleur est composé de deux mots, il est invariable.

J'ai deux pantalons **bleu foncé** et trois chemises **jaune citron**.

▶ Quand l'adjectif désigne à l'origine quelque chose qui existe dans la nature, il est invariable.

J'ai deux pantalons **marron** et trois chemises **orange**.

**Exceptions :** *rose*, *mauve*, *pourpre* et *fauve* s'accordent.
J'ai deux pantalons **roses** et trois chemises **mauves**.

## Adjectif et adverbe

Certains mots sont tantôt **adjectifs** (s'accordent) tantôt **adverbes** (invariables). Il faut bien repérer leur classe grammaticale en remplaçant par un mot féminin si nécessaire.

Nos sportifs (sportives) sont **forts** (fortes).
Adjectif

Ce sont de **fort** ~~fortes~~ bonnes sportives.
Adverbe

Les adverbes sont toujours invariables.

## Testez-vous !

→ Corrigés p. 244

Quiz

**1 Les phrases correctement orthographiées sont :**

- ○ Théo et Léa sont fatiguées.
- ○ Ces chaussettes bleues sont usées.
- ○ J'ai des gants bleu marine.

**2 La phrase correctement orthographiée est :**

- ○ Je trouve ces exercices fatigant.
- ○ Je n'aime pas ces chaussures marron.
- ○ Les pages de ce livre sont déchiré.

**3 La phrase correctement orthographiée est :**

- ○ Mes lunettes rose sont cassées.
- ○ Tes bottes orange sont splendides !
- ○ J'aime bien ces pulls verts pomme.

**4 Accordez les adjectifs ou les participes passés entre parenthèses.**

a. Lire est mon occupation (préféré).
b. J'ai choisi des espadrilles (mauve).
c. Jeanne voudrait repeindre sa chambre avec des carreaux (vert bouteille) et (jaune).
d. Ces véhicules (imaginé) par mon père sont particulièrement (performant).

**5 Choisissez le mot qui convient dans les parenthèses.**

a. Mon gilet à rayures (rose, roses) et (vert, vertes) est troué.
b. Je n'aime pas beaucoup ces mocassins (orange, oranges) et (marron, marrons).
c. Les cahiers et les copies de Mathias sont (trempé, trempés, trempées) !
d. Ces (vieil, vielles) maisons sont (haut, hautes) (perché, perchées).

# 11 demi – nu – même

## demi

▶ L'adjectif ***demi***, placé **devant un nom** ou **un adjectif**, est **invariable.** Il est relié au nom ou à l'adjectif par un trait d'union.

une demi-heure, les demi-finalistes, les laits demi-écrémés

▶ L'adjectif ***demi***, placé **après le nom, s'accorde en genre** (masculin/féminin).

une heure et demie, deux heures et demie : on ne met pas de *-s* car demie s'accorde avec heure au singulier puisqu'il s'agit de la moitié d'une heure.

- L'adverbe ***à demi*** est également invariable.
  une porte **à demi** fermée, des murs **à demi** peints
- ***Mi*** et ***semi*** sont également invariables.
  des steaks **mi**-cuits, une visite **semi**-officielle

## nu

▶ L'adjectif ***nu***, placé **devant un nom**, est **invariable.** Il est relié au nom par un trait d'union.

Il est nu-pieds, nu-tête.

▶ L'adjectif ***nu***, placé **après un nom, s'accorde** en **genre** et en **nombre.** les pieds nus, la tête nue, les mains nues

## même

▶ ***Même*** est un déterminant indéfini quand il accompagne un nom ou un pronom : dans ce cas, il **s'accorde.** les mêmes histoires ; elles-mêmes

▶ ***Même (le même, la même, les mêmes)*** peut aussi être un pronom : il **s'accorde** avec ce qu'il remplace.

J'ai vu tes chaussures ; ce sont les mêmes que les miennes.

▶ L'adverbe ***même*** est invariable.

Même eux sont d'accord. Nous viendrons même vous aider.

**Quiz** Corrigés p. 244

**1 Quels mots manquent dans la phrase « Les enfants eux-... savent qu'on ne reste pas tête ... en plein soleil ! » ?**

○ mêmes, nu ○ même, nu ○ mêmes, nue

**2 Quels mots manquent dans la phrase « Tes ...-pieds iraient ... à un éléphant ! » ?**

○ nu, même ○ nus, mêmes ○ nus, même

**3 Quels mots manquent dans la phrase « Je serai là à trois heures et ... ; il me faut une ...-heure pour venir. » ?**

○ demie, demie ○ demie, demi ○ demi, demi

# 12 *nul – tel – tel quel*

## *nul*

▶ ***Nul*** peut être un **déterminant indéfini** qui **s'accorde** avec le nom qu'il accompagne.

Nul être humain n'est immortel. Nulle solution n'existe.
Ce chemin ne mène nulle part.

Lorsque *nul* est accompagné du pronom *autre*, il s'accorde avec le nom que remplace *autre*. Dans ce cas, il peut se mettre au pluriel.

Vos projets ne sont comparables à nuls **autres**.
Votre coiffure ne ressemble à nulle **autre**.

▶ ***Nul*** peut être un **pronom indéfini** ; il a le sens de *personne* et est **invariable**.

Nul (Personne) ne détient la solution.

▶ ***Nul*** est aussi un **adjectif**.
Il est aussi souvent employé dans le langage familier pour qualifier quelque chose de médiocre ou de mauvais.

La somme des nombres opposés est nulle (2 – 2 = 0).

> ⚠ Le déterminant et le pronom indéfinis *nul* entraînent la présence de l'adverbe *ne* devant le verbe.
> Nous n'allons **nulle** part.
> **Nul** n'est tenu pour responsable.

## *tel*

▶ ***Tel***, non suivi de *que*, s'accorde avec le nom ou le pronom qui suit.

Telle est ma décision. J'ai lu des romans policiers tel celui-ci.

▶ ***Tel***, suivi de *que*, s'accorde avec le nom qui le précède.

Cette histoire, telle **que** vous me la racontez, est invraisemblable.

▶ ***Tel quel*** s'accorde avec le nom auquel il se rapporte.

J'ai trouvé la cuisine telle quelle. J'ai laissé mes documents tels quels.

**Quiz** Corrigés p. 244

**1 Quels mots manquent dans la phrase « ... créature raisonnable ne mangerait des biscuits ... que celui-ci ! » ?**

○ Nul, tels ○ Nulle, tel ○ Nulle, tels

**2 Quels mots manquent dans la phrase « ... père, ... fille ! » ?**

○ Tel, tel ○ Tels, tels ○ Tel, telle

**3 Quels mots manquent dans la phrase « Ce projet présenté ... ne mène ... part. » ?**

○ tel quel, nulle ○ tel quel, nul ○ tel qu'elle, nul

# 13 L'accord du verbe avec son sujet : la règle

## La règle

▶ La **terminaison** du verbe est **commandée par le sujet**.

▶ Quand le **sujet** est un nom, un groupe nominal ou un pronom au **pluriel**, le **verbe se met au pluriel**.

Les élèves disputent un match ; ils espèrent tous gagner.
GN — Pronom

▶ Quand le **sujet** est un **infinitif** ou une **subordonnée**, le verbe est au **singulier**.

Participer est l'essentiel ; qu'ils aient tous participé est important également.
Infinitif — Subordonnée

▶ Quand le verbe est conjugué avec l'auxiliaire *être*, il s'accorde aussi en genre.

Hélène est arrivée. La chorale a été applaudie.

**À savoir**

Le sujet peut être un nom ou un groupe nominal, un pronom, un verbe à l'infinitif ou une proposition subordonnée.

## La place du sujet

▶ Bien souvent, le sujet est le mot qui précède le verbe.

Les collégiens appliquent un règlement intérieur.

▶ Le **sujet** peut être **inversé**, c'est-à-dire placé après le verbe.

Quand partent-ils pour Londres ? Au fond de la vallée coulent deux ruisseaux.

▶ Le verbe s'accorde avec le **nom noyau** du groupe nominal et ce nom noyau peut être éloigné du verbe.

Les rayons du soleil qui vient juste de se lever réchauffent les randonneurs.

**Quiz** Corrigés p. 244

**1 Les phrases correctement orthographiées sont :**

- ○ Que chante-tu ?
- ○ Que disent-ils ?
- ○ Que vois-tu ?

**2 La phrase correctement orthographiée est :**

- ○ Les enfants qui sont dans la cour joue au ballon.
- ○ À l'horizon apparaît deux voiles.
- ○ Pourquoi tes amis empruntent-ils des stylos ?

**3 La phrase correctement orthographiée est :**

- ○ Les articles de cette revue sur la montagne m'intéresse toujours.
- ○ La paire de chaussures que tu as achetée me semble trop petite.
- ○ Ranger tes affaires passent en premier.

# 14 L'accord du verbe avec son sujet : les difficultés

## Accord du verbe avec plusieurs sujets

▶ Quand le verbe a plusieurs sujets au singulier, il se met au pluriel.

Ce bleu et ce rose s'accordent bien.

▶ Quand le verbe a plusieurs sujets dont un à la première personne, il se met à la première personne du pluriel.

Solène et moi étudions le violoncelle.
3e pers. 1re pers.

▶ Quand le verbe a plusieurs sujets dont un à la deuxième personne, il se met à la deuxième personne du pluriel.

Victor et toi assisterez au conseil de classe.
3e pers. 2e pers.

**À savoir**

Quand le sujet comprend une première et une deuxième personne, le verbe se met à la première personne du pluriel.

Toi et moi devons tomber d'accord.

## Accord du verbe avec des collectifs ou des indéfinis

▶ Lorsque le sujet est *la foule* ou *le monde*, le verbe est au singulier.

La foule est innombrable. Tout le monde est là.

▶ Le verbe se met au pluriel quand le sujet est *la plupart*, *beaucoup*, *plusieurs*, *certains*... Certains ne connaissent pas ce film, mais la plupart l'ont vu.

▶ Quand le sujet est *on*, *aucun*, *chacun*, *chaque*, le verbe est toujours au singulier. On a décidé que chacun apportait une salade.

## Accord du verbe avec *qui*

▶ Lorsque *qui* est un pronom interrogatif, le verbe est au singulier.

Qui a téléphoné ?

▶ Lorsque *qui* est un pronom relatif, le verbe s'accorde avec l'antécédent de *qui*.

**Les élèves** qui chantent dans la chorale sont absents. (antécédent : Les élèves)
Antécédent

**Quiz** Corrigés p. 245

**1 La phrase correctement orthographiée est :**

○ La police arrivent. ○ Chacun participent. ○ La plupart dorment.

**2 La phrase correctement orthographiée est :**

○ Julie et toi lisent. ○ Max et moi jouent. ○ Toi et moi révisons.

**3 La phrase correctement orthographiée est :**

○ C'est moi qui a peur. ○ C'est moi qui ai eu peur. ○ C'est moi qui est eu peur.

# 15 Le participe passé

## Le participe passé au masculin singulier

▶ Pour trouver le participe passé d'un verbe, il faut le mettre au passé composé en utilisant l'adverbe *hier*.

***Prendre :*** Hier, j'ai pris le train.
→ Le participe est pris.

▶ Le participe passé du verbe *avoir* est *eu* ; celui du verbe *être* est *été*.

J'ai eu 13 ans hier.
Pierre a été content de notre cadeau.

Il ne faut pas confondre participe passé et infinitif.
Il a parlé et il va parler. (voir p. 30)

▶ Les verbes en ***-er*** forment leur participe passé en ***-é*** : parler → parlé.

▶ En ce qui concerne les autres verbes, pour connaître la lettre finale d'un participe passé au masculin singulier, il faut le mettre au féminin.

***Écrire :*** écrite → écrit
***Permettre :*** permise → permis
***Partir :*** partie → parti

**À savoir**
Le participe passé d'un verbe en *-ir* (+ *-issons*) est toujours, au masculin singulier, en *-i*.
finir → fini

## L'accord du participe passé

▶ **Le participe passé employé sans auxiliaire** fonctionne comme un adjectif et s'accorde en genre et en nombre avec le nom auquel il se rapporte.

Elle part, bien décidée à revenir.
Qui est décidé ? → elle → décidée

▶ **Le participe passé employé avec l'auxiliaire *être*** s'accorde en genre et en nombre avec le sujet.

Elle **est** partie à contrecœur.
Qui est parti ? → elle → partie

▶ **Le participe passé employé avec l'auxiliaire *avoir*** ne s'accorde jamais avec le sujet ; il s'accorde avec le COD si celui-ci est placé avant le verbe.

| | |
|---|---|
| Elles ont remporté la victoire. | **La victoire** qu'elles ont remportée leur donne confiance. |
| Qu'est-ce qui est remporté ?<br>→ la victoire ; mais le COD est placé après le verbe → pas d'accord. | Qu'est-ce qui est remporté ?<br>→ la victoire. Ce mot est repris par le COD qu' placé avant le verbe<br>→ on accorde avec la victoire<br>→ remportée |

## Testez-vous !

→ Corrigés p. 245

Quiz

**1 Au masculin singulier, le participe passé du verbe *dormir* est :**

○ dormi.
○ dormis.
○ dormit.

**2 La phrase correctement orthographiée est :**

○ Elle a choisie ce manteau.
○ Elle est entrée en scène.
○ Elle a choisis ces pulls.

**3 La phrase correctement orthographiée est :**

○ Voici les livres que Jeanne a lu.
○ Voici les livres que Jeanne a lue.
○ Voici les livres que Jeanne a lus.

**4 Mettez les verbes en gras au passé composé.**

a. Les histoires que je **traduis** sont destinées aux enfants.
b. Voici la demeure que mes cousins **restaurent** eux-mêmes.
c. Hugo et Inès **arrivent** lundi.
d. Comment sont construits les participes que tu **accordes** ?

**5 Corrigez les six participes passés mal orthographiés.**

a. Les cerises que nous avons cueillis hier ne sont pas assez sucrées.
b. Manon a adoptée deux chatons qu'elle a trouvée.
c. Les voisins sont venues nous montrer la voiture qu'ils ont acheté.
d. Encouragé par son succès, la nageuse a redoublé d'efforts.

# 16 Le participe passé : les difficultés

## Le participe passé d'un verbe pronominal

▸ **Le participe passé s'accorde** avec le pronom réfléchi si celui-ci est le COD du verbe.

Elle s'est lavée. Le pronom se est COD (*laver* quoi ?).
(Qui est-ce qui est lavé ? → s'(elle) → lavée)

Ils se sont succédé. Le pronom se est COI (*succéder* à qui ?) → pas d'accord.

> **À savoir**
> Le participe passé des verbes essentiellement pronominaux (uniquement pronominaux) s'accorde avec le sujet.
> Elles se sont souvenues de leur enfance.

▸ Si le verbe a un COD qui le suit, **le participe passé ne s'accorde pas**.

Elle s'est lavé les mains.
(Qu'est-ce qui est lavé ? → les mains ; le COD est placé après le verbe, donc on n'accorde pas.)

▸ Si le verbe a un COD qui le précède, **le participe passé s'accorde** avec ce COD.

– Ses **mains** ? Elle se les est lavées.
(Qu'est-ce qui est lavé ? → ses mains représentées par le pronom personnel les ; le COD est placé avant le verbe, donc on accorde avec les mains → lavées.)

## Le participe passé employé avec *avoir* et précédé de *en*

Quand le participe passé employé avec *avoir* est précédé du pronom COD *en*, il ne s'accorde pas.

Des cerises ? Je n'en ai pas cueilli !

## Le participe passé employé avec *avoir* et suivi d'un infinitif

▸ Si le COD placé avant le verbe est celui de l'infinitif, on n'accorde pas le participe.

La symphonie que j'ai entendu jouer était très belle.
→ La symphonie est le COD de *jouer* et non de *entendre*.

▸ Si le COD placé avant le verbe complète bien le participe, on accorde ce participe passé avec le COD.

Les musiciens que j'ai entendus jouer étaient très doués. → Les musiciens est le COD de *entendre*.

> **!** Le participe passé des verbes *laisser, faire, devoir, pouvoir* et *vouloir* ne s'accorde jamais quand il est suivi d'un infinitif.
> Les habitudes qu'elle a **dû** changer étaient mauvaises.

## Testez-vous !

→ Corrigés p. 245

Quiz

**1 La phrase contenant un participe passé correctement orthographié est :**

- ○ Natacha s'est coupée.
- ○ Natacha s'est coupée les cheveux.
- ○ Ses cheveux ? Natacha se les est coupé.

**2 La phrase contenant un participe passé correctement orthographié est :**

- ○ Ils se sont donné une semaine pour réviser.
- ○ J'aimerais avoir des tortues mais je n'en ai pas achetées.
- ○ Alicia s'est préparé à plonger.

**3 Les phrases contenant un participe passé correctement orthographié sont :**

- ○ Les sportifs que j'ai vus courir étaient très rapides !
- ○ Les cerises que j'ai voulu cueillir étaient vertes.
- ○ Les enfants que j'ai laissés jouer ont tout cassé !

**4 Complétez les phrases avec le participe passé du verbe entre parenthèses.**

a. Nous nous sommes (presser) car nous étions en retard.
b. Sabine s'est (presser) une orange.
c. Elle a mal aux doigts car elle se les est (brûler).
d. Je voulais des stylos roses mais je n'en ai pas (trouver).

**5 Corrigez les six participes mal orthographiés.**

a. Claire est tombée et elle s'est écorchée le genou.
b. Lucie a laissée entrer des guêpes qui l'ont piqué.
c. Les éclairs que Lucas a vu déchirer la nuit l'ont terrifiés.
d. Justine s'est coupé les ongles et se les est verni.

# 17 Terminaisons en *-é/-er/-ez*

## Participe passé en *-é*

▶ ***-é*** est la terminaison du participe passé des verbes en *-er*. On peut rencontrer le participe passé sans auxiliaire ou bien avec *avoir* ou *être*.
**Sans auxiliaire (comme un adjectif)** : Rassasié, le chat alla dormir.
**Avec l'auxiliaire *avoir*** : J'ai chanté devant tout le collège !
**Avec l'auxiliaire *être*** : Thomas est allé en Patagonie.

▶ Le participe passé peut s'accorder avec le mot auquel il se rapporte (voir p. 26 à 29).

Rassasiés, les alligators se couchèrent. Thomas et Diane sont allés en Patagonie.
Lucie et Manon sont arrivées hier.

## Infinitif en *-er*

Luc doit marcher deux kilomètres avant d'arriver.
S'habiller est un geste déjà acquis en CP.

**À savoir**
Certains infinitifs sont aussi des noms : le dîner, le goûter…

## Verbe conjugué en *-ez*

***-ez*** est la terminaison des verbes à la 2e personne du pluriel à de nombreux temps (présent, futur, imparfait…).

Vous vous occupez du canari. Vous viendrez demain. Vous connaissiez bien Londres.

## Comment éviter les confusions (verbes en *-er*) ?

▶ Pour entendre la différence et éviter la confusion, il faut remplacer le verbe en ***-er*** par *prendre/pris/prenez, vendre/vendu/vendez, mordre/mordu/mordez…*

▶ Pour être efficace, il faut toujours utiliser le même verbe et ne pas s'inquiéter si la phrase obtenue n'a pas grand sens.

J'ai regardé (~~prendre~~, pris) un film. Je vais regarder (prendre, ~~pris~~) un film.

**Quiz** Corrigés p. 245

**1 La phrase correctement orthographiée est :**
- ○ Julie a décidé de jouer dans un orchestre.
- ○ Julie a décider de jouer dans un orchestre.
- ○ Julie a décidé de joué dans un orchestre.

**2 La phrase correctement orthographiée est :**
- ○ Tom a acheter un fer à souder.
- ○ Tom a acheté un fer à souder.
- ○ Tom a acheté un fer à soudé.

**3 La phrase correctement orthographiée est :**
- ○ Je vais vous demandé votre avis.
- ○ Je vais vous demandez votre avis.
- ○ Je vais vous demander votre avis.

# 18 Terminaisons en *-ai/-ais* ; *-rai/-rais*

## *-ai/-ais* : passé simple ou imparfait de l'indicatif

▶ Il ne faut pas confondre ***-ai*** et ***-ais*** à la fin d'un verbe en ***-er***.
**Imparfait** : Je chantais tous les matins sous la douche.
**Passé simple** : Je chantai, et le public se leva pour m'applaudir.

▶ **Pour éviter la confusion**, on met le verbe à la 3e personne du singulier.

Je chant**ais** (?) tous les matins sous la douche. → Il chant**ait** tous les matins : imparfait → je chantais.

Je chant**ai** (?), et le public se leva pour m'applaudir. → Il chant**a** et le public se leva : passé simple → je chantai.

> Le passé simple des verbes en *-er* a comme voyelle dominante le *-a* (*tu chantas, il chanta*).
> Il ne faut pas oublier que la première personne du singulier est, elle, en *-ai* (*je chantai, ~~je chanta~~*).

## *-rai/-rais* : futur simple ou présent du conditionnel

▶ Il ne faut pas confondre ***-rai*** et ***-rais*** à la fin d'un verbe. La confusion existe pour tous les verbes, quel que soit leur infinitif.
**Futur de l'indicatif :** Je viendrai te voir la semaine prochaine.
**Présent du conditionnel :** Si tu m'invitais, je viendrais certainement.

▶ **Pour éviter la confusion**, on met le verbe à la 3e personne du singulier.

Je viendr**ai** (?) te voir la semaine prochaine. → Il viendra te voir la semaine prochaine : futur simple → je viendrai.

Si tu m'invitais, je viendr**ais** (?) certainement. → Si tu l'invitais, il viendrait certainement : présent du conditionnel → je viendrais.

**Quiz** Corrigés p. 245

**1 La phrase correctement orthographiée est :**
- ○ Je me levai et ouvris la porte.
- ○ Je me levai chaque jour à sept heures.
- ○ Je m'approchai de la maison quand un bruit retentit.

**2 La phrase correctement orthographiée est :**
- ○ Je voudrais une baguette, s'il vous plaît.
- ○ J'aimerai bien aller en Italie.
- ○ Je te rendrais ton vélo demain.

**3 La phrase correctement orthographiée est :**
- ○ Si tu aimais la stratégie, je jouerai aux échecs avec toi.
- ○ Si tu aimai la stratégie, je jouerais aux échecs avec toi.
- ○ Si tu aimais la stratégie, je jouerais aux échecs avec toi.

# 19 Terminaisons en *-i/-is/-it* et *-u/-us/-ut*

## *-i/-is/-it*

▶ Au masculin singulier, les **participes passés** des verbes en *-ir* (+ *-issons*) se terminent par ***-i*** ; ceux de certains autres verbes en *-ir* se terminent par ***-i***, ***-is*** ou ***-it***.

Tom a fini son devoir, il est parti hier, tu as pris ton manteau, Léa a traduit le texte…

On met le participe passé au féminin pour connaître la dernière lettre.

elle est écrite → il a écrit ; elle est prise → il est pris

▶ On rencontre aussi les terminaisons ***-is*** et ***-it*** au **présent** ou au **passé simple de l'indicatif**.

je finis, il finit ; je compris, il comprit

▶ **Pour reconnaître un verbe conjugué et ne pas le confondre avec un participe passé**, on peut le mettre au futur.

Il a pris (~~prendra~~) son train ; il prit (prendra) son train.

> ⚠ Avec l'auxiliaire *être*, le participe passé peut s'accorder.
> Il prend un *-s* au pluriel et un *-e* au féminin.
> elle est partie, ils sont partis, elle est venue, elles sont venues

## *-u/-us/-ut*

▶ Au masculin singulier, les **participes passés** de certains verbes se terminent par ***-u***.

Léo a lu, il a couru, il a cru…

▶ On rencontre aussi les terminaisons ***-us***, ***-ut*** au **présent** ou au **passé simple** de l'indicatif.

je conclus, il conclut (présent ou passé simple) ; je courus, il courut (passé simple)

▶ **Pour reconnaître un verbe conjugué et le distinguer du participe passé**, on peut le mettre au futur.

Il conclut (conclura) son devoir. Il a confondu (~~confondra~~) le présent et le passé composé.

**Quiz** Corrigés p. 245

**1 La phrase correctement orthographiée est :**

- ○ Jérémie a écri à sa grand-mère.
- ○ Jérémie a écris à sa grand-mère.
- ○ Jérémie a écrit à sa grand-mère.

**2 La phrase correctement orthographiée est :**

- ○ Jessica promi de venir.
- ○ Jessica promis de venir.
- ○ Jessica promit de venir.

**3 La phrase correctement orthographiée est :**

- ○ Tu ne m'as pas cru.
- ○ Tu ne m'as pas crus.
- ○ Tu ne m'as pas crut.

# 20 Terminaisons en *-e/-es*, *-s/-t* et *-ds/-d*

## Au présent de l'indicatif

▶ Les verbes en ***-er***, sauf *aller*, ont, au singulier du présent de l'indicatif, des terminaisons en ***-e*** (1re et 3e personnes) ou ***-es*** (2e personne).
Ce *-e* peut être muet quand le radical se termine par un *-i* ou un *-u*.

j'/il oublie, tu oublies ; j'/il emploie, tu emploies ; je/il contribue, tu contribues

▶ Les autres verbes ont, au singulier du présent de l'indicatif, des terminaisons en ***-s*** (*-x*) ou ***-t*** (*-d*).

je/tu finis, il finit ; je/tu pars, il part...

▶ Il faut examiner l'infinitif des verbes pour trouver leur modèle de conjugaison et **éviter ainsi les confusions**.
**Son *-i-* :** je parie (parier), je ris (rire)
**Son *-u-* :** je distribue (distribuer), je conclus (conclure)
**Son *-ou-* :** je joue (jouer), je couds (coudre), je résous (résoudre)

## Au présent du subjonctif

▶ Le verbe *être*, au singulier du présent du subjonctif, a des terminaisons en ***-s*** ou ***-t***.

que je sois, que tu sois, qu'il soit

▶ Le verbe *avoir*, au singulier du présent du subjonctif, a des terminaisons en ***-e, -es, -t***.

que j'aie, que tu aies, qu'il ait

▶ Les autres verbes, au singulier du présent du subjonctif, ont des terminaisons en ***-e*** ou-***es***.

que je/il marche, que tu marches
que je/il croie, que tu croies

**À savoir**

À la 2e personne du singulier de l'impératif, la terminaison des verbes en *-er* est *-e*, sauf quand le verbe est suivi de *en*.
regarde, sache mais parles-en

**Quiz** Corrigés p. 245

**1 La phrase correctement orthographiée est :**
- ○ Je vérifis mon calcul.
- ○ Je vérifit mon calcul.
- ○ Je vérifie mon calcul.

**2 La phrase correctement orthographiée est :**
- ○ Je voie bien de loin.
- ○ J'envoie un message.
- ○ Je croie que tu as raison.

**3 La phrase correctement orthographiée est :**
- ○ Donne-moi un conseil.
- ○ Donnes-moi un conseil.
- ○ Je voudrais qu'il aie une bonne note.

# 21 Terminaisons en *-ions* et *-iez*

## Au présent de l'indicatif

▶ On rencontre, aux deux premières personnes du pluriel, l'orthographe ***-ions*** et ***-iez*** quand le radical du verbe se termine par un ***-i***. La terminaison est ***-ons*** ou ***-ez***, et le ***-i*** appartient au radical.

***Oublier :*** nous oublions, vous oubliez ***Rire :*** nous rions, vous riez

▶ Certains verbes en ***-er*** font entendre un son « ion » ou « ié » aux deux premières personnes du pluriel, mais il n'y a pas de ***-i***.

Verbes en ***-ller*** : nous travaillons, vous travaillez
Verbes en ***-gner*** : nous gagnons, vous gagnez
Verbes en ***-yer*** : nous envoyons, vous envoyez

## À l'imparfait de l'indicatif et au présent du subjonctif

▶ Les terminaisons de tous les verbes (sauf *avoir* et *être* au subjonctif) aux deux premières personnes de l'imparfait de l'indicatif et du présent du subjonctif sont ***-ions*** et ***-iez***.

nous parlions, nous prenions, vous finissiez, vous disiez
que nous parlions, que nous prenions, que vous finissiez, que vous disiez

> ⚠ Le *-i* de la terminaison ne s'entend pas toujours.
> nous travaillions,
> vous gagniez,
> que nous travaillions

▶ Le ***-i*** de la terminaison peut s'ajouter au ***-i*** ou au ***-y*** du radical du verbe.

nous oubliions, vous pariiez, nous riions, vous appuyiez, nous croyions
que nous oubliions, que vous riiez, que nous essayions, que vous croyiez

▶ Attention aux auxiliaires au présent du subjonctif : pas de ***-i*** aux deux premières personnes du pluriel.

que nous soyons, que vous ayez

**Quiz** Corrigés p. 245

**1 Le verbe au présent de l'indicatif est :**
○ nous proposions. ○ nous sourions. ○ nous entendions.

**2 Les verbes à l'imparfait de l'indicatif sont :**
○ nous rions. ○ nous voyions. ○ nous déplacions.

**3 Les phrases correctement orthographiées sont :**
○ Il faut que nous voyons ce film.
○ Il faut que vous ayez un billet d'entrée.
○ Il faut que nous souriions pour la photo.

# 22 Terminaisons en *-ant/-ant(e)s*

## Le participe présent et le gérondif

▶ Le **participe présent** est invariable. On peut le remplacer par une subordonnée relative.

Nicolas et José, **prévoyant** (qui prévoient) un contrôle, ont révisé.

▶ Le **gérondif** est aussi une forme en *-ant* invariable ; il est précédé de *-en*.

Nicolas bavarde **en courant**. Nicolas et José bavardent **en courant**.

▶ Le participe présent et le gérondif des verbes en ***-guer*** et ***-quer*** se terminent en ***-guant*** et ***-quant***.

**À savoir**

Les verbes en *-guer* gardent le *-u* tout le long de la conjugaison.

nous naviguons, je naviguais...

## L'adjectif verbal

▶ L'**adjectif verbal** est formé à partir d'un verbe ; il s'accorde comme un adjectif. On peut le remplacer par un autre adjectif.

Les élèves prévoyants (prudents) ont révisé ; les autres ont été surpris par l'évaluation.
Tout le monde n'a pas accès à l'eau courante (potable).

▶ Adjectifs verbaux et participes présents sont souvent identiques.
**Participe présent :** prévoyant, courant ; **adjectif verbal :** prévoyant(e), courant(e).
Parfois, les formes sont différentes.

| | |
|---|---|
| **Participe présent** | convain**quant**, provo**quant**, communi**quant**, équival**ant**, fati**guant**, négli**geant**, adhér**ant** |
| **Adjectif verbal** | convain**cant**, provo**cant**, communi**cant**, équival**ent**, fati**gant**, négli**gent**, adhér**ent** |

**Quiz**

Corrigés p. 245

**1 La phrase correctement orthographiée est :**

○ En adhérant à notre association, vous aurez tous les avantages.
○ En adhérants à notre association, vous aurez tous les avantages.
○ Les adhérants auront tous les avantages.

**2 La phrase correctement orthographiée est :**

○ Mes cousins sont partants pour nous accompagner.
○ Mes cousins sont partant pour nous accompagner.
○ En partants à 5 h, vous arriverez à l'heure.

**3 Les adjectifs verbaux sont :**

○ équivalant. ○ fatigant. ○ négligent.

# 23 a (as)/à – est (es)/et – ou/où

## a (as)/à

▶ Il ne faut pas confondre le verbe ***a*** (verbe *avoir* au présent) et la préposition ***à***.

▶ On peut remplacer ***a*** par *avait* alors qu'on ne peut pas remplacer ***à*** par *avait*.

Il a (avait) remporté le tournoi ! Tu as (avais) raison. Nous habitons à (~~avait~~) Marseille.

▶ La préposition ***à*** peut être suivie d'un infinitif qu'il ne faut pas confondre avec un participe passé (voir p. 26).

Elle a (avait) rédigé (~~prendre~~) sa réponse.
Elle a (avait) commencé à (~~avait~~) rédiger (prendre) sa réponse.

## est (es)/et

▶ Il ne faut pas confondre le verbe ***est*** (verbe *être* au présent) et la conjonction de coordination ***et***.

▶ On peut remplacer ***est*** par *était* alors qu'on ne peut pas remplacer ***et*** par *était*.

Elle est (était) d'accord. Tu es (étais) en avance ! Veux-tu deux croissants et (~~était~~) deux brioches ?

## ou/où

▶ Il ne faut pas confondre la conjonction de coordination ***ou*** et le pronom relatif (ou adverbe interrogatif) ***où***.

▶ On peut remplacer ***ou*** par *ou bien* alors qu'on ne peut pas remplacer ***où*** par *ou bien*. ***Où*** désigne souvent le lieu.

Veux-tu une gomme ou (ou bien) un effaceur ?
Où (~~ou bien~~) habites-tu ?

**À savoir**

***Où*** peut aussi désigner un moment.

Il neigeait le jour **où** (~~ou bien~~) je suis né.

**Quiz** Corrigés p. 245

**1 Quels mots manquent dans la phrase « Charlotte ... imaginé une machine ... voyager dans le temps. » ?**

○ a, a ○ à, a ○ a, à

**2 Quels mots manquent dans la phrase « Elle ... ravie d'être invitée ... de pouvoir venir. » ?**

○ est, est ○ est, et ○ et, est

**3 Quels mots manquent dans la phrase « J'irai là ... elle me conseillera d'aller ; je prendrai tout droit ... à gauche. » ?**

○ où, ou ○ ou, ou ○ ou, où

# 24 ces/ses ; c'est/s'est ; c'était/s'était

## ces/ses – c'est/s'est

▶ ***Ces*** et ***ses*** sont des déterminants ; on les rencontre devant un nom ; on peut les remplacer par *les*.

Ces (les) stylos ne sont pas à Sylvie ; ce ne sont pas ses (les) affaires.

▶ ***C'est*** et ***s'est*** sont formés d'un pronom et du verbe *être* qui se conjugue ; on peut les remplacer par *c'était* ou *s'était*.

C'est (C'était) Lucas qui s'est (s'était) proposé.

## ces/ses

▶ Il ne faut pas confondre le déterminant démonstratif ***ces*** et le déterminant possessif ***ses***.

▶ ***Ces*** désigne ce qui est représenté par le nom alors que ***ses*** exprime une possession ou une proximité.

Ces melons ne sont pas assez mûrs. Pierre a oublié ses affaires (possession). Je connais Noémie mais pas ses amis (proximité).

> ⚠ ***Ces*** et ***c'est*** permettent de montrer, et il ne faut pas les confondre.

## c'est/s'est – c'était/s'était

▶ Il ne faut pas confondre le présentatif ***c'est*** et ***s'est*** placé devant un participe passé.

▶ ***C'est*** et ***c'était*** peuvent être remplacés par *cela est* ou *cela était*. ***S'est*** et ***s'était*** peuvent être conjugués à d'autres personnes.

C'est (Cela est) un vrai conte de fées ! C'était (Cela était) un vrai conte de fées !
Il s'est blessé (Je me suis blessé). Il s'était blessé (Je m'étais blessé).

**Quiz** Corrigés p. 245

**1 Quels sont les mots manquants dans la phrase « Elle est élégante, mais ... ongles sont trop longs ; offrons-lui ... ciseaux-là. » ?**

○ ses, ses ○ ses, ces ○ ces, ses

**2 Quels sont les mots manquants dans la phrase « ... une bonne chose : Maxime ... enfin décidé ! » ?**

○ S'est, s'est ○ S'est, c'est ○ C'est, s'est

**3 Quels sont les mots manquants dans la phrase « ... Mona qui ... trompée de salle. » ?**

○ S'était, c'était ○ C'était, s'était ○ C'était, c'était

# 25 ce/se/ceux

## se

▶ Le pronom personnel ***se*** est toujours placé devant un verbe pronominal conjugué à la 3e personne du singulier ou du pluriel.

Il se réveille ; ils se parlent.

▶ Si on conjugue le verbe pronominal à une autre personne, ***se*** devient *te, me*…

Il se gare souvent par ici ; je **me** gare souvent par ici, tu **te** gares souvent par ici.

## ce

▶ ***Ce*** peut être un déterminant démonstratif.
Il est placé devant un nom, et on peut le remplacer par *le*.

J'aime ce (le) journal.

Il peut être séparé de ce nom par un adjectif ou un adverbe.

J'aime ce (le) bon roman, ce (le) très beau film.

▶ ***Ce*** peut être un pronom démonstratif.
On peut rencontrer le pronom ***ce*** devant un pronom relatif (*qui, que, à qui, à quoi, dont*…).

Ce qui se passe, ce que tu me dis, ce dont je te parle, ce à quoi je pense.

On peut rencontrer le pronom *ce* devant le verbe *être*.

Ce sera toi, ce fut Thomas le premier, je voudrais que ce soit toi.

> ⚠ Il ne faut pas confondre ***ce/se*** placé devant le verbe *être*.
>
> Il **se** (~~cela~~) sera réveillé tôt.
>
> **Ce** (cela) sera prêt.

## ceux

***Ceux*** est un pronom démonstratif ; c'est le pluriel de *celui*.

Ceux qui ont (Celui qui a) un billet d'entrée peuvent s'avancer.

**Quiz** Corrigés p. 245

**1 Quels mots manquent dans la phrase « J'offre un bonus à … qui … dépêcheront de finir leur devoir. » ?**

○ ceux, ce ○ ce, se ○ ceux, se

**2 Quels mots manquent dans la phrase « … meuble est trop lourd ; … qui le porteront auront mal au dos. » ?**

○ Ceux, se ○ Ce, ceux ○ Se, ce

**3 Quels mots manquent dans la phrase « … que tu dis … passe de commentaire ; … qui t'imitent … trompent. » ?**

○ Ce, ceux, se, ce ○ Ce, ce, ceux, ce ○ Ce, se, ceux, se

# 26 l'ai/les/l'est/l'es – des/dès

## l'ai / les / l'est / l'es

▶ ***L'ai*** est composé du pronom personnel *l'* suivi du verbe *avoir* au présent de l'indicatif.
On rencontre *l'ai* à la première personne et on peut le remplacer par *l'avais*.

Ce film est beau, je l'ai (l'avais) regardé avec plaisir.

▶ ***Les*** est un déterminant ou un pronom personnel.
*Les* placé devant un nom est un déterminant pluriel alors que, placé devant un verbe, *les* est un pronom personnel pluriel.

Où sont les (déterminant) ballons ? Je les (pronom personnel) cherche.

▶ ***L'est*** et ***l'es*** sont composés du pronom personnel *l'* suivi du verbe *être* au présent de l'indicatif.
On peut les remplacer par *l'était* ou *l'étais*.

Pour être heureux, il l'est (l'était) !
Pour être heureux, tu l'es (l'étais) !

**À savoir**
On rencontre ***l'es*** quand le pronom sujet est ***tu***.

## des / dès

▶ ***Des*** est un déterminant : c'est un article indéfini (pluriel de *un* ou *une*) ou un article défini contracté (pluriel de *de les*).

J'ai loué des (un) DVD. C'est la fin des (de les) vacances !

▶ ***Dès*** est une préposition qui indique le temps et signifie « à partir de ».

Je serai là dès demain.

▶ ***Dès que*** est une conjonction de subordination qui indique que deux actions débutent en même temps.

Préviens-moi dès que (aussitôt que) tu seras prêt.

**Quiz** Corrigés p. 245

**1 Quels mots manquent dans la phrase « J'ai acheté une pêche et je ... mangée ; j'achèterai des cerises et je ... mangerai aussi. » ?**

○ les, l'ai ○ l'ai, les ○ les, les

**2 Quels mots manquent dans la phrase « J'achèterai ... fraises ... qu'elles seront mûres. » ?**

○ des, dès ○ des, des ○ dès, des

**3 Quels mots manquent dans la phrase « Je suis d'accord ; si tu ... aussi, préviens-moi ... lundi. » ?**

○ les, des ○ les, dès ○ l'es, dès

# 27 la/l'a, l'as/là

## la

▶ ***La*** placé devant un nom est un déterminant, on peut alors le remplacer par *une*.

C'est la chienne d'Arthur. (C'est **une** chienne.)

▶ ***La*** placé devant un verbe est un pronom personnel qui joue le rôle d'un remplaçant. On peut le remplacer par *le*.

C'est la sœur de Marc ; je la connais bien. (Je **le** connais bien.)
Déterminant — Pronom

▶ Le déterminant *la* indique que le nom qui suit est au singulier ; mais le pronom *la* est un complément et ne donne aucune indication sur le verbe qui suit. Ce verbe ne s'accorde pas avec *la* mais s'accorde avec son sujet.

La maison ; je la regarde ; ils la regardent.

## l'a, l'as

***L'a*** et ***l'as*** sont formés du pronom personnel *l'* et du verbe *avoir* au présent de l'indicatif ; on peut les remplacer par *l'avait* ou *l'avais*.

Il a pris mon stylo et me l'a (l'avait) rendu.
Tu as pris mon stylo et me l'as (l'avais) rendu ?
→ l' remplace mon stylo.

> ⚠ Quand le sujet est *tu*, il ne faut pas oublier d'écrire *l'as*.

## là

▶ ***Là*** est un adverbe de lieu. On peut alors le remplacer par *ici*.

Je ne pourrai pas être là (ici) demain. Thomas est là-bas.

▶ ***Là*** peut aussi compléter un nom précédé d'un démonstratif.

Ce roman-là est passionnant. Ces films-là ont eu du succès.

**Quiz** Corrigés p. 246

**1 Quels mots manquent dans la phrase « ... laitue de la tortue est dans le jardin. Elle va ... manger. » ?**

○ L'a, l'as ○ La, l'a, ○ La, la

**2 Quels mots manquent dans la phrase « Julie n'est pas ... ; je vais essayer de ... joindre par téléphone. » ?**

○ la, l'as ○ là, l'a ○ là, la

**3 Quels mots manquent dans la phrase « ... voiture ...-bas est mal garée ; ...-tu vue ? »**

○ La, là, là ○ La, l'a, là ○ La, là, l'as

# 28 mon/m'ont – ton/t'ont – son/sont – mais/mes

## mon/m'ont – ton/t'ont

▶ ***Mon*** et ***ton*** sont des déterminants possessifs qui accompagnent un nom. On peut les remplacer par *son*.

Mon (son) chat est noir ; ton (son) chat est tigré.

▶ ***M'ont*** et ***t'ont*** sont formés du pronom personnel (*m'* ou *t'*) et du verbe *avoir* au présent de l'indicatif. On peut les mettre au singulier.

Les oiseaux m'ont fait peur. (L'oiseau **m'a** fait peur.)
Les enfants t'ont demandé leur goûter. (L'enfant **t'a** demandé son goûter.)

## son/sont

▶ ***Son*** est un déterminant possessif qui accompagne un nom. On peut le remplacer par *mon* ou *ton*. Son (mon, ton) album photos est vide.

▶ ***Sont*** est le verbe *être* au présent de l'indicatif. On peut le remplacer par *étaient*. Les albums photos sont (étaient) vides.

## mais/mes

▶ ***Mais*** est une conjonction de coordination qui exprime une opposition entre les deux éléments reliés.

J'aime les tulipes mais je préfère les roses.

> **Attention** au verbe *mettre* (*je mets, il met*).
> Je mets **mes** affaires dans mon sac **mais** je l'oublie !

▶ ***Mes*** est un déterminant possessif. On peut le remplacer par *tes* ou *ses*.

Mes (tes, ses) fleurs sont belles.

**Quiz** Corrigés p. 246

**1 Quels mots manquent dans la phrase « … cousin et … frère … venus me voir. » ?**

○ M'ont, t'ont, sont ○ Mon, ton, son ○ Mon, ton, sont

**2 Quels mots manquent dans la phrase « … frère et … père … appris le tennis. » ?**

○ Son, ton, mon ○ Son, ton, m'ont ○ Son, t'ont, m'ont

**3 Quels mots manquent dans la phrase « …-ils venus et …-ils rendu … vélo ? » ?**

○ Sont, t'ont, ton ○ Son, ton, t'ont ○ Sont, t'ont, t'ont

# 29 m'a/ma – t'a/ta – çà/ça/sa

## m'a/ma – t'a/ta

▶ ***M'a*** et ***t'a*** sont formés du pronom personnel (*m'* ou *t'*) et du verbe *avoir* au présent de l'indicatif. On peut les remplacer par *m'avait* ou *t'avait*.

Louis m'a (m'avait) aidé à ranger ma chambre.

Amin t'a (t'avait) donné un bracelet.

▶ On peut aussi rencontrer ***m'as*** quand le sujet du verbe est *tu*.

Tu m'as (m'avais) dessiné un mouton.

▶ ***Ma*** et ***ta*** sont des déterminants possessifs qui accompagnent un nom. On peut les remplacer par *sa*.

Ma (sa) chambre est toujours rangée !

Ta (sa) batterie est déchargée.

## çà/ça/sa

▶ ***Çà*** est un adverbe de lieu. On peut le remplacer par *ici*.

Des crayons trainaient çà (ici) et là par terre.

▶ ***Ça*** est un pronom démonstratif. On peut le remplacer par *cela*. C'est un terme familier qu'il est préférable d'éviter à l'écrit.

Ça (Cela) ne se passera pas comme elle le pense !

▶ ***Sa*** est un déterminant possessif qui accompagne un nom. On peut le remplacer par *ma* ou *ta*.

Sa (Ma, Ta) colle est dans sa (ma, ta) trousse.

> ⚠ Le déterminant ne précède pas toujours immédiatement le nom.
>
> **ma** petite sœur, **ta** toute première évaluation, **sa** jeune et gentille petite chienne

**Quiz** Corrigés p. 246

**1 Quels mots manquent dans la phrase « Tu ... bien dit que ... tortue a mangé ... copie. » ?**

○ ma, t'a, m'as ○ m'as, ta, ma ○ m'as, t'a, ma

**2 Quels mots manquent dans la phrase « ... sœur ... vu et t'a raconté ... sortie en mer. » ?**

○ Ma, t'as, ça ○ M'a, ta, sa ○ Ma, t'a, sa

**3 Quels mots manquent dans la phrase « ... n'est pas utile qu'elle prenne ... guitare. » ?**

○ Çà, sa ○ Ça, sa ○ Sa, sa

# 30 leur/leurs – on/on n'/ont

## leur/leurs

▶ Il ne faut pas confondre le déterminant possessif ***leur*** qui s'accorde et le pronom personnel ***leur*** invariable.

▶ Le déterminant ***leur*** est placé devant un nom. On peut le remplacer par *son* ou *ses*.

Leur (Son) ami(e) est arrivé(e) ; leurs (ses) ami(e)s sont arrivé(e)s.

▶ Le pronom ***leur*** se trouve devant un verbe ; c'est le pluriel de *lui*. Il est invariable.

Je leur (lui) ai rendu leur livre (un seul livre)
Pronom — Déterminant

et leurs stylos (plusieurs stylos).
Déterminant

⚠ Le pronom possessif ***le leur/la leur*** s'écrit au pluriel ***les leurs***.

C'est **leur** livre. → C'est **le leur**.
Ce sont **leurs** stylos. → Ce sont **les leurs**.
C'est **leur voiture**. → C'est **la leur**.
Ce sont **leurs** affaires. → Ce sont **les leurs**.

## on/on n'/ont

▶ ***On*** est le pronom personnel de la 3e personne. On peut le remplacer par *il*.

On (Il) a marché sur la Lune.

▶ ***Ont*** est le verbe *avoir* au présent de l'indicatif. On peut le remplacer par *avaient*.

Ils ont (avaient) marché sur la Lune.

▶ ***On n'*** est le pronom personnel de la 3e personne suivi d'une négation ; l'adverbe *ne* devient *n'* devant un verbe commençant par une voyelle et on ne le distingue pas de la liaison. On peut remplacer *on* par *il*.

On (Il) a dansé toute la nuit. On n'a (Il n'a) pas dansé toute la nuit.

**Quiz** Corrigés p. 246

**1 Quels mots manquent dans la phrase « ... père ... a demandé de venir. » ?**

○ Leur, leur ○ Leurs, leurs ○ Leur, leurs

**2 Quels mots manquent dans la phrase « ... ... a bien dit d'apporter ... maillot de bain. » ?**

○ On, leurs, leur ○ Ont, leurs, leurs ○ On, leur, leur

**3 Quels mots manquent dans la phrase « ... a pas oublié de ... rendre ... rollers. » ?**

○ On, leur, leurs ○ On n', leurs, leur ○ On n', leur, leurs

# 31 ni/n'y – si/s'y/ci

## ni/n'y

▶ ***Ni*** est une conjonction de coordination employée dans une double négation. On peut remplacer ***ni*** par *et* pour mettre la phrase à la forme affirmative.

Je n'irai ni au restaurant ni au cinéma.
(J'irai au restaurant **et** au cinéma.)

> Il ne faut pas confondre *ni/n'y* avec le verbe *nier* au présent. Le verbe *nier* signifie *contester, démentir.*
> Victoire **nie** avoir triché aux cartes.

▶ ***N'y*** se place devant un verbe. C'est le pronom personnel ***y*** précédé de la négation ***n'***.

Olivier n'y voyait pas à 100 mètres avec ce brouillard.

## si/s'y/ci

▶ ***Si*** peut être une conjonction de subordination exprimant la condition.

Si je mange des bonbons, j'aurai des caries.

▶ ***Si*** peut aussi être un adverbe signifiant *oui* ou *tellement*.

Si (Oui), je t'assure ! Je suis si (tellement) heureuse de l'avoir trouvé !

▶ ***S'y*** se place devant un verbe. Il est formé de deux pronoms personnels : ***se*** + ***y***. On peut le remplacer par *m'y* ou *t'y* en mettant le verbe à la 1re ou 2e personne du singulier.

Clarisse ne s'y préparait pas. (Tu ne **t'y** préparais pas.)

▶ ***Ci*** est un adverbe de lieu.

Je t'envoie ci-joint un courrier important.

On le trouve après un pronom (*celle-**ci**, celui-**ci***...) ou un nom accompagné d'un déterminant démonstratif.

Je ne vais pas prendre ce stylo, celui-ci me semble plus adapté.
Tu ne devrais pas avoir natation à cette heure-ci ?

**Quiz** Corrigés p. 246

**1 Quels mots manquent dans la phrase « ... tu choisis ce livre-..., tu ... comprendras rien ! » ?**

○ S'y, si, ni ○ Si, s'y, n'y ○ Si, ci, n'y

**2 Quels mots manquent dans la phrase « ... Tom ... Cléa ne ... connaissent en informatique. » ?**

○ Ni, n'y, s'y ○ Ni, ni, s'y ○ Ni, ni, si

**3 Quels mots manquent dans la phrase « Jules est ... content de ce dictionnaire-... qu'il ... plonge pendant des heures. » ?**

○ si, ci, s'y ○ s'y, ci, s'y ○ s'y, ci, si

# 32 sans/s'en/c'en/cent – dans/d'en

## sans/s'en/c'en/cent

▶ ***Sans*** est une préposition qui indique le manque et qui se trouve devant un nom ou un infinitif. On peut remplacer ***sans*** par *avec* qui est son contraire.

Oscar peut aller au collège sans (avec) le bus depuis qu'il a un vélo.

▶ ***S'en*** est le pronom personnel réfléchi ***s'*** suivi du pronom adverbial ***en***. On le trouve devant un verbe pronominal et on peut le repérer en changeant de personne.

Ce balai, il ne s'en sert qu'une fois par an ! (Tu ne **t'en** sers qu'une fois par an !)

▶ ***C'en*** (*cela en*) se rencontre dans certaines expressions. C'en est fait, c'en est fini…

▶ ***Cent*** est le nombre 100. On peut le remplacer par un autre nombre.

J'ai commandé cent (soixante) petits fours pour ton anniversaire.

> ⚠ Il ne faut pas confondre ces termes avec le verbe *sentir* (*je sens, il sent*).
> Je **sens** (il **sent**) **cent** espèces de fleurs différentes : **c'en** est trop !

## dans/d'en

▶ ***Dans*** est une préposition suivie d'un groupe nominal. On peut le remplacer par *à l'intérieur de*. Nous avons dîné dans (à l'intérieur d') une crêperie.

***Dans*** peut aussi introduire un complément de temps : **dans** une heure, **dans** vingt ans.

▶ ***D'en*** est la préposition ***de*** suivie du pronom personnel ***en*** ; *d'en* précède un infinitif. Clémentine a encore des dents de lait mais elle vient d'en <u>perdre</u> une.

***D'en*** peut aussi être une préposition dans des expressions telles que *d'en haut* ou *d'en bas, d'en face…*

Théo a ouvert le verrou d'en bas pour pouvoir sortir.

**Quiz** Corrigés p. 246

**1 Complétez la phrase « … ton aide, on ne peut pas … sortir. ».**

○ C'en, s'en ○ Sans, c'en ○ Sans, s'en

**2 Complétez la phrase « Le voisin … face a un vélo et ne … sert pas. ».**

○ dans, sans ○ d'en, sans ○ d'en, s'en

**3 Complétez la phrase « … est fait ! … deux jours, je déménage et je n'ai pas envie … parler ! ».**

○ C'en, dans, d'en ○ S'en, d'en, d'en ○ Sans, dans, dans

# 33 quand/quant/qu'en – tant/temps/t'en

## quand/quand/qu'en

▶ ***Quand*** peut être un adverbe interrogatif de temps. On peut le remplacer par *à quel moment*. ***Quand*** peut aussi être une conjonction de subordination. On peut alors le remplacer par *lorsque*.

Quand (À quel moment) comptes-tu te rendre à la boulangerie ?

J'irai à la boulangerie quand (lorsque) j'aurai mon porte-feuille.

▶ ***Quant*** est une préposition qui est suivie de *à* ou *au(x)*. ***Quant à (aux)*** signifie *en ce qui concerne*.

Quant à toi (En ce qui te concerne), je te demande de ranger ta chambre.

▶ ***Qu'en*** est constitué de ***que*** et de la préposition ***en***.

Qu'en est-il de la santé de Julia ? Je ne sais qu'en dire.

> ⚠ Attention à la liaison : lorsque *quand* est suivi d'un mot commençant par une voyelle, on fait la liaison et on entend *-t-* bien que le mot se termine par un *-d*.
>
> **Quand‿il** fera froid, je mettrai mes gants.

## tant/temps/t'en

▶ L'adverbe ***tant*** évoque la quantité. On peut le remplacer par *tellement*.

Chloé m'a donné tant (tellement) de fraises que je suis malade !

▶ ***Temps*** est un nom commun, noyau d'un groupe nominal.

J'ai le temps de faire mes valises. Il fera beau temps demain.

On rencontre aussi ce mot dans la locution adverbiale *de temps en temps*.

▶ ***T'en*** se trouve devant un verbe. On peut le remplacer par *m'en*.

Il ne t'en (m'en) voudra pas longtemps de ton (mon) erreur.

**Quiz** Corrigés p. 246

**1 Quels mots manquent dans la phrase « … à son projet, je ne sais … penser. » ?**

○ Quand, qu'en ○ Quant, quand ○ Quant, qu'en

**2 Quels mots manquent dans la phrase « Je travaille … que je n'ai même plus le … de jouer. » ?**

○ temps, tant ○ tant, temps ○ t'en, temps

**3 Quels mots manquent dans la phrase « … je serai en vacances, je viendrai te voir de … en … . » ?**

○ Quant, tant, temps ○ Quand, tant, temps ○ Quand, temps, temps

# 34 quel(le)/qu'elle

## quel (quels, quelle, quelles)

▶ ***Quel*** est un déterminant exclamatif ou interrogatif.

**Quel** animal intelligent ! (déterminant exclamatif)
**Quelle** heure est-il ? (déterminant interrogatif)

▶ ***Quel*** s'accorde avec le nom qu'il accompagne : ***quelle***(féminin singulier), ***quelles*** (féminin pluriel), ***quels*** (masculin pluriel).

**Quelle** jolie robe ! **Quelles** jolies robes ! **Quels** beaux blousons ! **Quel** gâteau veux-tu ? **Quels** livres as-tu choisis ? **Quelles** pièces as-tu vues cette année ?

## qu'elle (qu'elles)

***Qu'elle*** (ou ***qu'elle***) est le pronom personnel *elle* (ou *elles*) précédé de *que*.

Ce **qu'elle** m'a dit est insensé. Ce **qu'elles** m'ont dit est insensé.

## quelle(s) ou qu'elle(s) ?

▶ Pour choisir la forme avec apostrophe ou la forme sans apostrophe, on remplace par *qu'il*.

? trésor ! → ~~Qu'il~~ trésor ! ? → forme sans apostrophe : Quel trésor ! Quelle histoire !
? jour viens-tu ? → ~~Qu'il~~ jour viens-tu ? → forme sans apostrophe : Quel jour viens-tu ?
Je crois ? viendra. → Je crois qu'il viendra → forme avec apostrophe : Je crois qu'elle viendra.

▶ Il faut aussi penser à accorder.

Je ne sais **quel** pull, **quelle** chemise, **quels** gants, **quelles** chaussures choisir.
Marion est au courant ; je pense **qu'elle** sera là.
Marion et Alice sont au courant ; je pense **qu'elles** seront là.

### À savoir

Les deux formes, avec et sans apostrophe, peuvent se combiner. En utilisant la méthode proposée dans la leçon, on voit que le premier *quelle(s)* est sans apostrophe et que le second s'écrit *qu'elle(s)*.

**Quelles** (~~qu'ils~~) **qu'elles** (qu'ils) soient, tes idées sont les bienvenues.

### Quiz

Corrigés p. 246

**1** Complétez la phrase « ... jour et à ... heure arrives-tu ? ».
○ Qu'elle, quel ○ Quelle, qu'elle ○ Quel, quelle

**2** Complétez la phrase « J'aimerais ... nous dise ... gâteaux elle va préparer. ».
○ qu'elle, qu'elles ○ qu'elle, quels ○ quel, quels

**3** Complétez la phrase « Tes amies ... ... soient sont nos amies aussi. ».
○ quelles, quelles ○ qu'elles, quelles ○ quelles, qu'elles

# 35 quoique/quoi que – quel que/quelque – plus tôt/plutôt

## quoique/quoi que

▶ ***Quoique*** est une conjonction de subordination. On peut le remplacer par *bien que*.

Quoique (Bien que) tu sois malade, viens !

▶ ***Quoi que*** est un pronom relatif composé qui signifie *quel que soit ce que*. On ne peut pas le remplacer par *bien que*.

Quoi que (~~Bien que~~) tu décides, écoute-moi.

> Après la conjonction de subordination ***quoique*** et après le pronom ***quoi que***, le verbe se met au subjonctif.
>
> **Quoiqu'il** ait tort, Maxime insiste.
>
> **Quoi que** je dise, tu ne m'écoutes pas !

## quel que/quelque

▶ ***Quel que*** est suivi du verbe *être* au subjonctif ; il a le sens de *peu importe*. ***Quel*** s'accorde en genre et en nombre avec le nom qui suit le verbe *être*.

Quel que soit son point de vue, nous en tiendrons compte.
Quelle que soit son opinion, nous en tiendrons compte.
Quelles que soient ses idées, nous les examinerons.

▶ ***Quelque*** est un déterminant qui s'accorde avec le nom qu'il accompagne. On peut le remplacer par *plusieurs*.

J'ai laissé quelques (plusieurs) affaires dans ta chambre.

***Quelque*** au singulier se rencontre rarement ailleurs que dans les mots *quelque chose, quelque part, quelqu'un*.

## plus tôt/plutôt

▶ ***Plus tôt*** est le contraire de *plus tard*. Jean a dîné plus tôt (plus tard) que prévu.

▶ ***Plutôt*** est un adverbe ; on peut le remplacer par *de préférence*.

Jean va plutôt (de préférence) dîner dans le jardin.

**Quiz** Corrigés p. 246

**1 Complétez la phrase « ... tu sois parti ..., tu es en retard ! ».**

- ○ Quoi que, plus tôt
- ○ Quoique, plutôt
- ○ Quoique, plus tôt

**2 Complétez la phrase « ... soient tes propositions, je choisirai ... cette option. ».**

- ○ Quelles que, plutôt
- ○ Quelque, plus tôt
- ○ Quelque, plutôt

**3 Complétez la phrase « ... tu penses, tu devrais prendre ... heures pour réfléchir. ».**

- ○ Quoi que, quelles que
- ○ Quoique, quelles que
- ○ Quoi que, quelques

# 36 tout



## *Tout* déterminant

***Tout***, déterminant, s'accorde avec le nom qu'il accompagne. Il est en général suivi d'un second déterminant.

tout travail, tous types de problèmes, tous les jours, toute ma soirée, toutes ces années

On entend la différence entre *tout* au masculin et *toute* au féminin (*tout le… / toute la… – tous les… / toutes les…*), mais pas entre le singulier et le pluriel (*tout le… / tous les… – toute la… / toutes les…*).

## *Tout* pronom

***Tout*** peut aussi être un pronom.

Tout est possible.
J'ai beaucoup d'amies ; elles sont toutes là.

On entend le *-s* du pronom au pluriel : *tous*. Les chevaliers sont bien tous arrivés et tous sont prêts à participer à l'aventure.

## *Tout* adverbe

▶ ***Tout*** peut également être un adverbe ; il est alors invariable. On peut le remplacer par *très*.

Ils sont tout (très) contents.
Elles sont tout (très) émues.

**À savoir**

***Tout** à l'heure* est une locution invariable.

▶ Quand le mot qui suit est féminin et commence par une consonne ou un *-h* aspiré, l'adverbe ***tout*** s'accorde.

Elle est toute contente.
Elle est toute honteuse.
Elles sont toutes contentes.
Elles sont toutes honteuses.

Ne pas confondre au féminin le pronom et l'adverbe.

Elles sont tout émues. = Elles sont **très** émues.
Elles sont toutes émues. = **Toutes** sont émues.

Pour entendre la différence, on peut mettre la phrase au masculin.

Ils sont **tout** émus. Ils sont **tous** émus.

**Quiz** Corrigés p. 246

**1 Quels mots manquent dans la phrase « Nous viendrons … t'aider … les matins. » ?**

- ○ tout, tous
- ○ tous, tout
- ○ tous, tous

**2 Quels mots manquent dans la phrase « … mes amis sont venus … heureux de découvrir mon chiot. » ?**

- ○ Tous, tout
- ○ Tous, tous
- ○ Tout, tout

**3 Quels mots manquent dans la phrase « … à l'heure, les feuilles seront … ramassées. » ?**

- ○ Toute, tout
- ○ Tout, tout
- ○ Tout, toutes

# 37 peu/peut/peut-être – du/dû – cru/crû

## peu/peut/peut-être

▶ ***Peu*** est un adverbe de quantité. Il est invariable.

J'ai pris très peu de photos du défilé.

▶ ***Peut*** est le présent de l'indicatif du verbe *pouvoir*. On peut le remplacer par *pouvait*. On rencontre aussi ***peux***.

Il peut (pouvait) prendre des photos du défilé.
Tu peux (pouvais) manger ta glace.

> Il ne faut pas confondre *peut-être* et *il/elle peut être*.
>
> Théodore **peut être** (~~probablement~~) concentré.
>
> Il est **peut-être** (probablement) malade.

▶ ***Peut-être*** est un adverbe que l'on peut remplacer par *probablement*.

Anne a peut-être (probablement) raté son train.

## du/dû

▶ ***Du*** est un article défini ou partitif. Il est toujours suivi d'un nom et est l'équivalent de *de le* (défini) ou de *un peu de* (partitif).

C'est l'emballage du (de le) chocolat. Il a mis du (un peu de) chocolat dans son lait.

▶ ***Dû*** est le participe passé du verbe *devoir*. Au féminin et au pluriel, le participe ne prend pas d'accent.

Léo a dû annuler son covoiturage. C'est la somme due. Les montants dus.

▶ ***Dû*** peut aussi être un nom masculin qui signifie « une somme d'argent » ou « une chose que l'on doit restituer ».

Je vous rends votre dû.

## cru/crû

▶ ***Cru*** est le participe passé du verbe *croire*.

▶ ***Crû*** est le participe passé du verbe *croître*.

J'ai cru à ses balivernes ! La plante a crû très vite.

> **À savoir**
>
> ***Cru/crue*** peut aussi être un adjectif. Il est le contraire de *cuit*.
>
> Ces fruits sont bien meilleurs **crus**.

**Quiz** Corrigés p. 246

**1 Complétez la phrase « ... à ..., il ... y arriver. ».**

- ○ Peu, peu, peu
- ○ Peu, peu, peut
- ○ Peut, peut, peut

**2 Complétez la phrase « J'ai ... oublier de mettre ... sucre dans mon gâteau. ».**

- ○ du, du
- ○ dû, du
- ○ dû, dû

**3 Complétez la phrase « Cette plante a ... plus vite que j'aurais ... . ».**

- ○ crû, crû
- ○ cru, crû
- ○ crû, cru

# 38 quelques fois/quelquefois – à faire/affaire – d'avantage/davantage

## quelques fois/ quelquefois

▶ ***Quelques fois*** peut être remplacé par *deux ou trois fois*.

Je n'ai mangé du homard que quelques fois (que deux ou trois fois).

▶ ***Quelquefois*** est un adverbe qui signifie *parfois*.

Je vais quelquefois (parfois) pêcher des crevettes.

> ⚠ Veiller à bien écrire *quelque chose*, *quelqu'un*, *quelque part* avec deux mots séparés.

## à faire/affaire

▶ ***À faire*** désigne une action (préposition *à* + verbe *faire*). L'expression est invariable.

Adeline a un gâteau à faire pour un anniversaire.

▶ ***Affaire*** est un nom féminin ; on le rencontre au singulier ou au pluriel.

C'est une bonne affaire. J'ai pris mes affaires de sport.

▶ Après le verbe *avoir*, on peut aussi bien rencontrer ***à faire*** que ***affaire***.

Ne me dérange pas ; j'ai à faire. (= je dois faire certaines choses)

J'ai eu affaire à un drôle de médecin ! (= j'ai été en relation avec...)

## d'avantage/davantage

▶ ***Avantage*** est un nom qui peut être précédé de **d'**. C'est le contraire de *inconvénient*.

Cette solution ne représente pas d'avantages. (= ne présente aucun avantage)

▶ ***Davantage*** est un adverbe qui signifie *plus*. Il est invariable.

Baptiste m'a donné davantage (plus) de bonbons cette fois-ci.

**Quiz** Corrigés p. 246

**1 Quels mots manquent dans la phrase « Nous avons eu ... des réparations ... . » ?**

○ quelquefois, affaire ○ quelques fois, affaire ○ quelquefois, à faire

**2 Quels mots manquent dans la phrase « Je ne connais pas bien ce plombier-ci, j'ai eu ... ... à celui-là. » ?**

○ d'avantage, affaire ○ davantage, affaire ○ davantage, à faire

**3 Quels mots manquent dans la phrase « Je n'ai skié que ... ; notre appartement, très loin des pistes, offrait peu ... . » ?**

○ quelques fois, d'avantages ○ quelquefois, davantage ○ quelquefois, d'avantages

# 39 sur/sûr – près/prêt – vers/verre/vert/vair/ver

## sur/sûr

▶ ***Sur*** est une préposition invariable qui signifie *dessus* ou bien *à propos de*.

J'ai posé tes livres sur la table.
As-tu appris plus de choses sur ce criminel ?

▶ ***Sûr*** est un adjectif qui s'accorde avec le nom auquel il se rapporte. Il signifie *certain, fiable*.

Natacha est sûre (certaine) d'avoir réussi.
Ces garçons sont sûrs d'eux.

• L'adverbe ***bien sûr*** est invariable.
**Bien sûr**, Élise ne joue pas au ballon dans sa chambre.
• Ne pas confondre l'adverbe et l'adjectif.
Élise est bien **sûre** d'elle !

## près/prêt

▶ ***Près*** est un adverbe ou une préposition qui exprime la proximité (lieu ou temps). Il est invariable.

Ne marche pas trop près de la chaussée → préposition introduisant la chaussée.
J'habite tout près → adverbe de lieu.

▶ ***Prêt*** est un adjectif. Il signifie *préparé, disposé à*. On peut le remplacer par le féminin *prête*.

Romain est prêt (prête) à plonger.

## vers/verre/vert/vair/ver

▶ ***Vers*** est une préposition indiquant la direction ou un nom appartenant au lexique de la poésie.

Je me dirige vers Jupiter → préposition. L'alexandrin est un vers de 12 syllabes → nom.

▶ Les noms ***verre***, ***vair***, ***ver*** et l'adjectif ***vert*** sont des homophones de ***vers***.

Marine a brisé la table en verre du salon. Cendrillon a des pantoufles de vair (fourrure).
J'ai adopté un ver de terre. Ce pantalon vert me va bien.

**Quiz** Corrigés p. 246

**1 Complétez la phrase « Ce gros ... est tout ... ! ».**

○ vers, près ○ vert, prêt ○ ver, près

**2 Complétez la phrase « Est-elle bien ... d'avoir laissé ses lunettes ... la table ? ».**

○ sur, sûr ○ sûr, sur ○ sûre, sur

**3 Complétez la phrase « Nous sommes, bien ..., ... à parier que tu vas gagner. ».**

○ sûr, près ○ sûr, prêts ○ sûrs, prêts

# 40 Homophones lexicaux

**À savoir**

Les **homophones lexicaux** sont des noms, des adjectifs ou des verbes qui se prononcent de la même façon et que l'on peut confondre. Pour les écrire correctement, il faut prendre en compte le sens de la phrase.

▶ ***ancre/encre***

L'ancre retient le bateau.
Cette encre est bleue.

▶ ***balai/ballet***

Peux-tu passer le balai dans la cuisine ?
J'ai vu un magnifique ballet à l'opéra.

▶ ***cou/coup***

Loraine a mis un beau collier autour de son cou.
Il lui a donné un grand coup de poing dans le nez !

▶ ***tante/tente***

Ma tante Marie vit dans une tente.

▶ ***poids/pois***

Calculez le poids de ce petit pois.

▶ ***conte/compte/comte***

Il lui a raconté un beau conte de Noël. Le banquier gère mon compte en banque.
Monsieur le comte de Garofa revient d'Amérique.

▶ ***chêne/chaîne*** (ou ***chaine***)

J'ai vu le plus grand de tous les chênes dans la forêt de Tronçais.
Comme il y avait beaucoup de neige, il a préféré mettre des chaînes à ses pneus.

▶ ***signe/cygne***

Il lui a fait un signe de la main en guise de bonjour. La femelle cygne couve ses œufs.

▶ ***raisonner/résonner***

Sa sœur fait tout pour le raisonner afin qu'il fasse le bon choix.
La trompette a résonné dans l'église ; c'était très beau.

**Quiz**

Corrigés p. 246

**1 La phrase correctement orthographiée est :**

- ○ J'ai passé un coup de ballet dans l'entrée.
- ○ J'ai passé un coup de balai dans l'entrée.
- ○ J'ai passé un cou de ballet dans l'entrée.

**2 La phrase correctement orthographiée est :**

- ○ Monsieur le conte a pris du pois.
- ○ Monsieur le comte a pris du poids.
- ○ Monsieur le compte a pris du poids.

**3 La phrase correctement orthographiée est :**

- ○ La chêne de l'encre du bateau est rouillée.
- ○ La chaîne de l'encre du bateau est rouillée.
- ○ La chaîne de l'ancre du bateau est rouillée.

# 41 Paronymes

▶ ***allocation/allocution/élocution***

Guillaume loue un studio ; il perçoit une allocation logement.

Le Président a prononcé une allocution percutante à la télévision.

Antoine bégaie : il va chez l'orthophoniste pour améliorer son élocution.

**À savoir**

Les paronymes sont des mots qui présentent une ressemblance plus ou moins grande par leur forme et leur prononciation.

▶ ***allusion/illusion***

Il a fait allusion au cadeau d'anniversaire dont il rêvait.
Le magicien nous a donné l'illusion d'avoir fait disparaître le lapin.

▶ ***astrologue/astronome***

Qu'a écrit l'astrologue dans mon horoscope ce matin ?
Les plus grands astronomes surveillent la fusée qui est partie pour Mars.

▶ ***avènement/évènement***

Un jour, nous fêterons l'avènement du Prince George au trône d'Angleterre.
Le mariage de Camille est un évènement très attendu.

▶ ***colorer/colorier***

Le froid colore les joues.
Il apprend à colorier sans dépasser.

▶ ***consommer/consumer***

Il faut consommer de l'alcool avec modération.
L'encens est en train de se consumer doucement.

▶ ***éclaircir/éclairer***

Ta gouache est trop foncée, ne voudrais-tu pas l'éclaircir avec du blanc ?
Il fait nuit, je vais m'éclairer avec ma lampe de poche.

▶ ***effraction/infraction***

La vitre est brisée : le cambrioleur est entré par effraction.
Les gendarmes l'ont arrêté car il a commis une infraction au Code de la route.

▶ ***éminent/imminent***

Charles de Gaulle a joué un rôle éminent auprès des résistants.
Le train va bientôt partir ; le départ est imminent.

▶ ***éruption/irruption***

La varicelle cause une importante éruption de boutons.
Les supporters firent irruption sur le stade pour célébrer la victoire.

▶ ***inclinaison/inclination***

Le toit a-t-il une inclinaison suffisante pour laisser couler l'eau de pluie ?
L'inclination de Roméo pour Juliette est interdite.

- ***inculper/inculquer***

  Monsieur Dupont, vous êtes inculpé pour plusieurs cambriolages dans la région.
  Le professeur essaye de leur inculquer des notions d'orthographe.

- ***percepteur/précepteur***

  Lola a donné tout son argent au percepteur.
  Pauline a un précepteur qui lui donne des cours à la maison.

- ***prolongation/prolongement***

  Il y a des prolongations de 15 minutes pour le match Paris/Marseille !
  Le prolongement de la ligne de métro est bien pratique.

## Testez-vous !

→ *Corrigés p. 246*

Quiz

**1 La phrase qui a un sens vraisemblable est :**

- ○ Le percepteur corrige les exercices de ses élèves.
- ○ Le prolongement de l'autoroute désenclave la région.
- ○ Le cambrioleur a été inculqué.

**2 La phrase qui a un sens vraisemblable est :**

- ○ Le volcan de l'île de la Réunion entre en éruption.
- ○ Le début du spectacle est éminent.
- ○ Vous pouvez consumer ces huitres sans inquiétude.

**3 La phrase qui a un sens vraisemblable est :**

- ○ Ne vous faite pas d'allusion : je serai toujours le plus fort !
- ○ J'essaie d'inculquer à mon petit frère les bases de la politesse.
- ○ Le théâtre me permet d'améliorer mon allocation.

**4 Complétez les phrases suivantes avec les mots *éminent*, *imminent*, *effraction* et *infraction*.**

a. Quelqu'un a pénétré par ... dans le musée.
b. Nous avons consulté un ... spécialiste des oreilles.
c. Toute ... au règlement intérieur sera sanctionnée.
d. L'embarquement des passagers est ... .

**5 Complétez les phrases suivantes avec les mots *allusion*, *illusion*, *consommer* et *consumer*.**

a. Quand je ferme les yeux, j'ai l'... qu'il fait nuit.
b. On nous conseille de ... cinq fruits et légumes par jour.
c. Cette bougie ne peut pas se ... si vite.
d. Ne faites pas ... à cet incident désagréable.

# 42 L'orthographe simplifiée : la réforme de 1990

## Les enjeux de la réforme

Au fil des siècles, la langue évolue et son orthographe aussi. La réforme de 1990, conduite par l'Académie française, vise à simplifier certains points dans un souci de cohérence.

**À savoir**

Cette réforme ne modifie en aucun cas les textes écrits dans le passé et elle n'est pas obligatoire.

## Les accents

▶ **Accent grave :** pour se conformer à la prononciation, -*é* devient -*è* dans certains mots.

événement → évènement ; réglementaire → règlementaire ; je céderai → je cèderai

▶ Pour se conformer à la prononciation, certains verbes peuvent s'écrire avec un accent grave au futur simple et au conditionnel présent.

céder → Je cèderai, il cèderait ; régler → tu règleras, nous règlerions

▶ **Accent circonflexe sur -*i* et -*u*** : il peut être supprimé, sauf dans la conjugaison et pour éviter les confusions.

un coût → un cout ; connaître → il connait ; croître → croitre ;
il s'entraîne → il s'entraine ; une fraise mure ; surement

Mais il est sûr de lui, un fruit mûr, nous crûmes, il croît (croitre).

▶ **Accentuation des mots d'origine étrangère pour se conformer à la prononciation :** allegro → allégro ; memento → mémento ; revolver → révolver...

▶ **Tréma sur le -*u* de *gu*- :** il est déplacé ou ajouté pour marquer la lettre qui doit être prononcée.

ambiguë → ambigüe ; ambiguïté → ambigüité ; aiguë → aigüe ; arguer → argüer...

## Verbes en -*eler* et -*eter*

▶ Seuls *appeler*, *jeter* et leurs composés doublent la consonne devant un -*e* muet : il jette, nous appellerons.

▶ Les autres verbes, ainsi que leurs dérivés, suivent *acheter* et *geler*.
il renouvèle, il étincèle, un renouvèlement, un amoncèlement...

## Les mots composés

▶ Les **mots composés avec trait d'union** alignent leur pluriel sur les noms simples : au pluriel (et seulement au pluriel), la seconde partie du mot prend un -*s*.

un compte-goutte → des compte-gouttes ; un(e) après-midi → des après-midis...

▶ **Certains mots composés peuvent être soudés** : notamment avec *contr(e)*, *entr(e)*, *extra*, *ultra*, les mots savants, les onomatopées, les mots étrangers…

un contretemps, entretemps, un extraterrestre, les oligoéléments, le tictac, un weekend, une chauvesouris…

## Les nombres

On met un **trait d'union** entre tous les mots quand on écrit un nombre en toutes lettres : deux-mille-trois-cent-dix-huit, vingt-et-unième.

## Mots particuliers

charriot (comme charrette), corole (comme bestiole), combattif (comme combattre), imbécilité (comme imbécile), persiffler (comme siffler), joailler, serpillère, pagaille, ognon…

## Testez-vous !

→ *Corrigés p. 246*

Quiz

**1 Les mots correctement orthographiés selon la réforme sont :**

- ○ surement.
- ○ chateau.
- ○ nous reconnumes.

**2 Les mots correctement orthographiés selon la réforme sont :**

- ○ un pèse-lettre.
- ○ des porte-avions.
- ○ un cure-dent.

**3 Les mots correctement orthographiés selon la réforme sont :**

- ○ un extraterrestre.
- ○ une serpillère.
- ○ une charette.

**4 Réécrivez les phrases suivantes en appliquant la simplification de la réforme.**

a. Nous découvrîmes une grotte qui abritait des chauves-souris.
b. Au bout de mille trois cent cinquante-quatre ans, le vaisseau se posa enfin.
c. Le ruissellement de l'eau endommage la pierre.
d. Pierre s'y connaît : ce fruit n'est sûrement pas mûr.

**5 Indiquez si les modifications effectuées sont justes.**

a. Le chariot et la charrette sont pleins. → Le charriot et la charrette sont pleins.
b. Le gâteau est trop cuit. → Le gateau est trop cuit.
c. J'ai dû changer de train. → J'ai du changer de train.
d. C'est une douleur aiguë. → C'est une douleur aigüe.

# 43 Les classes de mots et de groupes de mots

## Les classes de mots variables

▶ Les mots qui **changent de forme** selon la phrase sont des mots **variables**.

– Changement de **nombre** : un arbre, des arbres.

– Changement de **genre** : un beau tableau, une belle chanson.

– Changement de **fonction** : Je (sujet) parle au gardien. Le gardien me (COI) répond.

> Une classe de mots est constituée des mots qui ont les mêmes caractéristiques grammaticales.
>
> La **classe grammaticale d'un mot** correspond à sa nature et la **fonction d'un mot** correspond à son rôle dans la phrase.

▶ On distingue **cinq classes de mots variables**.

– Les **noms** : un collège, une fleur, un chien, une personne… (voir p. 60)

– Les **déterminants** : une histoire, ce jardin, ton sac… (voir p. 62 à 66)

– Les **pronoms** : je chante, c'est le mien, il préfère celui-là… (voir p. 67 à 73)

– Les **adjectifs** : une histoire drôle, des romans policiers… (voir p. 74 et 75)

– Les **verbes** : je dors, je vais travailler, en dansant… (voir p. 76 et 77)

## Les classes de mots invariables

▶ Les mots qui **ne changent pas de forme** sont des mots **invariables**. Pour parler de classe de mots invariables, il faut que tous les mots de la classe soient invariables.

▶ On distingue **cinq classes de mots invariables**.

– Les **prépositions** : à, dans, par, pour, en, vers, au milieu de… (voir p. 79)

– Les **adverbes** : vraiment, toujours, loin, vite, aujourd'hui, ici… (voir p. 80)

– Les **conjonctions de coordination** : mais, ou, et, donc, or, ni, car. (voir p. 82)

– Les **conjonctions de subordination** : quand, lorsque, parce que… (voir p. 84)

– Les **interjections** : Ah ! Oh ! Hélas !… (voir p. 86)

> **À savoir**
>
> Une **locution** est un mot invariable en plusieurs parties.
>
> À côté de, si bien que

## Les classes des groupes de mots

- Un **groupe nominal** est centré sur un nom (voir p. 60).
  J'ai regardé un excellent film d'aventures.
- Un **groupe adjectival** est centré sur un adjectif qualificatif (voir p. 74).
  Thomas est content de lui et de son équipe.
- Un **groupe verbal** comprend un verbe conjugué et ses compléments.
  Nous demanderons conseil à Paul.
- Un **groupe infinitif** est centré sur un infinitif.
  Entraîne-toi pour réussir cette compétition.

## Testez-vous !

→ *Corrigés p. 247*

Quiz

**1 Le mot appartenant à une classe de mots invariables est :**

○ année. ○ il. ○ si bien que.

**2 Les classes de mots variables sont :**

○ adjectifs, prépositions, conjonctions, verbes, pronoms.
○ noms, pronoms, adjectifs, adverbes, déterminants.
○ noms, pronoms, verbes, adjectifs, déterminants.

**3 Dans la phrase suivante, quelle est la classe du groupe de mots en gras ?**

Tom court **afin de rejoindre ses amis.**

○ Un groupe adjectival. ○ Un groupe nominal. ○ Un groupe infinitif.

**4 Relevez l'intrus dans chaque liste et justifiez votre réponse.**

a. horizon, chaise, apporter, ordinateur, clavier
b. stylo, étoile, cathédrale, élégant, camarade
c. mais, ou, où, et, donc
d. à, dans, car, par, pour

**5 Indiquez la classe grammaticale des mots ou groupes de mots en gras.**

a. **Le petit chien de Noémie** est très **mignon**.
b. **Mon** cousin **élève des crocodiles**.
c. **Nous** ne voulons pas **acheter un crocodile** !
d. Tu peux **vraiment** être **fier de toi**.

# 44 Le nom et le groupe nominal

## Noms propres et noms communs

▶ Les **noms propres** désignent un élément (personne, lieu…) unique. Ils commencent par une majuscule.

Thomas, Monsieur Durand, Lyon, les Alpes…

▶ Les **noms communs** désignent une catégorie d'éléments. Ils sont en général précédés d'un déterminant.

Un livre, un collège, une idée… : il existe plusieurs livres, plusieurs collèges, plusieurs idées.

▶ Les noms communs et certains noms propres ont un **genre** : masculin ou féminin.

Un roman, une fable, la Provence…

▶ Les noms communs et certains noms propres ont un **nombre** : singulier ou pluriel.

Une fourmi, des fourmis, les États-Unis…

**À savoir**

Le déterminant qui précède le nom permet de connaître son genre. Si ce n'est pas possible, il faut consulter un dictionnaire.

Les orages.
→ un orage
→ Masculin

## Les différentes catégories de noms communs

▶ Un **nom concret** désigne un être, un objet, alors qu'un **nom abstrait** représente une idée, un sentiment.

▶ Les noms abstraits sont **indénombrables** : on ne peut pas compter ce qu'ils désignent.
– Noms concrets : une table, un vélo, un élève…
– Noms abstraits : l'amour, une opinion, le courage…

▶ Un **nom animé** désigne un être vivant capable de bouger : un enfant, un lion…

▶ Un **nom inanimé** désigne une chose ou un végétal : une chaise, un pissenlit…

▶ Un **nom générique** désigne une catégorie d'objets alors qu'un **nom spécifique** désigne un élément particulier.
– Noms génériques : un chien, une plante, un vêtement…
– Noms spécifiques : un caniche, un labrador, une rose, une robe…

▶ Un **nom collectif** désigne un groupe d'éléments.

La foule, le monde, la famille…

## Le groupe nominal

▶ Le **groupe nominal minimal** est composé d'un nom commun et de son déterminant.

Le journal, ce journal, mon journal...

▶ Le **groupe nominal enrichi (ou étendu)** comporte des **expansions du nom** que l'on peut supprimer.

– Un ou plusieurs adjectifs : C'est **un** petit **chien** roux.
– Un complément du nom : C'est **un chien** de traîneau.
– Une subordonnée relative complément de l'antécédent : C'est **un chien** qui semble joueur.

Un groupe nominal peut être emboîté dans un autre groupe nominal.
C'est **un sachet de bonbons à la fraise**.

Grammaire

## Testez-vous !

→ Corrigés p. 247

Quiz

**1 Le nom *amitié* est :**
○ un nom masculin. ○ un nom collectif. ○ un nom abstrait.

**2 Le nom *dictionnaire* est :**
○ un nom abstrait. ○ un nom inanimé. ○ un nom collectif.

**3 Dans la phrase « La police est arrivée. », le nom *police* est :**
○ un nom masculin. ○ un nom collectif. ○ un nom pluriel.

**4 Relevez les noms animés. Soulignez les groupes nominaux enrichis.**

a. Victoire a apporté son chien, son chat et leurs croquettes.
b. Ta colère ne se justifie à aucun moment.
c. Cet écrivain a écrit de nombreux romans d'aventures.
d. Le dompteur expérimenté s'approche des panthères avec son long fouet.

**5 Quel est le nom générique correspondant à chaque série de noms spécifiques ?**

a. brie, saint-nectaire, gruyère, camembert
b. sapin, peuplier, saule, châtaignier
c. chaise, tabouret, canapé, fauteuil
d. table, chaise, buffet, armoire

# 45 Les déterminants : introduction

## Définition

▶ Les déterminants **introduisent le nom** dans la phrase et apportent des précisions.

Je trace une **droite** : n'importe quelle droite.
Je trace la **droite** passant par A et B : une droite en particulier.
Mes **chaussures** sont usées : les miennes.
Ces **chaussures** sont usées : les chaussures que je montre.

▶ Les déterminants **précèdent le nom** qu'ils déterminent. Ils sont parfois séparés du nom par un adjectif qualificatif.

Une bonne **idée**, un magnifique **cadeau**

## Accord

Les déterminants s'accordent en **genre** (masculin/féminin) et en **nombre** (singulier/pluriel) avec le nom auquel ils se rapportent.

mon stylo/ma trousse ; mon stylo/mes stylos ;
ce roman ou cet arbre/cette histoire ;
un livre/des livres

> ⚠ *mon*, *ton* et *son* sont le plus souvent des déterminants masculins : **mon** voisin, **ton** crayon… Ils peuvent aussi être féminins quand le nom féminin commence par une voyelle : **mon** écharpe, **ton** oreille…

## Confusions à éviter

**Il ne faut pas confondre les déterminants et les pronoms.** Les déterminants accompagnent un nom alors que les pronoms sont des remplaçants.

C'est mon stylo, je te **le** prête : mon est un déterminant qui accompagne stylo ; **le** est un pronom qui remplace mon stylo.

La pluie tombe ; je **la** regarde : Le 1er la accompagne pluie ; le 2nd, placé devant un verbe, remplace la pluie.

> **À savoir**
> *le*, *la*, *les*, *l'* sont des **déterminants** devant un nom et des **pronoms** devant un verbe.

**Quiz** Corrigés p. 247

**1 Quels sont les déterminants féminins ?**

- ○ Une rose.
- ○ L'amitié.
- ○ Son vélo.

**2 Dans quelles phrases les mots en gras sont-ils des déterminants ?**

- ○ **Ce** film est réussi.
- ○ **Ce** que tu dis n'a pas de sens.
- ○ Ils ont oublié **leurs** affaires.

**3 Dans quelles phrases les mots en gras sont-ils des déterminants ?**

- ○ Je ne **le** connais pas.
- ○ **Le** boucher est malade.
- ○ Je voudrais **deux** baguettes.

# 46 Les déterminants démonstratifs et possessifs



## Les déterminants démonstratifs

| | Singulier | Pluriel |
|---|---|---|
| **Masculin** | ce, cet | ces |
| **Féminin** | cette | ces |

On emploie *cet* devant un nom masculin commençant par une voyelle ou un *h* muet.
cet arbre, cet **h**omme

▸ Les déterminants démonstratifs peuvent désigner des êtres ou des choses que le locuteur (celui qui parle) montre.

Je te prête ce livre. Ces cerises ne sont pas mûres.

▸ Les déterminants démonstratifs peuvent désigner un élément dont on a déjà parlé.

J'ai lu un roman passionnant. Ce roman se déroule sur la Lune.

▸ Les déterminants démonstratifs peuvent être complétés par les particules *-ci* ou *-là* qui s'ajoutent au nom.

**Ce** roman-ci, **cette** fable-là, **ces** personnages-ci

## Les déterminants possessifs

| | Possesseur | | | | | |
|---|---|---|---|---|---|---|
| | **je** | **tu** | **il/elle** | **nous** | **vous** | **ils/elles** |
| **Masc. sing.** | mon | ton | son | notre | votre | leur |
| **Fém. sing.** | ma | ta | sa | notre | votre | leur |
| **Pluriel** | mes | tes | ses | nos | vos | leurs |

Les déterminants possessifs indiquent un lien de possession (mon stylo) ou de proximité (mon voisin).

**Quiz** Corrigés p. 247

**1 Les groupes nominaux corrects sont :**

○ cet héros-là. ○ cette histoire-ci. ○ cet épisode.

**2 Les déterminants possessifs correspondant à la 1re personne du pluriel sont :**

○ mon, ma, mes. ○ son, sa, ses. ○ notre, nos.

**3 L'expression contenant un déterminant possessif qui exprime une possession est :**

○ c'est le mien. ○ mon frère. ○ tes chaussettes.

# 47 Les déterminants : les articles

## Les articles indéfinis

L'**article indéfini** indique que l'élément désigné n'est pas particulier ni unique.

Un bonnet a été oublié : on ne sait rien sur le bonnet.
Je voudrais une baguette : n'importe quelle baguette.
Voici des fraises : on ne sait rien de précis sur ces fraises.

| | Singulier | Pluriel |
|---|---|---|
| **Masculin** | un | des |
| **Féminin** | une | |

## Les articles définis

▶ L'**article défini** désigne un élément particulier ou une notion en général.

J'ai noté le résultat de l'opération : un résultat particulier et une opération particulière.
La jalousie est un sentiment destructeur : la jalousie en général.

| | Singulier | Pluriel |
|---|---|---|
| **Masculin** | le, l' | les |
| **Féminin** | la, l' | |

▶ ***L'*** est un **article défini élidé** : *le* et *la* s'élident (perdent leur voyelle) devant un mot commençant par une voyelle.

~~La école~~ → l'école ; ~~le arbre~~ → l'arbre

▶ ***Le*** et ***les*** se transforment au contact des prépositions *de* et *à* : ce sont les **articles définis contractés.**
*De + le = du ; de + les = des ; à + le = au ; à + les = aux.*

C'est le début du (de le) roman ; c'est le début des (de les) vacances.
J'habite au (à le) coin de la rue ; ce ballon appartient aux (à les) voisins.

> ⚠ Ne pas confondre les articles définis (*le, la, les, l'*) placés devant un nom et les pronoms personnels placés devant un verbe.
>
> Voici le journal : je te le prête.
> Article — Pronom

## Les articles partitifs

L'**article partitif** indique que seule une partie de l'élément désigné est concernée. On peut le remplacer par *un peu de*. Il n'existe qu'au singulier.
**Masculin :** *du, de l'* **Féminin :** *de la, de l'*

Je voudrais du (un peu de) pain et de l' (un peu de) ananas.
Je voudrais de la (un peu de) confiture et de l' (un peu de) eau.

- *des* peut être un article indéfini (le pluriel de *un/une*) ou un article défini contracté.
J'ai mangé des (un, ~~de les~~) biscuits.
Voici le terrier des (~~un~~, de les) lapins.

- *du* peut être un article défini contracté ou un article partitif (*un peu de*).
J'ai acheté du (*un peu de*) beurre.
La couverture du (~~un peu de~~, de le) livre est déchirée.

## Testez-vous !

→ Corrigés p. 247

Quiz

**1 La phrase qui contient un article indéfini est :**

- ○ J'ai déjà vu ce film.
- ○ As-tu une gomme à me prêter ?
- ○ Le CDI est fermé ce matin.

**2 La phrase qui contient un article défini est :**

- ○ Je verrai Emma demain et je la remercierai.
- ○ Le loup est un animal sauvage.
- ○ Tes cousins sont arrivés ; je les ai vus.

**3 Les phrases qui contiennent un article partitif sont :**

- ○ Nous avons coupé du bois pour le feu.
- ○ La fin du livre est assez triste.
- ○ Avez-vous de l'encre de Chine ?

**4 Précisez la classe grammaticale des articles en gras.**

a. **Un** écureuil vient de grimper en haut de **l'**arbre.
b. **Les** roses **du** jardin commencent tout juste à s'ouvrir.
c. Aurais-tu mis **du** sel dans **le** gâteau **au** chocolat ?
d. J'ai éprouvé **de la** joie en entendant **la** nouvelle.

**5 Relevez les articles sans les confondre avec des pronoms et précisez leur classe grammaticale.**

a. J'ai vu un excellent film et je te le conseille.
b. Nous avons acheté de la peinture et des pinceaux pour repeindre le salon.
c. La librairie se trouve à l'angle du boulevard, près d'une boulangerie.
d. Le chat des voisins a mal aux oreilles ; nous l'entendons miauler.

# 48 Les déterminants indéfinis, numéraux, exclamatifs/interrogatifs

## Les déterminants indéfinis

▶ Les **déterminants indéfinis** sont variés.
Ils peuvent parfois s'ajouter à un autre déterminant.
*Certain, tout, plusieurs, chaque, aucun, divers, n'importe quel, différents...*

Plusieurs personnes, chaque jour, tous **mes** amis...

▶ Des **noms** ou des **adverbes** peuvent être occasionnellement des déterminants indéfinis.
*Beaucoup de, une foule, peu de, pas un...*

▶ Il ne faut pas confondre les déterminants indéfinis et les pronoms indéfinis :

J'ai plusieurs feutres. J'ai des feutres mais il m'en manque plusieurs.
Déterminant — Pronom

**À savoir**

Pour repérer les déterminants indéfinis, on peut procéder par élimination.
chaque année
*Chaque* est placé près d'un nom. On voit que ce n'est pas un adjectif ; c'est donc un déterminant.
Ce n'est ni un article, ni un démonstratif, ni un possessif, ni un exclamatif. *Chaque* est donc un déterminant indéfini.

## Les déterminants numéraux cardinaux

▶ Seuls les déterminants **numéraux cardinaux** sont des déterminants : *un, deux, trois...*

▶ Les **numéraux ordinaux** (*premier, deuxième...*) (voir p. 19) sont des adjectifs.

## Les déterminants exclamatifs et interrogatifs

***Quel (quels, quelle, quelles)*** est un déterminant exclamatif ou interrogatif selon la phrase.
– Déterminant exclamatif : Quelle bonne idée !
– Déterminant interrogatif : Quelles chaussures voulez-vous essayer ?
Je me demande quelles chaussures vous voulez essayer.

**Quiz** Corrigés p. 247

**1 La phrase qui contient un déterminant indéfini est :**
○ Tout est prêt. ○ Je cours tous les matins.
○ Voici les évaluations, elles sont réussies.

**2 Dans la phrase « J'ai quatre chats. », *quatre* est :**
○ un déterminant indéfini. ○ un déterminant numéral ordinal.
○ un déterminant numéral cardinal.

**3 Dans la phrase « Je ne sais pas quelles histoires raconter. », *quelles* est :**
○ un déterminant indéfini. ○ un déterminant interrogatif.
○ un déterminant exclamatif.

# 49 Les pronoms : introduction



## Définition

▶ Les pronoms sont des **substituts** (des remplaçants) quand ils représentent un mot (ou un groupe de mots) qui figure plus haut dans la phrase ou dans le texte.

▶ Le pronom **peut remplacer** :
– un **nom** ou un **groupe nominal** : Pierre/Le cousin de Lucas ne viendra pas ; il vient de téléphoner.
– un **adjectif** : Si je suis content, le seras-tu également ?
– une **proposition** : Pierre ne viendra pas ; il me l'a dit hier.

Ne pas commencer un texte ou une réponse par un pronom substitut, car le lecteur ne sait pas de qui ou de quoi on parle.
~~Il~~ est un personnage courageux.

▶ Les pronoms peuvent être **impliqués dans l'énonciation** (la communication). Certains pronoms désignent la personne qui parle (locuteur) ou celle qui écoute (destinataire).

Je te parle ! Écoute-moi !

## Les fonctions des pronoms

Les pronoms peuvent avoir toutes **les fonctions d'un nom**.
– **Sujet** : Celui-là est intéressant.
– **Compléments d'objet** : Je le (COD) regarde ; je lui (COI) parle ; il nous (COS) le (COD) prête.
– **Attribut du sujet** : Heureux ? oui, je le suis.
– **Compléments circonstanciels** : Ce vélo est rapide ; **avec** lui (CC de moyen), j'ai gagné la course !
– **Complément du nom ou de l'adjectif** : Ce n'est pas la porte de ta chambre ; c'est la porte de la mienne ! Es-tu content de toi ?

**Quiz** Corrigés p. 247

**1 La phrase qui contient un pronom substitut est :**
○ Ce sketch est ennuyeux, mais celui-là est réussi.
○ Paul m'a raconté ses vacances.
○ Es-tu déjà venu chez moi ?

**2 Dans la phrase « Ce stylo n'est pas à toi. », le pronom *toi* :**
○ est un substitut. ○ désigne le locuteur. ○ désigne le destinataire.

**3 Dans la phrase « Ton frère te ressemble. », la fonction du pronom *te* est :**
○ COD du verbe *ressembler*. ○ COI du verbe *ressembler*.
○ sujet du verbe *ressembler*.

# 50 Les pronoms personnels

## Définition et rôle

▶ Les **pronoms personnels** varient en **personne**, en **genre** (masculin ou féminin) et en **nombre** (singulier ou pluriel).

Elle est venue : 3e personne, féminin, singulier.
Ils sont venus : 3e personne, masculin, pluriel.

▶ Les **pronoms personnels de troisième personne** sont des substituts : ils remplacent un mot (ou un groupe de mots) déjà dit ou déjà écrit.

Marine et son amie vont arriver ; elles ont téléphoné.

Marine et son amie seront en retard ; elles l'ont annoncé au téléphone.

▶ Les **pronoms personnels de première et deuxième personne** renvoient aux personnes impliquées dans l'énonciation (le fait de communiquer), c'est-à-dire le locuteur (celui qui parle ou écrit) et son destinataire (celui à qui on parle ou écrit).
**1re personne du singulier** (*je, me, moi*) : le locuteur.
**2e personne du singulier** (*tu, te, toi*) : le destinataire.
**1re personne du pluriel** (*nous*) : le locuteur + d'autres personnes.
**2e personne du pluriel** (*vous*) : le destinataire + d'autres personnes.

### À savoir

- Le ***nous* de majesté** : une seule personne, pour souligner son importance, emploie la 1re personne du pluriel.
  Nous, le roi du monde, décidons que…
- Le **vouvoiement** : par respect, on emploie le pluriel *vous* alors qu'on ne s'adresse qu'à une seule personne.

## Les différents pronoms personnels

En français, comme en latin, **les pronoms se déclinent** : ils changent de forme selon leur fonction et pas seulement selon la personne, le genre et le nombre.

| Pronoms personnels sujets | | | | | |
|---|---|---|---|---|---|
| 1re personne | | 2e personne | | 3e personne | |
| Singulier | Pluriel | Singulier | Pluriel | Singulier | Pluriel |
| je | nous | tu | vous | il, elle, on, lui<br>Lui est d'accord. | ils, elles, eux<br>Eux sont d'accord. |

| Pronoms personnels compléments | | | | | |
|---|---|---|---|---|---|
| 1re personne | | 2e personne | | 3e personne | |
| Singulier | Pluriel | Singulier | Pluriel | Singulier | Pluriel |
| me, moi<br>Tu me parles ; c'est à moi. | nous<br>Tu nous parles ; c'est à nous. | te, toi<br>On te parle ; c'est à toi. | vous<br>Je vous parle ; c'est à vous. | se, soi, lui, elle, le, la, l', en, y<br>C'est à lui ; je le rends ; on en parle ; on y va. | se, eux, elles, les, leur<br>C'est à eux ; c'est à elles ; je les rends ; je leur parle. |



## Testez-vous !

→ Corrigés p. 247

Quiz

**1 Les phrases qui contiennent un pronom personnel sont :**

- ○ Léo, qui était à la piscine, en revient.
- ○ Ce bijou n'est pas en or.
- ○ On a oublié de téléphoner.

**2 Le pronom *tu* :**

- ○ est un pronom personnel.
- ○ est un substitut.
- ○ désigne le destinataire.

**3 Dans la phrase « Il leur parle. », le pronom *leur* est :**

- ○ est un pronom personnel.
- ○ est toujours complément.
- ○ est un pronom singulier.

**4 Relevez les douze pronoms personnels et précisez si ce sont des substituts.**

a. Théo est au CDI ; j'y vais et lui rends son livre de maths.
b. Elle a vu que tu avais essayé de nous joindre.
c. Les camarades d'Emma n'avaient pas de ballon ; celui-ci n'est donc pas à eux.
d. J'ai rencontré tes frères et je leur ai dit que nous t'en avions parlé.

**5 Relevez les dix pronoms personnels et indiquez leur fonction.**

a. Je lis cet article et le rends à Thomas ensuite.
b. J'ai croisé le chien de ton voisin ; il lui obéit.
c. Nous aimons bien ce film ; l'as-tu vu ?
d. Pourquoi nous regardez-vous ainsi ?

# 51 Les pronoms possessifs, démonstratifs et indéfinis

## Les pronoms possessifs

| Possesseur | Singulier (un élément possédé) | | Pluriel (plusieurs éléments possédés) | |
|---|---|---|---|---|
| | Masculin | Féminin | Masculin | Féminin |
| 1re pers. du sing. (je) | le mien | la mienne | les miens | les miennes |
| 2e pers. du sing. (tu) | le tien | la tienne | les tiens | les tiennes |
| 3e pers. du sing (il, elle) | le sien | la sienne | les siens | les siennes |
| 1re pers. du plur. (nous) | le nôtre | la nôtre | les nôtres | |
| 2e pers. du plur. (vous) | le vôtre | la vôtre | les vôtres | |
| 3e pers. du plur. (ils, elles) | le leur | la leur | les leurs | |

Les **pronoms possessifs** remplacent un groupe nominal contenant un déterminant possessif.

C'est mon livre. → C'est le mien.

**À savoir**

Le pronom possessif, comme le déterminant possessif, peut indiquer la proximité.

**Ma** rue est plus petite que la tienne.

→ La rue ne nous appartient pas.

## Les pronoms démonstratifs

| | Singulier | | Pluriel | | Invariable |
|---|---|---|---|---|---|
| | Masculin | Féminin | Masculin | Féminin | Neutre |
| Formes simples | celui | celle | ceux | celles | ce (c') |
| Formes composées | celui-ci, celui-là | celle-ci, celle-là | ceux-ci, ceux-là | celles-ci, celles-là | ceci, cela, ça |

Les **pronoms démonstratifs** permettent de désigner des éléments autour de nous, ou bien ils représentent un élément dont on a déjà parlé ou dont on va parler.

J'aime bien ce pull mais pas celui-ci. (Je montre le pull que je n'aime pas.)

La ville se blottissait dans un méandre du fleuve ; celui-ci s'écoulait lentement. (J'ai parlé du fleuve.)
Laissez-moi vous dire ceci : votre méthode est dangereuse. (Je vais parler de la méthode.)

> ⚠ Ne pas confondre *ceux-ci* (pluriel de *celui-ci*) et *ceci*.

## Les pronoms indéfinis

Les **pronoms indéfinis** sont variés ; ils désignent le plus souvent un élément :
– de façon **négative** (*nul, aucun, personne*) ;
– de façon **imprécise** (*certains, la plupart, plusieurs, quelqu'un, quelque chose*...).

Personne n'est au courant. La plupart viendront. J'ai aperçu quelqu'un.

> ⚠ Ne pas confondre les pronoms et les déterminants (devant un nom).
> Aucun (déterminant) film ne me fait peur.
> Aucun (pronom) ne m'amuse.

## Testez-vous !

→ Corrigés p. 247

Quiz

**1 Le pronom *ceux-là* est :**

○ un pronom possessif. ○ un pronom démonstratif. ○ un pronom indéfini.

**2 La phrase qui contient un pronom possessif est :**

○ Je leur ai rendu leurs raquettes. ○ Ce crayon n'est pas le tien.
○ Vous avez copié notre projet.

**3 La phrase qui contient un pronom indéfini est :**

○ Plusieurs élèves sont arrivés en retard. ○ La plupart étaient en avance.
○ Tous mes amis sont arrivés.

**4 Relevez les pronoms possessifs, les pronoms démonstratifs et les pronoms indéfinis.**

a. J'allais couper les fleurs quand j'ai vu que celles-ci n'étaient pas fanées alors que la plupart le sont.
b. Ce n'est pas mon vélo ; le mien est bleu alors que celui-ci est vert.
c. Nul n'est autorisé à entrer dans ce laboratoire et personne n'osera s'y aventurer.
d. *Ceci n'est pas une pipe* : voici le titre d'un tableau de Magritte.

**5 Complétez les phrases suivantes par le pronom démonstratif qui convient.**

a. Cette chemise ne me plaît pas, montrez-moi plutôt ... .
b. Ces crayons ne sont pas solides, est-ce que ... sont plus résistants ?
c. ... que vous dites retient toute notre attention.
d. Que ... qui a pris ma gomme me la rende tout de suite.

# 52 Les pronoms relatifs et interrogatifs

## Le rôle des pronoms relatifs

▶ Les pronoms relatifs remplacent un nom ou un groupe nominal qu'on appelle **antécédent du pronom relatif**.

J'ai bien aimé <u>le roman policier</u> **que tu m'as prêté**.
Antécédent

▶ Les pronoms relatifs introduisent une subordonnée appelée **subordonnée relative**.

J'ai bien aimé le roman policier **que tu m'as prêté**.
Prop. sub. relative

> **À savoir**
> Dans les proverbes, il arrive que le pronom relatif n'ait pas d'antécédent.
> Qui dort dîne.

## Les différents pronoms relatifs

▶ Les **pronoms relatifs simples** :
– ***qui*** : C'est <u>un film</u> **qui devrait te plaire**.
– ***que*** : C'est <u>un film</u> **que je te conseille**.
– ***quoi*** : C'est <u>un point</u> sur **quoi nous sommes d'accord**.
– ***dont*** : C'est <u>le film</u> **dont on m'a dit grand bien**.
– ***où*** : Trouvons <u>le cinéma</u> **où passe ce film**.

▶ Les **pronoms relatifs composés** :
– sans préposition : *lequel, laquelle, lesquels, lesquelles* ;
– avec préposition (*à, de, en, sur, pour, avec*...) : *auquel, à laquelle, auxquels, auxquelles, duquel, de laquelle, desquels, desquelles, en lequel, en laquelle, sur lequel, sur laquelle*...

## Les différentes fonctions du pronom relatif

▶ Les pronoms relatifs peuvent avoir **différentes fonctions dans la subordonnée**.

▶ Pour trouver la fonction d'un pronom relatif, il faut le remplacer par son antécédent.

> **À savoir**
> Ne pas confondre la fonction du pronom relatif et celle de la subordonnée relative (voir p. 112).

J'aime bien <u>le film</u> **dont tu me parles**. → Tu me parles <u>du film</u>.
du film : COI du verbe *parler* → dont : COI du verbe *parler*

C'est <u>la maison</u> **dont on aperçoit le toit**. → On aperçoit le toit <u>de la maison</u>.
de la maison : CdN *toit* → dont : CdN *toit*

## Les pronoms interrogatifs

▶ Les pronoms interrogatifs introduisent une interrogation directe ou une subordonnée interrogative indirecte.

**Qui** **est là** ? → interrogation directe.

Je me demande **qui** **est là**. → qui est là est une subordonnée interrogative indirecte.

▶ Les **pronoms interrogatifs simples** : *qui, que, quoi.*

Qui est là ? Que fais-tu ? À quoi penses-tu ?

▶ Les **pronoms interrogatifs composés** : *lequel, auquel, à laquelle, avec lequel…*

Lesquels d'entre vous sont déjà allés en Italie ?

## Testez-vous !

→ *Corrigés p. 248*

Quiz

**1 Le pronom *dont* peut être :**

○ un pronom relatif.
○ un pronom interrogatif.
○ un pronom personnel.

**2 La phrase qui contient un pronom relatif est :**

○ Je me demande qui téléphone.
○ C'est Lucas qui a téléphoné.
○ Qui peut m'aider ?

**3 « C'est ton frère que j'ai croisé hier. »**
**L'antécédent de *que* est :**

○ je.
○ ton frère.
○ que j'ai croisé hier.

**4 Relevez les pronoms relatifs et les pronoms interrogatifs.**

a. Lequel d'entre vous pourrait me prêter sa calculatrice ?
b. Le château dont l'escalier est très célèbre est Chambord.
c. Je me demande à quoi peut bien servir ce curieux outil.
d. Mercredi aura lieu la compétition pour laquelle je me suis entraîné.

**5 Complétez les phrases suivantes par le pronom relatif qui convient ; donnez sa fonction après avoir relevé son antécédent.**

a. Le livre … m'a été recommandé par le professeur est très utile.
b. Le village … tu m'as décrit semble en effet très isolé.
c. Je ne connais pas le village … tu m'as parlé.
d. C'est bien le village … je passe mon été.

# 53 L'adjectif et le groupe adjectival

## Définition

L'adjectif **précise le sens d'un mot** (en général un nom) avec lequel il s'accorde en genre et en nombre.

C'est un beau projet. (masculin singulier)
Ce sont de beaux projets. (masculin pluriel)
C'est une belle idée. (féminin singulier)
Ce sont de belles idées. (féminin pluriel)

## Place de l'adjectif qualificatif

- L'adjectif peut **faire partie du groupe nominal**.

  J'ai vu **un chien gigantesque** !
  L'adjectif est **postposé** (placé après le nom).
  J'ai vu un **gigantesque chien** !
  L'adjectif est **antéposé** (placé avant le nom).

> Le sens de l'adjectif peut varier selon sa place.
> C'est un homme grand.
> → de grande taille
> C'est un grand homme.
> → un homme important, un héros

- L'adjectif peut faire partie du **prédicat**, c'est-à-dire du groupe verbal.

  Marine **est joyeuse** ; Thomas **semble content**.

- Les fonctions de l'adjectif sont étudiées p. 98.

## Le groupe adjectival

On appelle **groupe adjectival** un groupe dont le noyau est un adjectif. Dans ce cas, l'adjectif est complété par un nom ou un groupe de mots.

Natacha est **contente d'elle**. (adjectif + pronom)
Natacha est **contente de sa randonnée à vélo**. (adjectif + groupe nominal)
Natacha est **contente de venir avec nous**. (adjectif + groupe infinitif)

**Quiz** Corrigés p. 248

**1 Quelles phrases contiennent un adjectif ?**

- ○ Tu parles trop lentement.
- ○ C'est une décision ministérielle.
- ○ Ma patinette est très rapide.

**2 La phrase dans laquelle l'adjectif *curieux* a pour synonyme *étrange* est :**

- ○ C'est un curieux personnage.
- ○ C'est un garçon vif, intelligent, curieux.
- ○ Je suis curieux de savoir ce que tu vas dire.

**3 La phrase qui contient un groupe adjectival est :**

- ○ Je suis satisfait de ta décision.
- ○ Les spectateurs ont quitté la salle satisfaits.
- ○ Les spectateurs satisfaits et même émus ont longtemps applaudi.

# 54 Adjectifs de relation et de description ; degrés de l'adjectif



## Adjectif de relation et adjectif de description

▶ L'**adjectif de relation** (ou **relationnel**) contribue à définir le nom. On ne peut pas glisser un adverbe entre le nom et l'adjectif de relation.

C'est la rentrée scolaire : ~~C'est la rentrée très scolaire~~.

▶ L'**adjectif de description** exprime une qualité qui vient s'ajouter au nom. On peut glisser un adverbe entre le nom et l'adjectif de description.

C'est une petite maison : c'est une maison **très** petite.

## Les degrés de l'adjectif

▶ Le **comparatif** : **comparer** un élément **à un autre élément.**

– Comparatif de **supériorité** : *plus… que*.

Il est **plus** gentil **que** son frère.

– Comparatif d'**infériorité** : *moins… que*.

Il est **moins** gentil **que** son frère.

– Comparatif d'**égalité** : *aussi… que*.

Il est **aussi** gentil **que** son frère. *Que son frère* est le complément du comparatif.

> ⚠ Seuls les adjectifs de description peuvent se mettre au comparatif et au superlatif.

▶ Le **superlatif relatif** : **comparer** un élément **à un groupe d'éléments**.

– Le superlatif de **supériorité** : *le plus… de*. Il est **le plus** jeune **de** la classe.

– Le superlatif d'**infériorité** : *le moins… de*. Il est **le moins** agité **de** la classe.

▶ Le **superlatif absolu** : **mesurer** l'intensité (*très, parfaitement…*).

Il est **très** volontaire.

▶ Certains **comparatifs et superlatifs de supériorité** sont **irréguliers.**

| Adjectif | Petit | Bon | Mauvais |
|---|---|---|---|
| **Comparatif** | moindre | meilleur | pire |
| **Superlatif relatif** | le moindre | le meilleur | le pire |

**Quiz** Corrigés p. 248

**1 Dans la phrase « J'ai lu un roman policier. », *policier* est :**

○ un nom. ○ un adjectif de description. ○ un adjectif de relation.

**2 Dans la phrase « Je suis moins étourdi que toi. », l'adjectif est mis :**

○ au comparatif de supériorité. ○ au superlatif relatif de supériorité.
○ au comparatif d'infériorité.

**3 Les phrases qui contiennent un superlatif absolu sont :**

○ Il est très vif. ○ Il est tout à fait prêt. ○ C'est le plus lent.

# 55 Le verbe : définition

## Classification des verbes selon leur sens

▶ Les **verbes d'action** : ils supposent que quelque chose se produit.
marcher, lire, apprendre, manger, dormir…

▶ Les **verbes d'état** : ils évoquent une situation.
sembler, devenir, rester, paraître, demeurer…

▶ Les **auxiliaires** : ils servent à conjuguer d'autres verbes à un temps composé. avoir, être

**À savoir**

Dans la phrase, le verbe est l'élément qui peut être conjugué : on peut changer sa personne, son temps, son mode.
nage → je nage, nous nageons
chaise → ~~je chaise~~

## Classification des verbes selon leur construction

▶ Les **verbes transitifs directs** sont complétés par un complément construit sans préposition. manger, regarder, savoir, prendre, demander…

▶ Les **verbes transitifs indirects** sont complétés par un complément construit avec préposition. ressembler à, obéir à, veiller à, se souvenir de…

▶ Les **verbes à double transitivité** sont accompagnés de deux compléments de construction différente.
Donner **quelque chose à quelqu'un**, parler **de quelque chose à quelqu'un**…

▶ Les **verbes intransitifs** se construisent sans complément. naître, dormir…

▶ Les **verbes attributifs** introduisent un attribut du sujet.
Il semble fatigué ; il est tombé malade…

## Classification traditionnelle des verbes selon leur terminaison

| 1er groupe : *-er* (sauf *aller*) | 2e groupe : *-ir* (*issons*) | 3e groupe : autres verbes |
|---|---|---|
| parler, danser | finir (finissons), grandir (grandissons)… | prendre, partir (partons), croire |

**Quiz** Corrigés p. 248

**1 Le verbe *devenir* est :**
○ un auxiliaire. ○ un verbe d'état. ○ un verbe attributif.

**2 Le verbe *rougir* est :**
○ un verbe attributif. ○ un verbe d'état. ○ un verbe intransitif.

**3 Le verbe *emprunter* est :**
○ un verbe d'action. ○ un verbe attributif. ○ un verbe à double transitivité.

# 56 Le verbe : constructions particulières



## Actif et passif (voir aussi p. 158)

▶ Lorsque le sujet est actif, c'est-à-dire qu'il effectue l'action exprimée par le verbe, on dit que la construction du verbe est **active**.

Victor a écrit un article. Victor est celui qui écrit.

▶ Lorsque le sujet est passif, c'est-à-dire lorsqu'il subit l'action exprimée par le verbe, on dit que le verbe est **au passif**.

Cet article a été écrit par Victor. L'article (le sujet) n'agit pas ; le verbe *écrire* est au passif.

> ! Seuls les verbes transitifs directs peuvent se mettre au passif.

## Construction impersonnelle

▶ Lorsque ***il*** ne représente rien ni personne, la construction est **impersonnelle.**

Il pleut. Il neige. Il faut se dépêcher.

▶ La construction impersonnelle peut présenter deux sujets : un **sujet grammatical (*il*)** qui commande la terminaison du verbe et un **sujet logique** qui est à l'origine de l'action.

Il s'est produit deux accidents. → Il : sujet grammatical du verbe *se produire*.
→ deux accidents : sujet logique du verbe *se produire*.

## Construction pronominale

La construction d'un verbe est **pronominale** quand le verbe est précédé d'un pronom complément de même personne que le sujet.

Je me lève. Tu te promènes.

> **À savoir**
> Les verbes pronominaux se conjuguent avec l'auxiliaire *être* (voir p. 78).
> Elles se sont vues.

**Quiz** Corrigés p. 248

**1 Le verbe au passif est :**
○ Il est revenu. ○ Il est récompensé. ○ Il a regardé.

**2 La tournure impersonnelle est :**
○ Il restera chez lui mercredi. ○ Il reste deux biscuits. ○ Il a promis de nous aider.

**3 La tournure pronominale est :**
○ Vous nous encouragerez. ○ Je m'entraîne. ○ Tu lui parles.

# 57 Les constructions pronominales

## Les verbes essentiellement pronominaux

Les verbes **essentiellement pronominaux** ne se rencontrent que sous la forme pronominale et apparaissent ainsi dans le dictionnaire.

se souvenir, s'enfuir, s'agenouiller, se démener, s'écrouler...

> Le participe passé des verbes essentiellement pronominaux **s'accorde avec le sujet.**
>
> Les voleurs se sont enfuis.

## Les verbes pronominaux réfléchis

- L'action du **verbe pronominal réfléchi** est tournée vers le sujet.

  Il se regarde dans la glace (il se regarde lui-même) ; il se penche par la fenêtre...

- Le verbe peut avoir un complément essentiel.

  Il se prépare un chocolat chaud. → un chocolat chaud : COD du verbe *se préparer*.

## Les verbes pronominaux réciproques

Les sujets agissent les uns sur les autres.

Ils se regardent (l'un regarde l'autre) ; ils se promettent fidélité (l'un à l'autre)...

## Les verbes pronominaux de sens passif

- Le verbe a le sens d'un verbe au passif : le sujet subit l'action.

  Cette boisson se boit chaude (ce n'est pas la boisson qui boit ; elle est bue).

- Le verbe pronominal de sens passif n'est pas accompagné par un complément d'agent comme peuvent l'être les verbes au passif.

> Le participe passé des verbes pronominaux de sens passif **s'accorde avec le sujet.**
>
> Cette armoire s'est vendue une fortune !

**Quiz** Corrigés p. 248

**1 Dans la phrase « Théo s'est levé. », le verbe est :**

○ pronominal. ○ de sens réfléchi. ○ de sens passif.

**2 Le verbe essentiellement pronominal est :**

○ Il se méfie de nous. ○ Il se propose de nous aider.
○ Il se lance dans la course.

**3 Le verbe pronominal de sens passif est :**

○ Jane et Asmae ne se parlent plus. ○ Cette tour se voit de très loin.
○ Je ne t'ai pas permis d'entrer.

# 58 Les prépositions

## Définition

▸ Les **prépositions** sont des **mots invariables** qui introduisent un mot ou un groupe de mots.

Je trace un cercle **avec un compas**. → avec un compas : groupe nominal prépositionnel.

▸ Le groupe prépositionnel est **complément** :

| | |
|---|---|
| du verbe | Je me souviens **de cette histoire**. |
| du nom ou de l'adjectif | C'est un mur **en or** ! Tu es sûr **de toi** ! |
| d'agent | La question est posée **par Thomas**. |
| de phrase (circonstanciel) | J'écris **avec une encre invisible**. |

## Les différentes prépositions

▸ **Prépositions** : *à, dans, par, pour, en, vers, avec, de, sans, sous, chez, malgré, sur…*

▸ **Locutions prépositives** (plusieurs mots) : *en bas de, à compter de, à partir de, au milieu de, à côté de…*

Certaines prépositions ont plusieurs sens.

à : Je vais **à** Paris.
Lieu

J'arrive **à** 10 heures.
Temps

J'irai **à** vélo.
Moyen

## Prépositions et articles définis

Au contact des prépositions **à** et ***de***, les articles définis ***le*** et ***les*** se transforment : ce sont les **articles définis contractés** (voir p. 64).

| | |
|---|---|
| *À + le = au* | Je vais au marché. |
| *À + les = aux* | Ce vélo appartient aux voisins. |
| *De + le = du* | Je reviens du marché. |
| *De + les = des* | C'est le début des vacances. |

**Quiz** Corrigés p. 248

**1 Le groupe de prépositions est :**

○ mais, ou, donc. ○ nous, lui, le mien. ○ pour, sans, vers.

**2 Le groupe prépositionnel est :**

○ avec du sucre. ○ D'abord je m'assieds. ○ car je suis en avance.

**3 Dans la phrase « Je l'ai croisé par hasard. », *par* introduit :**

○ un lieu. ○ une manière. ○ une cause.

# 59 Les adverbes

## Définition

▶ Les adverbes sont des **mots invariables** qui peuvent être supprimés ; ils ne font pas partie de la phrase minimale mais ajoutent des informations.

▶ Le supplément d'information apporté par l'adverbe peut porter sur :

| | |
|---|---|
| Un verbe | Je reviens vite. |
| Un adjectif | Il est très grand. |
| Un adverbe | Tu vas trop vite. |
| Une phrase | Nous sommes bien entendu d'accord. |
| Un enchaînement de phrases | Tom est entré. Puis il est reparti. |

**À savoir**

Quand un adverbe comprend plusieurs mots, on parle de locution adverbiale : bien sûr, par ailleurs...

## Les différentes sortes d'adverbes

| | |
|---|---|
| Adverbes de lieu | *Ici, là, là-bas, loin, ailleurs...* |
| Adverbes de temps | *Maintenant, aujourd'hui, hier, demain...* |
| Adverbes de négation | *Ne... pas, ne... plus, ne... jamais* |
| Adverbes d'intensité | *Très, trop, assez...* |
| Adverbes de manière | *Vite, ensemble, aimablement...* |
| Adverbes interrogatifs | *Où* (Où es-tu ?), *quand* (Quand pars-tu ?), *comment, pourquoi...* |
| Adverbes exclamatifs | *Comme, combien, que* (Que tu es sot !) |
| Adverbes de liaison | *D'abord, puis, ensuite, enfin, pourtant...* |

## Les confusions à éviter

▶ Les adverbes en ***-ment*** sont formés à partir des adjectifs (voir p. 74) et il ne faut pas les confondre.

Ces jongleurs sont habiles.
Adjectif

Ils lancent habilement les quilles.
Adverbe

⚠ On peut dire un jongleur habile mais pas un jongleur habilement.

▶ Certains adjectifs sont occasionnellement des adverbes et il faut bien les distinguer car ces derniers sont invariables.

Ces acrobates sont très forts ! Vous chantez très fort ! Nous sommes fort contents.
Adjectif — Adverbe — Adverbe

Ces murs sont hauts. Les singes sont haut perchés. Vous chantez trop haut !
Adjectif — Adverbe — Adverbe

## Testez-vous !

➔ Corrigés p. 248

Quiz

**1 Les phrases qui contiennent un ou plusieurs adverbes sont :**

- ○ Nous sommes enfin tous ensemble.
- ○ Je suis rentré hier.
- ○ Je n'ai jamais rencontré Hélène.

**2 L'adverbe de liaison est :**

○ précipitamment. ○ enfin. ○ là-bas.

**3 Dans la phrase « Tu as très bien joué. », *très* porte sur :**

○ un verbe. ○ un adverbe. ○ un adjectif.

**4 Relevez les adverbes dans les phrases suivantes.**

a Nous allons bientôt partir d'ici ; nous sommes presque prêts.
b. Hier, je n'ai pas travaillé très vite, mais, aujourd'hui, je suis particulièrement efficace.
c. D'abord, je prends ma respiration ; ensuite, je plonge.
d. – Es-tu déjà allée à la patinoire ? – Non, jamais.

**5 Dans ces couples de phrases, indiquez si le mot en gras est un adverbe ou un adjectif.**

a. Ce commerçant est très **aimable**. Il nous a parlé **aimablement**.
b. Je connais un directeur **haut** placé. Ce gratte-ciel ne me semble pas très **haut**.
c. Ce pull est trop **court**. Elle est **court**-vêtue malgré le froid.
d. Je vais parler **net**. Ce trait n'est pas assez **net**.

# 60 Les conjonctions de coordination

## Définition

▶ Le mot *conjonction* est formé d'un préfixe (*con-*) qui signifie *avec* et d'un radical qui appartient à la famille de *joindre* : la conjonction est un outil qui rapproche, associe des éléments au sein de la phrase.

▶ Le préfixe *co-* du mot *coordination* suppose une égalité entre les éléments coordonnés, c'est-à-dire rapprochés.

▶ Les conjonctions de coordination **relient deux mots ou groupes de mots qui ont la même fonction dans la phrase**.

– Deux sujets : Rayan et Maeva habitent à côté de chez moi.
– Deux épithètes : Je cherche mon écharpe bleue et verte.
– Deux expansions du nom (voir p. 60) :

C'est un film original (Épithète) mais qui devrait te plaire (Compl. de l'antécédent).

▶ Les conjonctions de coordination peuvent aussi **relier deux phrases ou deux propositions**.

| | |
|---|---|
| Deux phrases | Je suis malade. Mais je viendrai. |
| Deux propositions indépendantes | « Je pense donc je suis. » |
| Deux propositions subordonnées de même classe | J'aimerais qu'il fasse beau et que nous allions courir. |
| Une proposition indépendante et une proposition principale | Je reste à la maison car je crois qu'il va pleuvoir bientôt. |

## Les sept conjonctions de coordination

| | |
|---|---|
| **Mais** | Opposition : Je viens mais je ne resterai pas. |
| **Ou** | Choix : Utilise un surligneur ou un feutre. |
| **Et** | Addition : Je voudrais deux croissants et deux brioches. |
| | Chronologie : Je fais mon exercice et j'arrive. |
| | Opposition : Il a promis de venir et il est absent ! |
| | Conséquence : Il pleut et le match est annulé ! |
| **Donc** | Conséquence : Ma raquette est cassée ; je ne peux donc pas jouer. |
| **Or** | Nouvel élément : Tom est notre meilleur joueur ; or il a une angine. |
| **Ni** | Négation double : Je ne mets ni sucre ni lait dans mon thé. |
| **Car** | Cause : Je ne peux pas venir car j'ai un rendez-vous chez le dentiste. |

Les adverbes de liaison (*puis, enfin, pourtant*...) servent aussi à coordonner des éléments dans la phrase.

> Moyen mnémotechnique : *mais, ou, et, donc, or, ni, car* → Mais où est donc Ornicar ?



## Testez-vous !

→ Corrigés p. 248

Quiz

**1 Dans la phrase « C'est un roman d'aventures et d'amour. », *et* relie :**

○ deux propositions.
○ deux compléments du nom.
○ deux adjectifs.

**2 Les phrases qui contiennent une conjonction de coordination sont :**

○ J'ai bien un stylo rouge mais il ne marche pas.
○ Je ne sais pas où est Léa.
○ Je mettrai un bonnet et des gants.

**3 Dans la phrase « J'ai assisté au match et je suis rentré. », *et* exprime :**

○ la chronologie des actions.
○ une conséquence.
○ une opposition.

**4 Relevez les conjonctions de coordination.**

a. J'ai regardé avec plaisir le film dont tu m'as parlé et je l'ai ensuite conseillé à Émilie.
b. J'aimerais bien courir avec vous mais je n'ai pas mes chaussures de sport.
c. Veux-tu faire un exposé sur les Grandes Découvertes ou sur la chevalerie ?
d. D'abord, j'ai lu la consigne ; puis j'ai tracé la figure ; j'ai donc bien suivi les indications.

**5 Complétez les phrases avec les conjonctions de coordination qui conviennent.**

a. J'ai croisé Mona ... sa meilleure amie au coin de la rue ... je ne me suis pas arrêté.
b. Tu es rentré de cours à 16 h ; tu as ... eu le temps de ranger ta chambre.
c. Aujourd'hui, je n'ai ... maths ... anglais.
d. Nous avions prévu d'aller au cinéma ; ... Bérénice ne veut pas.

# 61 Les conjonctions de subordination

## Définition

▶ Les **conjonctions de subordination** sont des mots de liaison ; elles relient des propositions (voir p. 110).

▶ La conjonction de subordination place la proposition subordonnée qu'elle introduit sous (*sub*) la dépendance d'une proposition principale.

[Je voudrais vraiment] [que tu me donnes un coup de main.]
Prop. principale — Prop. subordonnée

▶ La subordonnée introduite par une conjonction de subordination est une **subordonnée conjonctive** (voir p. 110).

## La conjonction de subordination *que*

▶ La subordonnée conjonctive introduite par la conjonction de subordination *que* ne peut être ni supprimée ni déplacée. C'est une **subordonnée conjonctive complétive**.

▶ La subordonnée conjonctive complétive est le plus souvent complément (COD, COI) du verbe de la principale ou attribut du sujet de la principale.

Je voudrais que tu viennes.
→ que tu viennes : COD du verbe *vouloir*.

L'essentiel est que tu viennes.
→ que tu viennes : attribut du sujet *l'essentiel*.

> ⚠ *Que* n'est pas toujours une conjonction de subordination : voir p. 87.

## Les autres conjonctions de subordination

▶ Les autres conjonctions de subordination introduisent des **subordonnées conjonctives circonstancielles** (voir p. 116 à 119) qui peuvent être supprimées ou déplacées.

Tu n'as qu'à m'appeler quand tu es prêt.
→ quand tu es prêt : CC de temps.

> **À savoir**
> Quand une conjonction comporte plusieurs mots, on parle de locution conjonctive.
> bien que, parce que

▶ Les **conjonctions de subordination les plus fréquentes** : *si, quand, lorsque, tandis que, pendant que, avant que, après que, parce que, comme, puisque, étant donné que, si bien que, afin que, de sorte que, bien que, même si, à condition que, sous prétexte que…*

▶ La plupart des conjonctions de subordination sont suivies du mode indicatif mais d'autres demandent le mode subjonctif.

Bien qu'il **soit** malade, il est venu. Je répare ton vélo pour que tu **puisses** t'en servir.

Avant que tu ne **prennes** ce train, vérifie le panneau d'affichage.

*Avant que* demande le subjonctif mais *après que* est suivi de l'indicatif.

Après qu'il **est** venu, tout était en désordre !

## Testez-vous !

→ Corrigés p. 248

Quiz

**1 Les conjonctions de subordination introduisent :**

- ○ une proposition relative.
- ○ une subordonnée conjonctive.
- ○ une proposition principale.

**2 Quelles phrases contiennent une conjonction de subordination ?**

- ○ Je sais que tu as déjà vu ce film hier.
- ○ Bien qu'il neige, nous allons nous promener.
- ○ Quand tu auras rangé ta chambre, tu pourras sortir.

**3 Les conjonctions de subordination suivies du mode subjonctif sont :**

○ afin que. ○ avant que. ○ après que.

**4 Relevez les conjonctions de subordination. Attention : les mots subordonnants ne sont pas tous des conjonctions de subordination.**

a. Je crois que nous devrions faire un gâteau au chocolat.
b. J'ai mis mes bottes fourrées parce qu'il fait très froid.
c. Le train qui entre en gare va à Toulouse ; il ne faut pas que tu le prennes !
d. Après qu'il a fouillé dans mes affaires, mon frère a laissé les tiroirs ouverts.

**5 Complétez les phrases avec les conjonctions de subordination qui conviennent.**

a. Il me semble ... tu portes une chaussette noire et une verte.
b. ... Nathan révise ses maths, je dessine mon croquis de géographie.
c. ... tu aimes ce thème, nous avons choisi de travailler sur les séismes.
d. Je vous aurais rejoints à la patinoire ... j'avais vu votre message.

# 62 Les interjections

## Définition

▶ Les **interjections** expriment une **sensation** (chaleur, douleur...), une **émotion** (peur, joie, surprise...) éprouvées par le locuteur. C'est souvent le contexte qui permet d'identifier l'émotion exprimée.

Oh ! Un fantôme, là-bas... → peur
Oh ! Un kilo de bonbons pour moi ! → joie

▶ Les interjections peuvent être **déplacées** ou **supprimées** ; elles n'ont pas de fonction dans la phrase.

▶ Un signe de ponctuation, le plus souvent un point d'exclamation, sépare l'interjection du reste de la phrase.

Aujourd'hui, hélas ! la patinoire est fermée. Zut ! j'ai oublié mon classeur.

## Les différentes interjections

| | |
|---|---|
| Les phrases ou groupes nominaux entrés dans le lexique | Au secours ! À l'aide ! Sauve qui peut ! Tant mieux ! Tant pis ! À la bonne heure ! Juste Ciel ! Trop tard !... |
| Les verbes | Allons ! Tiens ! Suffit !... |
| Les adjectifs | Bon ! Vrai ! Sûr !... |
| Les adverbes | Bien ! En avant ! Enfin ! Comment !... |
| Les noms | Silence ! Pardon ! Patience ! Salut ! Attention !... |
| Les interjections expressives | Ah ! Oh ! Aïe ! Ha ha ha ! Hélas ! Chut... |
| Les onomatopées (transcriptions stylisées d'un bruit) | Vlan ! Crac ! Boum ! Plouf ! Pan ! |

**Quiz** Corrigés p. 248

**1 L'interjection *hélas* peut exprimer :**
- ○ la peur.
- ○ le regret.
- ○ la tristesse.

**2 Les onomatopées :**
- ○ sont synonymes d'*interjections*.
- ○ retranscrivent fidèlement un bruit.
- ○ retranscrivent un bruit de façon stylisée.

**3 Dans la phrase « Enfin ! Te voilà ! », *Enfin !* :**
- ○ est une onomatopée.
- ○ exprime la joie du locuteur.
- ○ exprime l'impatience du locuteur.

# 63 *Que* : un mot problématique



## *Que* : le problème

▶ Le mot *que* est très fréquemment employé et il ne renvoie pas toujours à une réalité animée ou inanimée. C'est un pur outil grammatical dans la plupart des cas.

▶ *Que* peut appartenir à **quatre classes grammaticales différentes** : deux classes de mots variables et deux classes de mots invariables.

## *Que* : un pronom qui fait sens

▶ *Que* peut être un **pronom relatif**. C'est un substitut (remplaçant), il a un antécédent et renvoie donc à une réalité animée ou inanimée.

Voici un article que je te conseille. → que remplace article ; sa classe grammaticale est « pronom relatif » et sa fonction est « COD du verbe *conseiller* » (Je te conseille cet article.)

**À savoir**

Pronoms relatifs : *qui, que, quoi, dont, où, lequel, duquel...*

▶ *Que* peut être un **pronom interrogatif**. Pronom, il renvoie à ce sur quoi porte la question.

Que dis-tu ? La classe grammaticale de que est « pronom interrogatif », sa fonction est « COD du verbe *dire* ».

## *Que* : outil grammatical vide de sens

▶ *Que* peut être un **adverbe exclamatif** ou **restrictif**. Dans ce cas, il ne désigne rien ni personne et n'a pas de fonction.

Que tu es bête ! Je ne connais que les tables de 2 et 3.

> ⚠ *Que* n'introduit pas toujours une subordonnée (relative ou conjonctive).

▶ *Que* peut être une **conjonction de subordination**. Il introduit une subordonnée conjonctive complétive. Le ministre voudrait que je l'aide.

**Quiz** Corrigés p. 248

**1 Dans la phrase « Que regardez-vous ? », *que* est :**

○ un pronom relatif. ○ un pronom interrogatif. ○ un adverbe.

**2 Dans la phrase « Goûte les radis que j'ai plantés. », *que* est :**

○ un pronom relatif. ○ un adverbe. ○ une conjonction de subordination.

**3 Dans la phrase « Je n'ai que deux crayons. », *que* est :**

○ une conjonction de coordination. ○ un adverbe.
○ une conjonction de subordination.

# 64 Sujet et prédicat de la phrase

## Définition

▶ Le **sujet** et le **prédicat** sont les éléments essentiels de la phrase : on ne peut les supprimer.

▶ Le **sujet** est ce dont parle la phrase.

Bénédicte participe à une compétition. Je parle de Bénédicte → Bénédicte est le sujet de la phrase.

Dans la **phrase complexe**, le sujet se trouve dans la proposition principale.

Victor aimerait beaucoup que Nedim lui prête son vélo.
Je parle de Victor → Victor est le sujet de la phrase.

▶ Le **prédicat** désigne les renseignements que l'on apporte à propos du sujet.

Bénédicte participe à une compétition.
Prédicat

Victor aimerait beaucoup que Nedim lui prête son vélo.
Prédicat

**À savoir**
Dans la phrase simple, le sujet de la phrase est aussi le sujet du verbe (accord).

## Les constituants du prédicat

▶ Dans la **phrase simple**, le prédicat correspond au groupe verbal : le verbe et son (ou ses) complément(s) ou bien le verbe et l'attribut du sujet.

Je mange une pomme. Tu sembles fatigué.
Prédicat Prédicat

▶ Dans la **phrase complexe**, le prédicat comprend le verbe de la proposition principale et la (ou les) subordonnée(s) essentielle(s) (complétive(s) ou interrogative(s)).

Je crois que tu seras en retard.
Prédicat

**Quiz** Corrigés p. 248

**1 Dans la phrase « Jules et Sophie sont dans le train. », le sujet de la phrase est :**

○ Jules. ○ Jules et Sophie sont. ○ Jules et Sophie.

**2 Dans la phrase « Je pense que tu vas gagner ! », le sujet de la phrase est :**

○ Je. ○ Je pense. ○ Je et tu.

**3 Dans la phrase « J'ai vu Théo hier. », le prédicat est :**

○ ai vu. ○ ai vu hier. ○ ai vu Théo.

# 65 Le sujet du verbe

## Définition

▶ Le **sujet** est l'élément qui détermine la terminaison du verbe, en personne et en nombre.

Sujet à la 1re personne du singulier → verbe à la 1re personne du singulier : je comprend**s**
Sujet à la 3e personne du singulier → verbe à la 3e personne du singulier: il compren**d**
Sujet à la 3e personne du pluriel → verbe à la 3e personne du pluriel : ils comprenn**ent**

▶ Un sujet peut commander la terminaison de plusieurs verbes.
Les oiseaux chant**ent** et sautill**ent** de branche en branche.

## La place du sujet

▶ Le sujet est le plus souvent placé **avant le verbe**.

▶ Le sujet peut être placé après le verbe : c'est le **sujet inversé**. Les principaux cas sont :
– une phrase interrogative : Que fais-tu ?
– une incise narrative : – J'ai compris ! cria Léo.
– après certains adverbes ou CC de lieu :
Peut-être est-il malade. De la montagne jaillit une source.

▶ Le sujet est parfois sous-entendu : Doit apprendre ses leçons !

⚠ Le noyau du groupe sujet est parfois éloigné du verbe.
Les chats qui ont griffé le canapé se cach**ent** en dessous.

## La classe grammaticale du sujet

| | |
|---|---|
| Un nom ou un groupe nominal | Charles joue sur l'ordinateur.<br>Les rayons de ce magasin sont bien présentés. |
| Un pronom | Nous partons pour l'Italie. |
| Un groupe infinitif | S'entraîner est nécessaire. |
| Une proposition subordonnée | Qu'il soit absent ne me surprendrait pas. |

**Quiz** Corrigés p. 249

**1 Dans la phrase « À l'horizon apparut une voile. », le sujet du verbe est :**
○ apparut. ○ l'horizon. ○ une voile.

**2 Dans la phrase « Salut ! lança-t-il. », le sujet est inversé car :**
○ la phrase est interrogative. ○ la phrase est exclamative.
○ il s'agit d'une incise narrative.

**3 Dans la phrase « Qui vivra verra. », le sujet de *verra* est :**
○ Qui. ○ Qui vivra. ○ une proposition subordonnée.

# 66 Les compléments du verbe (ou compléments d'objet)

## Définition

▶ Certains verbes, appelés verbes transitifs, sont nécessairement accompagnés d'un complément. Ce complément essentiel (qui ne peut être supprimé) est appelé **complément du verbe** ou **complément d'objet du verbe**.

▶ Le complément d'objet fait partie du groupe verbal. Il est un des constituants de la phrase minimale.

▶ Le complément d'objet est en général placé après le verbe.

J'ai découvert un dinosaure dans mon jardin.

**À savoir**

Le verbe *être* n'a jamais de COD.

Tu es incroyable (attribut du sujet).

## Complément d'objet direct (COD) et complément d'objet indirect (COI)

▶ Le COD se construit sans préposition alors que **le COI est introduit par une préposition** (*à* ou *de* le plus souvent).

Je connais ton frère. → ton frère : COD du verbe *connaître* (connais qui ?).

Je participe **à** un concours. → à un concours : COI du verbe *participer* (participe à quoi ?).

Je me souviens **de** cette histoire. → de cette histoire : COI du verbe *se souvenir* (me souviens de quoi ?).

**!**

Pour trouver le COD, je pose « verbe + *qui ?* ou *quoi ?* ».

Pour trouver le COI, je pose « verbe + *à qui ?* ou *de qui ?* ou *à quoi ?* ou *de quoi ?* ».

▶ Quand **le COI est un pronom**, il est le plus souvent placé devant le verbe et n'est pas introduit par une préposition.

Je lui ressemble. → lui : COI du verbe *ressembler*.

Je m'en souviens. → en : COI du verbe *se souvenir*.

## Le complément d'objet second (COS)

Certains verbes peuvent être accompagnés de deux compléments de construction différente : un complément essentiel et un complément qui peut être supprimé. Le complément qui peut être supprimé est appelé **COS**.

Je raconte une histoire à mon petit frère.

Je raconte quoi ? à qui ?
- → une histoire → COD du verbe *raconter*.
- → à mon petit frère → COS du verbe *raconter*.

## La classe grammaticale des compléments du verbe

| | |
|---|---|
| Un nom ou un groupe nominal | Nous apprenons l'italien. |
| Un pronom | Nous y participons. |
| Un groupe infinitif | J'aimerais découvrir Mars. |
| Une proposition subordonnée | Léo voudrait que nous l'aidions. |



## Testez-vous !

→ Corrigés p. 249

Quiz

**1 La phrase qui contient un COD est :**

- ○ Je suis très content !
- ○ Nous avons consulté un site intéressant.
- ○ Vous pensez à ce film.

**2 La phrase qui contient un COI est :**

- ○ Je ne m'attendais pas à ta visite.
- ○ Je me lève à huit heures.
- ○ J'habite à Lyon.

**3 La phrase qui contient un COS est :**

- ○ J'ai donné un conseil à mon chien.
- ○ Mon chien n'obéit pas à n'importe qui.
- ○ Le train partira à l'heure de la voie 7.

**4 Remplacez les compléments du verbe soulignés par un pronom personnel.**

a. Je croise <u>ton frère</u> chaque matin ; il ressemble beaucoup <u>à ton père</u>.
b. J'ai offert <u>un bouquet de roses</u> <u>à ma grand-mère</u>.
c. J'ai emprunté <u>une revue intéressante</u> et l'ai conseillée <u>à Maxime</u>.
d. Le loup observe <u>l'agneau</u> et ce dernier craint <u>le prédateur</u>.

**5 Relevez les compléments du verbe en indiquant s'il s'agit de COD, de COI ou de COS.**

a. J'imagine une histoire incroyable et je l'écris chaque soir sur mon ordinateur.
b. Je ne manque de rien et je donnerais même à Thomas mes rollers.
c. Audrey a vu un bon film et l'a recommandé à Nadia.
d. Qui a pris mon stylo vert et ne me l'a pas rendu ?

# 67 L'attribut du sujet

## Définition

▶ L'**attribut du sujet** présente une caractéristique attribuée au sujet par l'intermédiaire d'un verbe.

Ce tableau est magnifique.
→ magnifique est attribut du sujet ce tableau.

▶ L'attribut du sujet fait partie du groupe verbal. Il est un des constituants de la phrase minimale.

**À savoir**
Pour repérer un attribut du sujet et ne pas le confondre avec un COD, on peut mettre le signe = entre le sujet et son attribut.
Ce tableau = magnifique

## La place de l'attribut du sujet

▶ L'attribut du sujet est en général placé **après le verbe**.

Noémie semble bien fatiguée aujourd'hui.

▶ L'attribut du sujet peut être placé **avant le verbe** quand il s'agit d'un pronom personnel ou dans des constructions particulières.

Es-tu satisfait ? Oui, je le suis.
→ le (pronom personnel) : attribut du sujet je.
Idiot que je suis !
→ Idiot : attribut du sujet je.
Quelles sont vos intentions ?
→ Quelles : attribut du sujet vos intentions.

## Les verbes attributifs

▶ On appelle **verbe attributif**, un verbe qui introduit un attribut du sujet.

▶ Les principaux verbes attributifs sont *être* et les verbes d'état : *sembler, paraître, rester, demeurer, devenir, avoir l'air, passer pour*.

**!** Le complément qui suit un verbe d'état n'est pas toujours un attribut du sujet.
Je reste à la maison.
lieu

▶ Certains verbes intransitifs peuvent occasionnellement être attributifs : *tomber, revenir, naître, sortir...*

Elle est tombée malade ; il reviendra enchanté de son séjour ; il est né aveugle ; elle est sortie du concert enthousiaste...

▶ Certains verbes au passif peuvent aussi être attributifs : *être considéré comme, être élu, être tenu pour...*

Il est considéré comme très compétent ; elle a été élue déléguée ; il est tenu pour responsable.

## La classe grammaticale de l'attribut du sujet

| | |
|---|---|
| Un nom ou un groupe nominal | Je serai vétérinaire. Tu es en colère. |
| Un adjectif | Nous sommes responsables. |
| Un pronom | Nous le sommes.<br>Ce livre est le mien.<br>Quel est votre prochain roman ? |
| Un groupe infinitif | L'essentiel est de participer. |
| Une proposition subordonnée | L'essentiel est que tu participes. |

Grammaire

## Testez-vous !

→ Corrigés p. 249

Quiz

**1 La phrase qui contient un attribut du sujet est :**

○ J'attribue un point à chacun.
○ Tu sembles prêt.
○ Je suis au cinéma.

**2 Dans la phrase « Mon rêve est de visiter la Chine. », l'attribut est :**

○ *la Chine.*
○ *de visiter la Chine.*
○ un groupe infinitif.

**3 La phrase qui contient un attribut du sujet est :**

○ Une voile paraît à l'horizon.
○ Je demeure 8 rue des Roses.
○ Je suis considéré comme un génie.

**4 Relevez l'attribut du sujet dans chaque couple de phrases.**

a. Il habite à Rennes. Elle sera reine.
b. Tu sembles heureux. Je cherche le bonheur.
c. Je deviendrai pompier. J'appelle les pompiers.
d. La règle est très simple. La règle consiste à réunir les quatre as.

**5 Relevez les attributs du sujet et précisez leur classe grammaticale. Toutes les phrases ne contiennent pas un attribut du sujet !**

a. Demain, je resterai à la maison toute la journée.
b. L'important est que tu choisisses des chaussures confortables.
c. Victoire est ravie de t'avoir rencontré ; je le suis également.
d. Mon rêve est de traverser la Manche à la nage.

# 68 L'attribut du COD

## Définition

▶ L'**attribut du COD** présente une caractéristique attribuée au COD par l'intermédiaire d'un verbe.

Je trouve ce tableau original. (= Je trouve que ce tableau est original.)

original : attribut du COD tableau

▶ L'attribut du COD **fait partie du groupe verbal**. Il est un des constituants de la phrase minimale.

Ne pas confondre **épithète** (C'est une excellente idée) et **attribut du COD** (Je trouve cette idée excellente).

▶ Seuls des **verbes transitifs directs** peuvent introduire un attribut du COD : *trouver, nommer, élire, appeler, s'appeler, désigner, proclamer, considérer comme, regarder comme, traiter de, prendre pour...*

On a élu Théophile délégué. Je m'appelle Chloé.
Nous considérons cette affaire comme terminée.
Pourquoi as-tu traité Johanna de dinosaure ?

Nous avons élu Élise présidente. (L'attribut du COD peut être placé avant ou après le COD.)

Je trouve stupide que tu n'apprennes pas tes leçons !

**À savoir**

Pour reconnaître un attribut du COD, on peut mettre le verbe au passif.

On a élu Théophile délégué. (Théophile a été élu délégué.)

## La classe grammaticale de l'attribut du COD

| | |
|---|---|
| Un nom ou un groupe nominal | Je te proclame empereur du monde ! |
| Un adjectif | Je trouve ce gâteau délicieux. |
| Un pronom | Je considère ce stylo comme le mien.<br>On t'a pris pour moi. |

**Quiz** Corrigés p. 249

**1 La phrase qui contient un attribut du COD est :**

○ Myriam est tenue pour responsable.
○ Myriam est responsable.
○ On tient Myriam pour responsable.

**2 La phrase qui contient un attribut du COD est :**

○ Nous avons mangé des fraises succulentes.
○ Ces fraises sont succulentes.
○ Nous avons trouvé ces fraises succulentes.

**3 Les phrases qui contiennent un attribut du COD sont :**

○ Le joueur a été acclamé par le stade !
○ Nous le considérons comme le meilleur.
○ Je crois utile d'emporter mes affaires de sport.

# 69 Le complément d'agent



## Définition

▶ Le **complément d'agent** (CA) se rencontre au passif. Il effectue l'action exprimée par le verbe.

Votre écharpe a été retrouvée par un agent d'entretien.
→ C'est l'agent d'entretien qui a retrouvé l'écharpe.
→ un agent d'entretien : CA du verbe *retrouver*.

▶ Le complément d'agent n'est pas une fonction essentielle ; il **peut être supprimé**.

Votre écharpe a été retrouvée.

▶ Si on met le verbe à la voix active, le CA devient sujet.

| Passif | Actif |
|---|---|
| La souris est observée par le chat.<br>Sujet – Verbe au passif – CA | Le chat observe la souris.<br>Sujet – Verbe à la voix active – COD |

**À savoir**
Seuls des verbes transitifs directs peuvent introduire un complément d'agent.

## Construction

▶ Le plus souvent le CA est introduit par la préposition ***par***.

Le pianiste est applaudi **par** toute la salle.

▶ Le CA peut être introduit par la préposition ***de***.

Cet homme est estimé **de** tous.

▶ Le CA peut aussi compléter un participe passé de sens passif.

Encouragé par tous ses amis, Ludovic a réussi !
(= Il a été encouragé par tous ses amis.)

**⚠** Les groupes nominaux introduits par la préposition ***par*** ne sont pas toujours des CA !
J'arriverai par le train. (CC de moyen)

**Quiz** Corrigés p. 249

**1 Le complément d'agent :**
- ○ est un complément essentiel.
- ○ désigne celui qui effectue l'action.
- ○ ne se rencontre qu'au passif.

**2 La phrase qui contient un CA est :**
- ○ Le cambrioleur est passé par la fenêtre.
- ○ Le cambrioleur est démasqué par le policier.
- ○ Le cambrioleur passait dans la rue par hasard.

**3 La phrase qui contient un CA est :**
- ○ Cette chanson a été écoutée des millions de fois !
- ○ Le coupable est rongé de remords.
- ○ Ne pose pas ton manteau par terre.

# 70 Les compléments de phrase (ou compléments circonstanciels)

## Définition

▶ Certains compléments, appelés **compléments de phrase**, peuvent être déplacés et supprimés.

Je passerai te voir. → Demain, je passerai te voir. Je passerai te voir demain.

▶ Les compléments de phrase ne font pas partie de la phrase minimale ; ils permettent de l'enrichir en apportant des précisions supplémentaires.

▶ Les compléments de phrase sont aussi appelés **compléments circonstanciels** car ils apportent des précisions concernant les circonstances de l'action exprimée.

▶ Pour simplifier l'écriture, il est possible de recourir à l'abréviation **CC.** Cependant, on évitera de multiplier les abréviations car elles peuvent parfois conduire à des confusions (CC de moyen et de manière par exemple). Il vaut mieux donc se limiter à **CCL** pour le CC de lieu et à **CCT** pour le CC de temps.

## Les différents compléments circonstanciels

| | |
|---|---|
| CC de lieu (CCL) | Il part aux États-Unis cet été. |
| CC de temps (CCT) | Il part aux États-Unis cet été. |
| CC de manière | Il prépare ses bagages avec méthode. |
| CC de moyen | Il part en avion. |
| CC d'accompagnement | Il part avec son frère. |
| CC de cause | Il a agi ainsi par jalousie. |
| CC de conséquence | Il est jaloux si bien qu'il a décidé d'acheter le même blouson. |
| CC de but | Je prépare mes bagages pour être prêt le jour J. |
| CC d'opposition | Bien que le départ ne soit que dans une semaine, je prépare mes bagages. |
| CC de condition | Si je ne veux pas être en retard, je dois mettre mon réveil. |

⚠ Ne pas confondre le **CC de manière** avec le **CC de moyen**. Le premier est un terme abstrait, le second évoque un instrument, donc une réalité concrète (que l'on peut voir, toucher...).

Il chante avec talent. (manière)

Il chante avec un micro. (moyen)

## La classe grammaticale des CC

| | |
|---|---|
| Un nom ou un groupe nominal | Il se lève tôt par habitude. |
| Un pronom | Je travaille pour moi. |
| Un groupe infinitif | Ils s'entraînent pour gagner le match. |
| Un adverbe | Elle nage vite. |
| Un participe présent ou un gérondif | Il est parti en claquant la porte. |
| Une proposition subordonnée | Il est parti parce qu'il n'était pas d'accord. |

## Testez-vous !

→ Corrigés p. 249

Quiz

**1 La phrase qui contient un complément de phrase est :**

○ Mon père travaille la nuit. ○ La nuit est magnifique !
○ La chouette est un oiseau de nuit.

**2 Dans la phrase « Il a été mis en prison pour vol. », *pour vol* est :**

○ un CC de but. ○ un CC de cause. ○ un CC de lieu.

**3 Dans la phrase « Je peins avec un pinceau très fin. », *avec un pinceau très fin* est :**

○ un CC de manière. ○ un CC de moyen. ○ un CC d'accompagnement.

**4 Dans chaque phrase, supprimez les compléments de phrase afin d'obtenir la phrase minimale. Précisez de quels CC il s'agit.**

a. En Alsace, les cigognes font leur nid en haut des cheminées.
b. La semaine prochaine, nos voisins viendront dîner à la maison.
c. Pour garder la forme, M. Sport fait sa gymnastique tous les matins.
d. Puisque c'est ainsi, nous reviendrons mardi.

**5 Relevez les compléments de phrase en indiquant leur classe grammaticale ; précisez de quel type de CC il s'agit.**

a. Sa grand-mère est née au nord de l'Italie dans les années cinquante.
b. – Veux-tu m'accompagner à la patinoire ?
– Merci, mais j'y suis déjà allé hier avec toi !
c. Comme il avait perdu les clés de sa maison, il est passé par la fenêtre.
d. Je révise sérieusement pour réussir l'évaluation d'histoire.

# 71 Les trois fonctions de l'adjectif

## L'adjectif fait partie du groupe nominal : il est épithète

L'**adjectif** peut se rapporter au noyau d'un groupe nominal qu'il vient enrichir : il **peut être supprimé**. Il est proche du nom avec lequel il **s'accorde** ; il n'est pas séparé de ce nom par un verbe ou une virgule (sauf cas de l'énumération).

Je cherche de grosses pommes brillantes et sucrées.
Les adjectifs ainsi que le participe passé employé comme adjectif (sucrées) sont épithètes du nom pommes.

**À savoir**
Pour trouver la fonction d'un adjectif, il faut repérer le mot auquel il se rapporte.

**!** Le nom *épithète* est féminin : **une** épithète.

## L'adjectif fait partie du groupe verbal : il est attribut

▸ L'adjectif ne peut être supprimé lorsqu'il fait partie du groupe verbal.
Ces rosiers sont magnifiques ! → ~~Ces rosiers sont !~~

▸ Dans ce cas, l'adjectif se rapporte au sujet (**attribut du sujet** : voir p. 92) ou au COD (**attribut du COD** : voir p. 94) par l'intermédiaire d'un verbe.
Ils semblent contents. → contents est attribut du sujet ils.
Nous avons trouvé votre gâteau succulent. → succulent est attribut du COD gâteau.

## L'adjectif est détaché : il est apposé

Si l'adjectif est détaché du nom auquel il se rapporte par une pause importante, on parle d'**apposition**.

Satisfaite de sa performance, elle se repose au bord de la piscine.
La fonction de satisfaite est : apposé au pronom elle.

**!** La virgule ne signale pas toujours une apposition ; elle peut séparer des épithètes.
Une fête animée, joyeuse et amicale est prévue samedi.

**Quiz** Corrigés p. 249

**1 La phrase qui contient une épithète est :**
○ Ce chien est minuscule ! ○ J'ai vu un chien minuscule !
○ Je n'ai pas encore vu le chien de Fanny.

**2 Dans la phrase « Ces chaussures bleues me semblent originales. », *originales* est :**
○ épithète du nom *chaussures*. ○ attribut du sujet *chaussures*.
○ apposé au nom *chaussures*.

**3 Dans la phrase « J'ai un pull bleu, blanc et rouge. », *blanc* est :**
○ apposé au nom *pull*. ○ attribut du sujet *pull*. ○ épithète du nom *pull*.

# 72 Le complément du nom



## Définition

Le **complément du nom** appartient au groupe nominal ; on peut le supprimer ; c'est une expansion du nom qui apporte des précisions au sujet du nom.

C'est un piano à queue.
→ à queue est complément du nom piano.

> **À savoir**
> L'abréviation admise est CdN.

## Confusion à éviter

Il faut bien distinguer CdN et COI ; le premier complète un nom et le second un verbe.

Il nous parle de son exploit. → COI du verbe *parler*.
Il nous a fait le récit de son exploit. → CdN *récit*.

> **À savoir**
> Le complément de l'antécédent (subordonnée relative) est une forme de CdN.
> Est-ce l'opinion que tu as de moi ?

## Construction

- Le plus souvent, le complément du nom est **introduit par une préposition.**
  Avez-vous des ciseaux à cranter ? C'est une pièce en or ! Voici mon livre de maths.
- Le CdN peut se construire aussi **sans préposition.**
  Goûtez notre couscous maison. → maison est complément du nom couscous.

## Classe grammaticale du CdN

| | |
|---|---|
| Un nom ou un GN | C'est le robot de mon petit frère. |
| Un pronom | Je ne pense qu'au bien-être des miens. |
| Un infinitif ou un groupe infinitif | L'envie de composer des chansons m'est venue. |
| Un adverbe | C'est un ami de toujours. |

**Quiz** Corrigés p. 250

**1 La phrase qui contient un CdN est :**
- ○ Je reviens de la patinoire.
- ○ C'est une occasion de se faire des amis.
- ○ Je n'ai pas encore parlé de mon projet.

**2 Dans la phrase « C'est un fer à repasser. », le CdN est :**
- ○ un GN.
- ○ un infinitif.
- ○ un GN prépositionnel.

**3 Le CDN :**
- ○ est toujours introduit par une préposition.
- ○ peut être un pronom.
- ○ peut être un GN.

# 73 L'apposition

## Définition

▶ L'**apposition** est une construction détachée qui, le plus souvent, s'entend quand on parle et qui, à l'écrit, est marquée par une ou deux virgules. Il s'agit d'ajouter une information concernant un élément de la phrase en la posant en parallèle de cet élément.

▶ L'apposition peut être **supprimée**.

Les enfants, fatigués, dorment déjà. (Les enfants dorment déjà.)

Louis XIV, un grand roi, a régné longtemps. (Louis XIV a régné longtemps.)

## L'apposition est un adjectif ou un participe passé

Inquiète, Éva attendait ses résultats. (voir p. 74)

## L'apposition est une subordonnée relative

Éva, qui était inquiète, attendait ses résultats. (voir p. 112)

## L'apposition est un groupe nominal ou un groupe infinitif

▶ Quand elle est un nom ou un groupe nominal, l'apposition est le plus souvent placée **entre virgules**.

Rayan, notre délégué, a distribué des questionnaires.
(Rayan = notre délégué)

notre délégué : apposé à *Rayan*, mis en apposition à *Rayan*.

▶ **Cas particuliers** : l'apposition peut aussi être juxtaposée ou bien introduite par la préposition *de*.

Le Roi Soleil, la Ville lumière, un projet phare…
(Roi = Soleil ; Ville = lumière)

La ville de Rouen, la région de Bretagne (ville = Rouen)

**À savoir**

On reconnaît l'apposition à ce qu'on peut mettre le signe = entre elle et le nom auquel elle se rapporte.

**Quiz** — Corrigés p. 250

**1 La phrase qui contient une apposition est :**

- ○ Le match, le meilleur de la saison, a suscité l'enthousiasme.
- ○ Je suis ébloui par ce joueur talentueux, efficace, entreprenant.
- ○ Les matchs, les compétitions, tout cela me passionne.

**2 L'apposition peut être :**

○ un GN. ○ un adjectif qualificatif. ○ une subordonnée conjonctive.

**3 Dans la phrase « Je ne connais pas la ville de Londres. », *Londres* est :**

○ épithète du nom *ville*. ○ CdN *ville*. ○ apposé au nom *ville*.

# 74 L'apostrophe



## Définition

▶ L'**apostrophe** consiste à attirer l'attention de celui à qui l'on s'adresse en le nommant.

Pierre, viens ici tout de suite !

▶ L'apostrophe est **détachée du reste de la phrase** ; souvent placée au début de la phrase, elle est mise en retrait par une virgule ou un point d'exclamation.

▶ L'apostrophe peut être l'unique constituant d'une phrase non verbale ou être accompagnée d'une interjection.

Hé ! Victor !

▶ Bien que détachée, l'apostrophe peut renvoyer à une autre fonction dans la phrase.

Morgane, tu viendras me voir après le cours.
→ L'apostrophe est liée au sujet *tu*.
Cours, Lucie !
→ L'apostrophe vient pallier l'absence du sujet à l'impératif.
Je t'ai vu, Martin !
→ L'apostrophe est liée au COD *t'*.

⚠ Ne pas confondre l'apostrophe et l'apposition.
J'ai vu Martin, un élève de ma classe. (apposé au nom Martin)

## La classe grammaticale de l'apostrophe

| | |
|---|---|
| Un nom propre | Marie ! Amin ! Étienne ! |
| Un titre de politesse | Madame, Monsieur, mesdames, messieurs |
| Un nom commun avec ou sans déterminant ou bien un groupe nominal | Citoyens ! Mes amis ! Chers amis de notre ville ! |
| Un pronom personnel | Hé, toi, approche ! |

**Quiz** Corrigés p. 250

**1 La phrase qui contient une apostrophe est :**
○ Karim est mon ami. ○ Mon ami, Karim, est arrivé.
○ Karim, peux-tu m'aider ?

**2 Dans la phrase « Mes amis, je vous invite chez moi. », *Mes amis* est :**
○ une apposition. ○ le COD du verbe *inviter*. ○ une apostrophe.

**3 Dans la phrase « Me voici, Votre Majesté. », l'apostrophe est :**
○ un nom propre. ○ un titre de politesse. ○ une apposition.

# 75 Bilan : classes grammaticales et fonctions

## Les classes grammaticales

**Mots invariables**
(pas de fonction, sauf certains adverbes)

**Adverbes :** portent sur un adjectif, un adverbe, un verbe. vraiment, très…
**Prépositions :** introduisent un complément. à, dans, de…
**Conjonctions de coordination :** relient deux éléments. mais, ou, et…
**Conjonctions de subordination :** introduisent une subordonnée. quand, parce que…
**Interjections :** expriment une émotion. Ah !, hélas…

**Mots variables**
(une fonction rattachée à un mot ou à la phrase)

**Noms :** désignent des êtres, des choses, des idées. enfant, livre, amour…
**Adjectifs :** précisent un nom, un pronom. rouge, aimable…
**Déterminants :** accompagnent un nom. le, une, ce…
**Pronoms :** remplacent ou désignent ceux qui parlent/écoutent. je, tu, il, le mien…
**Verbes :** indiquent le temps, une action ou un état. courir, paraître…

## Les principales fonctions par rapport à un autre mot

| Classes grammaticales | Fonctions essentielles<br>*Les fonctions essentielles sont en rouge.* |
|---|---|
| Nom ou GN<br>①②③④⑤⑥⑧⑨⑪<br>Pronom<br>①②③④⑤⑥⑧⑨⑪<br>Verbe à l'infinitif<br>①②⑤⑧⑨⑪<br>Adjectif qualificatif<br>⑤⑥⑦⑧<br>Proposition subordonnée relative (p. 112)<br>①⑧⑩<br>Proposition subordonnée conjonctive complétive (p. 114)<br>①②<br>Proposition subordonnée interrogative (p. 120)<br>② | **Fonctions liées à un verbe**<br>① Sujet du verbe<br>② COD, COI du verbe<br>③ COS du verbe<br>④ Complément d'agent du verbe<br>**Fonctions liées à un nom (ou équivalent)**<br>⑤ Attribut du sujet<br>⑥ Attribut du COD<br>**Fonctions liées à un nom**<br>⑦ Épithète du nom<br>⑧ Apposé au nom<br>⑨ Complément du nom<br>⑩ Complément de l'antécédent<br>**Fonction liée à un adjectif**<br>⑪ Complément de l'adjectif |

## Fonctions par rapport à la phrase

| Classes grammaticales | Fonctions non essentielles |
|---|---|
| Nom ou GN<br>Pronom<br>Verbe à l'infinitif ou groupe infinitif<br>Adverbe<br>Proposition subordonnée conjonctive<br>(voir p. 114) | **Compléments de phrase (circonstanciels)** de lieu, temps, manière, moyen, accompagnement, cause, conséquence, but, condition, comparaison, opposition |

## Testez-vous !

→ *Corrigés p. 250*

Quiz

**1 La phrase juste est :**

- ○ Les adverbes sont des mots invariables.
- ○ Les interjections introduisent des propositions.
- ○ Les adjectifs sont des déterminants.

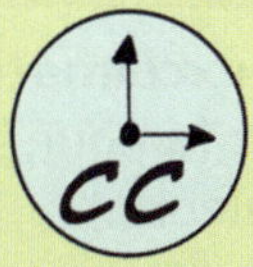


**2 Les phrases justes sont :**

- ○ Un pronom peut être épithète.
- ○ Un groupe infinitif peut être COD.
- ○ Un adjectif peut être attribut du sujet.

**3 Les fonctions essentielles sont :**

- ○ sujet du verbe.
- ○ COS du verbe.
- ○ attribut du sujet.

**4 Relevez les mots ou groupes de mots qui peuvent être supprimés (non essentiels) et indiquez leur fonction.**

a. Le petit chat dort depuis deux heures dans son panier.
b. Hier, j'ai rencontré dans la rue un ancien camarade de classe.
c. Pour réussir cet exercice, j'examine les mots et les groupes de mots.
d. Le gâteau aux pommes que j'ai fait avec Maylis est délicieux.

**5 Donnez la classe grammaticale et la fonction des mots ou groupes de mots soulignés.**

a. Cette histoire passionnante plaira certainement à Julie.
b. J'ai offert à Paul des chocolats ; il semblait content de mon cadeau.
c. Demain, je réviserai sérieusement mes leçons de français.
d. Je peindrai un tableau magnifique avec ces pastels !

# 76 Les quatre types de phrases

## Définition

On définit le type d'une phrase en considérant l'intention de celui qui la prononce et l'intonation à l'oral.

**À savoir**

La phrase est un énoncé qui a un sens à lui tout seul. Elle commence par une majuscule et s'achève par un point (., !, ?, ...).

## La phrase déclarative

La **phrase déclarative** délivre une information. Elle se termine par un point.

Cet ordinateur est particulièrement performant.

## La phrase exclamative

▸ La **phrase exclamative** se termine par un point d'exclamation. Elle exprime un sentiment (amour, haine...), une émotion (peur, surprise...), une sensation (douleur, chaleur...).

Tu es si belle ! Toi, ici ! Quelle chaleur !

▸ La phrase exclamative peut commencer par un déterminant ou un adverbe exclamatif ; elle peut comporter une interjection.

Ah ! comme il fait froid !

## La phrase injonctive

▸ La **phrase injonctive** se termine par un point ou un point d'exclamation. Elle exprime un ordre, une interdiction, un conseil, une suggestion, une supplication.

Cours ! Ne te lève pas. Battre les blancs en neige.
Venez donc dîner demain. Aidez-moi !

**À savoir**

On peut parler de **phrase impérative** quand l'ordre est exprimé par un verbe au mode impératif.

Répondez !

## La phrase interrogative

▸ La **phrase interrogative** se termine par un point d'interrogation. Elle exprime une question. On parle aussi d'« interrogation directe ».

▸ On distingue deux sortes d'interrogations :

**!** L'interrogation indirecte n'est pas considérée comme une phrase interrogative.

Je vous ai demandé si vous étiez d'accord.

| Interrogation totale | Interrogation partielle |
|---|---|
| Elle porte sur la totalité de la phrase et n'admet que deux réponses : oui/non. | Elle porte sur une partie de la phrase ; elle est introduite par un mot interrogatif et admet de nombreuses réponses. |
| Viendras-tu ? → oui/non | Quand viendras-tu ? → lundi, mardi... |

▶ La construction de l'interrogation varie selon le niveau de langue :
– niveau courant : Est-ce que tu es d'accord ?
– niveau familier : Tu es d'accord ?
– niveau soutenu : Es-tu d'accord ?

▶ Cas particulier : l'**interrogation rhétorique** est une interrogation qui n'attend pas de réponse.
Quand ce bruit va-t-il cesser ?

## Testez-vous !

→ *Corrigés p. 250*

Quiz

**1 Les phrases déclaratives sont :**
○ Ne pas marcher sur la pelouse.
○ Il pleuvra demain.
○ Je me demande pourquoi.

**2 La phrase « Viens vite ! » est :**
○ une phrase injonctive.
○ une phrase déclarative.
○ une phrase interrogative.

**3 La phrase « Où es-tu ? » est :**
○ une interrogation indirecte.
○ une interrogation partielle.
○ une interrogation totale.

**4 Indiquez à quels types de phrases appartiennent les phrases suivantes.**
a. Molière est à la fois auteur, metteur en scène et acteur.
b. Prononce ta réplique avec plus de conviction.
c. Tu connais ton rôle par cœur ?
d. Défense de parler pendant le spectacle.

**5 Transformez les phrases déclaratives suivantes en phrases interrogatives de niveau soutenu.**
a. Cet abricot n'est pas assez mûr.
b. Cet astronome a découvert une nouvelle étoile.
c. Elle se réjouit d'aller aux sports d'hiver.
d. Grand-père arrive par le train de 17 h 30.

# 77 La transformation négative

## Phrases affirmative ou négative

Les **phrases verbales**, qu'elles soient déclarative, exclamative, interrogative ou injonctive, sont soit de forme affirmative, soit de forme négative.

**À savoir**

Les phrases qui n'ont aucun verbe ne sont ni à la forme affirmative, ni à la forme négative.
Quel froid ! Au revoir.

| | Forme affirmative | Forme négative |
|---|---|---|
| Phrase déclarative | J'ai froid. | Je n'ai pas froid. |
| Phrase exclamative | Tu as froid ! | Tu n'as pas froid ! |
| Phrase injonctive | Prends ton écharpe. | Ne prends pas ton écharpe. |
| Phrase interrogative | As-tu froid ? | N'as-tu pas froid ? |

## La locution adverbiale négative *ne... pas*

▶ La locution adverbiale ***ne... pas*** est le moyen le plus courant pour mettre un verbe à la forme négative. Pourquoi ne manges-tu pas de pommes ?

▶ Les termes de la négation sont en général placés de part et d'autre du verbe, sauf dans le cas de l'infinitif.

Vous ne courez pas. Pourquoi ne courez-vous pas ? Ne courez pas. Ne pas courir.

## D'autres constructions négatives

▶ D'autres adverbes de négation peuvent être utilisés : *ne... plus, ne... pas, ne... point, ne... guère, ne... jamais.*

▶ Certains pronoms et déterminants sont négatifs : *rien... ne, personne... ne, aucun... ne...*

Aucun collégien ne s'est proposé.

*Ne... que* n'est pas une locution négative mais une **locution restrictive**.
Je n'ai qu'un seul stylo.

**Quiz** Corrigés p. 250

**1 La phrase négative est :**

○ Je marche d'un bon pas.
○ Quelle mauvaise idée !
○ Rien ne sert de courir.

**2 À la forme négative, la phrase « Sonner avant d'entrer. » devient :**

○ Ne sonnez pas.
○ Ne pas sonner avant d'entrer.
○ Ne sonner pas avant d'entrer.

**3 À la forme négative, la phrase « Quelqu'un a téléphoné. » devient :**

○ Personne a téléphoné.
○ Quelqu'un n'a pas téléphoné.
○ Personne n'a téléphoné.

# 78 Phrase minimale et phrase enrichie



## La phrase minimale

▶ La **phrase minimale** ne contient que des mots qui ne peuvent être supprimés.

Hier, j'ai vu un bon film qui devrait te plaire. → J'ai vu un film.
Phrase minimale

▶ Quand la phrase contient un verbe, la forme minimale est composée du sujet et du prédicat.

J'ai vu un film. → sujet : J' (Je) ;
prédicat : groupe verbal (*voir* + COD).
Ce film semble intéressant. → sujet : Ce film ;
prédicat : groupe verbal (*sembler* + attribut).

**À savoir**

Les fonctions qui ne peuvent être supprimées (sujet, COD, COI, attribut) sont des **fonctions essentielles.**

## La phrase enrichie : définition

La phrase enrichie est composée de la phrase minimale à laquelle on a ajouté des constituants qui peuvent être supprimés.

Nous sommes contents. → Nous sommes vraiment très contents de ton intervention.

## Les constituants de la phrase enrichie

▶ La phrase enrichie peut comporter des **expansions du nom** qui viennent enrichir un groupe nominal minimal (voir p. 61) : épithète, complément du nom, complément de l'antécédent.

J'ai un chien. → J'ai un jeune chien de traîneau qui fait des bêtises.

▶ La phrase enrichie peut comporter un ou des **adverbes d'intensité**.

Nous sommes vraiment enchantés. Nous avons assez travaillé.

▶ La phrase enrichie peut comporter des **compléments de phrase** (compléments circonstanciels).

Demain, je ferai le trajet à vélo.

**Quiz** Corrigés p. 250

**1 La phrase minimale est :**

○ Tu marches trop vite. ○ Je dors encore.
○ J'ai oublié d'apporter mon ballon.

**2 Le constituant qui ne fait pas partie de la phrase minimale est :**

○ le sujet. ○ l'attribut du sujet. ○ le CCT.

**3 Dans la phrase « Je recopie soigneusement mon devoir. », le constituant qui peut être supprimé est :**

○ le CC de manière. ○ le sujet. ○ le COD.

# 79 Phrase verbale et phrase non verbale

## La phrase verbale

▶ La **phrase verbale** comprend au moins un verbe conjugué à un mode personnel.

Que faites-vous ici ? → un verbe conjugué.
Je crois que j'ai oublié mon bonnet dans le gymnase.
→ deux verbes conjugués.

> **À savoir**
> Les verbes à l'infinitif ou au participe (sans auxiliaire) ne sont pas conjugués à un mode personnel.

▶ La **phrase simple** contient un seul verbe conjugué.

Dépêche-toi un peu ! On t'attend. → deux phrases simples.

▶ La **phrase complexe** contient deux verbes conjugués ou plus.

On m'a conseillé ce film et je l'ai aimé. → deux verbes conjugués.
Je pense que tu as triché et que tu as menti. → trois verbes conjugués.

## La phrase non verbale

La phrase non verbale ne comprend **aucun verbe conjugué** à un mode personnel. On la rencontre souvent à l'oral ou dans les titres.

Parfait ! D'accord. Oui. Sûr ? → à l'oral.
Victoire de l'équipe de France ! → dans un journal.

## Les constituants de la phrase non verbale

▶ La phrase non verbale est souvent formée d'un nom ou d'un groupe nominal ; on peut alors parler de **phrase nominale**.

Bonne idée. Défense d'entrer. Réduction immédiate. *Les Fourberies de Scapin*

▶ La phrase non verbale peut aussi être centrée sur un infinitif, un adjectif, un adverbe, un participe...

Préchauffer le four. Content de toi ? Par ici. Oui. Enlevé par une soucoupe volante !

**Quiz** Corrigés p. 250

**1 « Il ne pleut plus. » est :**
○ une phrase verbale. ○ une phrase nominale. ○ une phrase non verbale.

**2 « Je pense que tu as raison. » est :**
○ une phrase nominale. ○ une phrase simple. ○ une phrase complexe.

**3 « Je voudrais aller sur Mars. » est :**
○ une phrase nominale. ○ une phrase simple. ○ une phrase complexe.

# 80 La phrase complexe et les propositions



## La phrase complexe

La **phrase complexe** est une phrase verbale qui contient au moins deux verbes conjugués.

Il neige ; nous sortons et nous ferons un bonhomme de neige.

## La proposition

▶ On appelle **proposition** un groupe de mots dont le noyau est un verbe conjugué.

[Le terrain est verglacé] ; [le match est annulé].
(deux propositions)

**À savoir**

La phrase simple ne contient qu'un seul verbe conjugué ; elle n'est donc formée que d'une seule proposition.

▶ Dans la phrase complexe, on compte autant de propositions que de verbes conjugués. Tous les mots d'une phrase appartiennent à une proposition.

## Les constituants de la proposition

▶ Chaque proposition est constituée au minimum d'un sujet et d'un groupe verbal (verbe seul ou avec un complément ou un attribut du sujet).

▶ La proposition peut être enrichie par des expansions du nom ou des compléments circonstanciels.

[Quand tout sera prêt demain,] [vous assisterez dans le gymnase à un spectacle extraordinaire.]

**!** Une proposition peut se trouver emboîtée dans une autre proposition.

[L'histoire [dont tu me parles] est très originale.]

**Quiz** Corrigés p. 250

**1 Une proposition est :**

- ○ un groupe centré sur un verbe conjugué à un mode personnel.
- ○ un groupe centré sur un nom.
- ○ une petite phrase.

**2 La phrase « Je ne sais pas si je pourrai venir. » compte :**

- ○ une proposition.
- ○ deux propositions.
- ○ trois propositions.

**3 Dans la phrase « Le livre que tu m'as conseillé est intéressant. », les propositions sont :**

- ○ [Le livre que tu m'as conseillé] *et* [est intéressant]
- ○ [Le livre est intéressant] *et* [que tu m'as conseillé]
- ○ [Le livre] *et* [que tu m'as conseillé est intéressant]

# 81 Les différentes sortes de propositions et leurs liens

## Les trois sortes de propositions

▶ La **proposition indépendante** se suffit à elle-même ; elle ne dirige ni ne complète aucune autre proposition.

[Je joue du piano] [**mais** je n'ai pas appris le violon]. → Deux indépendantes coordonnées.

▶ La **proposition subordonnée** complète une autre proposition.

Je sais [**que** tu joues du piano].
→ La subordonnée introduite par *que* complète *Je sais*.

▶ La **proposition principale** dirige une autre proposition.

[Je sais] **que** tu joues du piano.
→ La principale dirige *que tu joues du piano*.

> Une proposition principale peut diriger plusieurs subordonnées.
> [Je voudrais] [**que** tu viennes] [et **que** tu m'aides].

## Les propositions juxtaposées et coordonnées

▶ Deux propositions **juxtaposées** sont deux propositions séparées par une pause à l'oral et par un signe de ponctuation à l'écrit.

J'ai bien aimé ce film ; je te le conseille.

▶ Deux propositions **coordonnées** sont deux propositions reliées par une conjonction de coordination (voir p. 82) ou par un adverbe de liaison (voir p. 80).

Ce dessert est trop sucré ; **mais/pourtant** je pense avoir bien suivi la recette.

▶ On peut juxtaposer ou coordonner deux propositions de même classe grammaticale (voir p. 112 à 120) ou bien une proposition principale et une proposition indépendante.

J'ai découvert une machine [qui rend invisible] [**et** qui fait nos devoirs].
→ Deux propositions subordonnées relatives coordonnées.

## La subordination

Quand une proposition vient compléter une autre proposition, on parle de **subordination**. La proposition qui commande est appelée **proposition principale** et la proposition qui complète est une **proposition subordonnée**.

[J'aimerais beaucoup] [**que** tu joues pour moi un morceau de guitare].
Prop. principale — Prop. subordonnée

## Les propositions subordonnées

▶ La **proposition subordonnée** est introduite par un mot subordonnant.

▶ Quand le mot subordonnant est un pronom relatif, la subordonnée est **relative** ; quand c'est une conjonction de subordination, la subordonnée est **conjonctive** ; et quand c'est un pronom ou un adverbe interrogatif, elle est **interrogative** (voir p. 112, 114 et 120).

Grammaire

## Testez-vous !

→ Corrigés p. 250

Quiz

**1 Le mot subordonnant introduit :**

○ une proposition indépendante.
○ une proposition principale.
○ une proposition subordonnée.

**2 La phrase « Viens, on nous attend. » compte :**

○ deux propositions indépendantes coordonnées.
○ deux propositions indépendantes juxtaposées.
○ une proposition principale et une proposition subordonnée.

**3 Dans la phase « C'est d'accord ; ma mère veut bien que tu viennes. », la subordonnée est :**

○ C'est d'accord.
○ ma mère veut bien.
○ que tu viennes.

**4 Reconstituez les phrases et soulignez, dans chacune d'elles, la proposition subordonnée. Quelle est la classe grammaticale des autres propositions ?**

a. Le-annonce-train-contrôleur-que-retard-du-le-aura.
b. Pierre-quand-être-lit-dérangé-ne-pas-il-veut.
c. les-remporte-apportés-coquillages-mer-La-qu'-a-elle.
d. Le-as-que-coquillage-rare-ramassé-est-très-tu.

**5 Indiquez si les propositions en gras sont principales, subordonnées ou indépendantes. Relevez deux propositions juxtaposées et deux propositions coordonnées.**

a. Il pleut, **il fait froid**, et je crois que nous allons rester à la maison.
b. Je sortirai la tarte du four **dès que le minuteur sonnera**.
c. **J'ai compris** que Marin allait chez son orthophoniste et que Cléa allait à la piscine.
d. Victor se prépare ; quand il sera prêt, **il nous appellera**.

# 82 La subordonnée relative

## Définition

▶ La **subordonnée relative** vient préciser un nom ; elle appartient le plus souvent à un groupe nominal. Elle peut être supprimée.

Le personnage [**qui** entre en scène] est la servante. → qui entre en scène vient préciser Le personnage ; le GN enrichi est Le personnage qui entre en scène.

▶ La subordonnée relative est **introduite par un pronom relatif**. Le mot que remplace le pronom relatif est son **antécédent**.
En français moderne, l'antécédent est placé juste avant le pronom.

Le personnage [**qui** (le personnage) entre en scène] est la servante. → Le personnage est l'antécédent du pronom relatif qui.

**À savoir**
Pronoms relatifs : *qui, que (qu'), quoi, dont, où, lequel, auquel, duquel...*

## Les subordonnées relatives déterminatives ou explicatives

▶ La **subordonnée relative déterminative** contribue à définir le sens de l'antécédent auquel elle se rapporte. En la supprimant, on modifie le sens de la phrase.

La dernière pièce [**qu'**a jouée Molière] est *Le Malade imaginaire*.

▶ La **subordonnée relative explicative** apporte simplement une précision supplémentaire concernant l'antécédent. Elle est détachée de l'antécédent par une virgule. On peut la supprimer facilement.

Dans *Le Malade imaginaire*, Argan, [**qui** est joué par Molière], veut marier sa fille à un médecin.

## Les différentes fonctions possibles de la subordonnée relative

▶ Dans la plupart des cas, la relative a un antécédent et fait partie du groupe nominal : sa fonction est **complément de l'antécédent**.

C'est la comédie [**que** je préfère].

→ La fonction de que je préfère est : complément de l'antécédent comédie.

▶ La subordonnée relative explicative est détachée de son antécédent : sa fonction est **apposé à l'antécédent**.

Argan, [**qui** se croit très malade], appelle son médecin.

→ La fonction de qui se croit très malade est : apposé à l'antécédent Argan.

▸ Dans de rares cas, le pronom relatif n'a pas d'antécédent. On rencontre cette possibilité dans les tournures de forme proverbiale.

[Qui dort] dîne.
→ La fonction de la relative qui dort est : sujet du verbe *dîner*.

> Ne pas confondre les fonctions respectives :
> – de la subordonnée (C. de l'antécédent, apposé) ;
> – du pronom (sujet, COD du verbe de la subordonnée...) ;
> – de son antécédent (sujet, COD du verbe de la principale...).



## Testez-vous !

→ *Corrigés p. 251*

Quiz

**1 Dans la phrase « Le stylo que tu m'as prêté ne fonctionne pas. », la relative est :**

○ Le stylo que tu m'as prêté.
○ que tu m'as prêté ne fonctionne pas.
○ que tu m'as prêté.

**2 Dans la phrase « J'ai suivi le conseil que tu m'as donné. », *conseil* est :**

○ un pronom relatif.
○ le déterminant du pronom relatif.
○ l'antécédent du pronom relatif.

**3 Dans la phrase « Est-ce le garçon dont tu m'as parlé ? », la fonction de la relative est :**

○ sujet du verbe *parler*.
○ complément de l'antécédent *garçon*.
○ apposé au nom *garçon*.

**4 Relevez les propositions subordonnées relatives et remplacez-les par un adjectif qualificatif équivalent.**

a. L'alpiniste a atteint un sommet auquel on n'accédait pas auparavant.
b. Le zèbre est un animal qui mange de l'herbe.
c. La Loire n'est pas toujours un fleuve sur lequel on peut naviguer.
d. L'écriture d'Adrien n'est pas une écriture qui se lit facilement.

**5 Relevez les subordonnées relatives et donnez leur fonction. Attention : l'une des subordonnées n'est pas relative.**

a. J'aime la maison où j'ai grandi et le jardin que j'entretenais avec passion.
b. Le sentier, qui longeait la rivière, offrait une vue magnifique.
c. Qui tombe sur la case « Prison » doit attendre qu'on le délivre.
d. Le jeu auquel nous jouons s'appelle « jeu de l'oie ».

# 83 La subordonnée conjonctive complétive

## Définition

▶ La **subordonnée conjonctive complétive** est introduite par la conjonction de subordination *que* (ou *ce que*) ; elle fait partie de la phrase minimale et ne peut être supprimée.

J'imagine [**que** j'ai fait une erreur de calcul]. → ~~J'imagine~~

▶ Cette subordonnée s'appelle **complétive** parce que, le plus souvent, elle est complément du verbe de la proposition principale.

[que j'ai fait une erreur de calcul] : COD du verbe *imaginer*.

## Les fonctions de la subordonnée conjonctive complétive

| | |
|---|---|
| COD du verbe de la principale | Je sais bien [**que** tu as raison].<br>[que tu as raison] : COD du verbe *savoir*. |
| COI du verbe de la principale | Je repense [à **ce que** tu m'as dit].<br>[à ce que tu m'as dit] : COI du verbe *repenser*. |
| Sujet du verbe de la principale | [Que tu sois en retard] ne m'étonne pas !<br>[Que tu sois en retard] : sujet du verbe *étonner*. |
| Sujet logique du verbe de la principale (tournure impersonnelle : voir p. 157) | Il semblerait [que la pluie cesse].<br>[que la pluie cesse] : sujet logique du verbe *sembler*. |
| Attribut du sujet du verbe de la principale | L'essentiel est [que tu sois d'accord].<br>[que tu sois d'accord] : attribut du sujet *L'essentiel*. |
| Complément du nom ou de l'adjectif | L'idée [que tu ne viennes pas] est impensable !<br>Je suis certain [qu'il viendra].<br>[que tu ne viennes pas] : CdN *idée*.<br>[qu'il viendra] : C de l'adjectif *certain*. |

## Le mode de la subordonnée conjonctive complétive

| Verbes de la principale | Mode indicatif | Mode subjonctif |
|---|---|---|
| Verbes de perception | Je vois, j'entends, je devine que tu es d'accord. | |
| Verbes d'affirmation | Je sais, je crois, je pense que tu es d'accord. | |
| Verbes de souhait | | Je souhaite, j'aimerais, je voudrais que tu sois d'accord. |

| Verbes de la principale | Mode indicatif | Mode subjonctif |
|---|---|---|
| Verbes d'ordre, de volonté | | Je veux, j'exige, j'ordonne, je demande que tu sois présent. |
| Verbes de doute, de crainte | | Je doute que tu sois d'accord ; je crains que tu ne sois absent |
| Verbes d'opinion à la forme négative ou interrogative | Je ne crois pas qu'il viendra. Crois-tu qu'il viendra ? | Je ne crois pas qu'il vienne. Crois-tu qu'il vienne ? |

**À savoir**

L'indicatif exprime une action certaine alors que le subjonctif montre que l'action ne se réalisera peut-être pas.

## Testez-vous !

→ Corrigés p. 251

Quiz

**1 La phrase qui contient une subordonnée complétive est :**

○ Quand tu seras là, viens me voir.
○ Je me demande qui sonne.
○ Je suis sûr que tu viendras.

**2 La phrase qui contient une subordonnée complétive est :**

○ Que tu es sot !
○ Je crois que tu te trompes.
○ Écoute l'avis que je te donne.

**3 Dans la phrase « La priorité est que tu travailles. », la fonction de la complétive est :**

○ complément de l'antécédent *priorité*.
○ attribut du sujet *priorité*.
○ COD de la principale.

**4 Relevez les propositions subordonnées conjonctives complétives et remplacez-les par un GN qui aura la même fonction.**

a. Je souhaite vraiment que tu réussisses.
b. Nous nous attendons à ce que Tom arrive d'un moment à l'autre.
c. Avez-vous appris que notre équipe a été victorieuse ?
d. J'attends que le paquebot soit parti.

**5 Relevez les subordonnées complétives et donnez leur fonction.**

a. Théo pense que notre machine ne fonctionnera pas.
b. L'important est que nous nous soyons bien amusés.
c. Que la machine ne décolle pas est bien décevant.
d. Je savais que ce projet était très ambitieux.

# 84 La subordonnée conjonctive circonstancielle et CC de temps

## Définition

▶ La **subordonnée conjonctive circonstancielle** est introduite par une conjonction de subordination autre que *que* (ou *ce que*). Elle peut être supprimée ; sa fonction est **complément circonstanciel (complément de phrase)**.

▶ Quand deux subordonnées de même fonction sont **coordonnées**, la seconde est introduite par ***que***.

[**Comme** j'ai fait des efforts] [et **que** (= comme) j'ai progressé], je serai récompensé.
→ Deux subordonnées circonstancielles de cause.

## La subordonnée circonstancielle de temps

| | |
|---|---|
| L'action de la subordonnée se déroule en même temps que celle de la principale. **Le verbe est à l'indicatif.** *Lorsque, quand, tandis que, pendant que…* | Tu lis [**pendant que** je dessine]. |
| L'action de la subordonnée se déroule avant celle de la principale. **Le verbe est à l'indicatif.** *Lorsque, quand, après que, dès que…* | [**Dès que** tu auras enfourné le gâteau], prépare la crème. |
| L'action de la subordonnée se déroule après celle de la principale. **Le verbe est au subjonctif.** *En attendant que, avant que, jusqu'à ce que…* | Mettons-nous à l'abri [**en attendant que** le taxi vienne]. |

⚠ Le verbe de la subordonnée peut être à l'**indicatif** (action certaine) ou au **subjonctif** (action dont la réalisation n'est pas certaine).
Je pense que tu as raison.
Je veux qu'il soit à l'heure.

**Quiz** Corrigés p. 251

**1 La phrase qui contient une subordonnée conjonctive circonstancielle est :**

○ Quand viens-tu ? ○ J'imagine que tu ne me crois pas.
○ Comme je suis en retard, je cours.

**2 La phrase qui contient une subordonnée conjonctive circonstancielle de temps est :**

○ Je répète ce vers jusqu'à ce que je le sache.
○ Je ne suis pas arrivé à temps pour avoir un bus.
○ Nous viendrons puisque tu y tiens.

**3 Dans la phrase « Je t'appelle avant que tu ne me téléphones. », le verbe de la subordonnée est au mode :**

○ présent. ○ indicatif. ○ subjonctif.

# 85 Les subordonnées de cause, de conséquence et de but



## Les subordonnées circonstancielles de cause

▶ L'action de la subordonnée est à l'origine de celle de la principale.

> ⚠ Le verbe est à l'indicatif.

▶ Les principales **conjonctions** ou **locutions conjonctives** sont : *comme, parce que, puisque, étant donné que, du moment que, sous prétexte que…*

[**Puisque** tu as oublié ton livre], prends au moins ton cahier ! (cause acceptée)

Tu n'as pas fait l'exercice [**sous prétexte qu'**il était trop difficile] ! (cause contestée)

## Les subordonnées circonstancielles de conséquence

▶ L'action de la subordonnée est le résultat de celle de la principale.

▶ Les principales **conjonctions** ou **locutions conjonctives** sont : *si bien que, de sorte que, de façon que, tant… que, tellement… que…*

J'ai rangé mon livre dans un tiroir [**si bien que** je l'ai oublié].

J'ai **tellement** travaillé [**que** j'ai mal à la tête].

> ⚠ Le verbe est à l'indicatif.

## Les subordonnées circonstancielles de but

▶ L'action de la subordonnée est le résultat d'une intention, d'une volonté.

▶ Les principales **conjonctions** ou **locutions conjonctives** sont : *de sorte que, afin que, pour que, de peur que…*

Je consolide la structure [**afin que** ma machine puisse voler].

Je consolide la structure [**de peur qu'**elle ne soit en miettes au décollage].

> ⚠ Le verbe est au subjonctif.

**Quiz** Corrigés p. 251

**1 La phrase qui contient une subordonnée de cause est :**

- ○ Comme j'étais en avance, je suis allée me promener.
- ○ Bien que je sois en avance, je préfère attendre près de l'entrée.
- ○ Je suis tellement en avance que j'ai le temps de me promener.

**2 La phrase qui contient une subordonnée de conséquence est :**

- ○ Les conséquences sont désastreuses parce que tu n'as fait aucun effort !
- ○ Je connais la leçon par cœur si bien que je ne peux que réussir.
- ○ Je mets le papier dans cette poubelle pour qu'il soit recyclé.

**3 La phrase qui contient une subordonnée de but est :**

- ○ Pour progresser, vous devez vous entraîner.
- ○ Il travaille si bien qu'il progresse.
- ○ Il s'entraîne afin que ses résultats s'améliorent.

# 86 Les subordonnées de condition et de comparaison

## Les subordonnées circonstancielles de condition

▶ Les principales **conjonctions** ou **locutions conjonctives** sont : *si, à condition que, pourvu que, pour peu que, au cas où, à supposer que…*

[**À condition qu'**il y ait encore des places], je m'inscrirai au club de modélisme.

**À savoir**
*Selon que…* est suivi de l'indicatif, *au cas où…* du conditionnel et *pourvu que…* du subjonctif.

▶ La subordonnée introduite par ***si*** :

| | | |
|---|---|---|
| *Si* + présent + principale au présent ou au futur | L'hypothèse (la subordonnée) et sa conséquence (la principale) sont possibles. | **Si** tu viens, je suis/serai content. |
| *Si* + imparfait + principale au conditionnel | L'hypothèse et sa conséquence sont très peu probables. | **Si** tu venais, je serais content. |
| *Si* + plus-que-parfait + principale au conditionnel passé | Ni l'hypothèse ni sa conséquence ne se sont réalisées. | **Si** tu étais venu, j'aurais été content. |

## Les subordonnées circonstancielles de comparaison

Les principales **conjonctions** ou **locutions conjonctives** sont : *comme, de même que, ainsi que, autant que, plutôt que, plus… que, moins… que…*

J'ai procédé **comme** tu me l'as indiqué. (rapprochement)
L'épreuve était **plus** fatigante **que** je l'avais imaginée. (différence)

**Quiz**
Corrigés p. 251

**1 La phrase qui contient une subordonnée de condition est :**

○ Je serai là à supposer qu'il y ait bien un bus.
○ La condition nécessaire est l'autorisation des parents.
○ J'aimerais autant que nous ne soyons pas en retard.

**2 Dans la phrase « Si tu me l'avais demandé, je t'aurais expliqué. » :**

○ l'hypothèse et sa conséquence sont possibles.
○ l'hypothèse et sa conséquence sont peu probables.
○ l'hypothèse et sa conséquence ne se sont pas réalisées.

**3 La phrase qui contient une subordonnée de comparaison est :**

○ Manon était inquiète comme quelqu'un qui ne connaît pas sa leçon.
○ Je me sens léger comme une plume !
○ Je suis beaucoup plus forte que vous tous réunis !

# 87 Les subordonnées d'opposition et de concession



## Les subordonnées circonstancielles d'opposition

La **subordonnée d'opposition** exprime un fait en opposition avec celui exprimé dans la principale. Bien souvent les deux évènements opposés se déroulent en même temps et on utilise des conjonctions de subordination (ou des locutions conjonctives) temporelles.

Je travaille [**tandis que/alors que** tu ne fais rien] !

## Les subordonnées circonstancielles de concession

La **subordonnée de concession** ou **subordonnée concessive** exprime un fait qui aurait dû empêcher la réalisation de l'action exprimée dans la principale.

[**Bien qu'**il fasse nuit], je devine les arbres du jardin.
→ Comme il fait nuit, logiquement, je ne devrais pas voir les arbres.

## Le mode des subordonnées d'opposition ou de concession

▶ Les subordonnées introduites par *alors que, tandis que, cependant que, quand, même si* sont à l'**indicatif**.

Vous restez à l'intérieur [**alors qu'**il fait beau] !

▶ Les subordonnées introduites par *bien que, quoique, encore que, sans que* sont au **subjonctif**.

[**Bien qu'**il fasse beau], vous restez à l'intérieur !

▶ Les subordonnées introduites par *quand bien même* sont au **conditionnel**.

[**Quand bien même** il ferait beau], nous resterions à l'intérieur.

⚠ *Malgré que* est une locution incorrecte.

~~Malgré qu'il~~ **Bien qu'**il soit blessé, il a participé au match.

**Quiz** Corrigés p. 251

**1 La phrase qui contient une subordonnée d'opposition est :**

○ Je ne connais pas cette leçon mais je veux bien t'aider.
○ Je t'aiderai alors que je pourrais aller jouer !
○ Quand j'aurai fini ce livre, je te le prêterai.

**2 La phrase qui contient une subordonnée de concession est :**

○ Quoique je n'aime pas la science-fiction, je veux bien regarder ce film.
○ Je travaille tandis que tu lis une bande dessinée !
○ Hortense est venue malgré son angine.

**3 La conjonction qui est suivie du subjonctif est :**

○ alors que. ○ même si. ○ bien que.

# 88 La subordonnée interrogative indirecte

## Interrogation directe et interrogation indirecte

| Interrogation directe | Subordonnée interrogative indirecte |
|---|---|
| La phrase est interrogative. | La phrase est déclarative. |
| Que fais-tu ? | Je demande [ce que tu fais]. |

## La subordonnée interrogative indirecte

▶ La **subordonnée interrogative indirecte** ne peut pas être supprimée ; c'est une subordonnée **complétive**.

Il m'a expliqué [comment il avait fabriqué la potion].
COD du verbe *expliquer*

▶ Le verbe de la principale n'est pas toujours un verbe d'interrogation.

Tom demande [pourquoi tu dis cela] ; Tom sait [pourquoi tu dis cela] ; Tom comprend [pourquoi tu dis cela]...

**À savoir**

On reconnaît une subordonnée interrogative à ce qu'on peut la transformer en interrogative directe.

Je devine [pourquoi tu dis cela].
→ Pourquoi dis-tu cela ?

▶ Pour différencier les subordonnées relative et interrogative, on regarde si le mot subordonnant a un antécédent.

C'est Marco [qui a téléphoné]. Je me demande [qui a téléphoné].
Sub. relative — Sub. interrogative

▶ La subordonnée interrogative peut être **totale** ou **partielle** (voir p. 104).

**Quiz** Corrigés p. 251

**1 La phrase qui contient une subordonnée interrogative indirecte est :**

○ Pourquoi répètes-tu tout ce que je dis ?
○ Qui a oublié son classeur au CDI ?
○ Je ne sais pas qui pourrait me prêter un vélo.

**2 La phrase qui contient une subordonnée interrogative indirecte est :**

○ Où as-tu mis mon écharpe ?
○ Je cherche où se trouve mon écharpe.
○ La salle où se trouve ton écharpe est au rez-de-chaussée.

**3 La subordonnée interrogative indirecte est :**

○ une subordonnée relative.
○ une subordonnée conjonctive.
○ une subordonnée complétive.

# 89 La concordance des temps



## Tableau de concordance des temps

| | L'action de la subordonnée se passe en même temps que celle de la principale. | L'action de la subordonnée se passe avant celle de la principale. | L'action de la subordonnée se passe après celle de la principale. |
|---|---|---|---|
| **Le verbe de la principale est au présent ou au futur.** | Subordonnée : présent (indicatif ou subjonctif)<br>Je sais [qu'il réussit].<br>Je veux [qu'il réussisse]. | Subordonnée : imparfait, passé composé, plus-que-parfait de l'indicatif, passé du subjonctif<br>Je sais [qu'il a réussi].<br>Je veux [qu'il ait réussi]. | Subordonnée : futur, présent du subjonctif<br>Je sais [qu'il réussira].<br>Je veux [qu'il réussisse]. |
| **Le verbe de la principale est au passé.** | Subordonnée : imparfait (indicatif ou subjonctif)<br>Je savais [qu'il réussissait].<br>Je voulais [qu'il réussît]. | Subordonnée : plus-que-parfait (indicatif ou subjonctif)<br>Je savais [qu'il avait réussi].<br>Je voulais [qu'il eût réussi]. | Subordonnée : présent du conditionnel, imparfait du subjonctif<br>Je savais [qu'il réussirait].<br>Je voulais [qu'il réussît]. |

Aujourd'hui, l'usage est de remplacer l'imparfait du subjonctif par un présent (*réussisse*, *ait réussi*).

**Quiz** Corrigés p. 251

**1 La phrase qui exprime des actions qui se produisent en même temps est :**

- ○ Léa pense que nous sommes au point.
- ○ Léa pense que nous étions au point.
- ○ Léa pense que nous serons au point.

**2 La phrase dans laquelle la subordonnée exprime une action postérieure à la principale est :**

- ○ Léa disait qu'elle pourrait nous aider.
- ○ Léa disait qu'elle pouvait nous aider.
- ○ Léa disait qu'elle avait pu nous aider.

**3 Dans la phrase « Léa souhaite que nous ayons gagné. » :**

- ○ l'action de la subordonnée se déroule avant celle de la principale.
- ○ l'action de la subordonnée se déroule en même temps que celle de la principale.
- ○ l'action de la subordonnée se déroule après celle de la principale.

# 90 Les propositions infinitive et participiale

## La proposition infinitive

▶ La **proposition infinitive** suit directement le verbe qui la dirige. Elle joue le rôle d'une subordonnée qui ne peut pas être supprimée.

J'ai vu [José marquer un but]. = J'ai vu [que José marquait un but].

> **À savoir**
> La proposition infinitive est centrée sur un infinitif qui a un sujet.
> J'entends [le bus **arriver**].
> Sujet

▶ La proposition infinitive est l'équivalent d'une **subordonnée complétive**.

J'ai vu [José marquer un but] : COD du verbe *voir*.

▶ Le sujet de la proposition infinitive est différent du sujet du verbe qui la dirige.

Apolline écoute Mayanna jouer du violon.
Sujet de *écoute* : Apolline ; sujet de *jouer* : Mayanna.
Apolline aime écouter de la musique. → C'est Apolline qui aime et c'est aussi elle qui écoute : la phrase ne contient pas de subordonnée infinitive.

## La proposition participiale

▶ La **proposition participiale** peut être supprimée ; elle est détachée par une virgule et joue le rôle d'une subordonnée complément de phrase.

[Les exercices étant finis], Lucas sortit jouer.

▶ La proposition participiale est **complément circonstanciel**.

[Le bateau amarré], les marins descendirent sur le quai. (CC de temps)
[Les instruments accordés], le concert put commencer. (CC de cause)

**Quiz** Corrigés p. 251

**1 Les propositions infinitive et participiale jouent le rôle :**

- ○ d'une proposition indépendante.
- ○ d'une proposition principale.
- ○ d'une proposition subordonnée.

**2 La phrase qui contient une proposition infinitive est :**

- ○ Aimez-vous vous promener sous la neige ?
- ○ La documentaliste laisse les collégiens accéder aux ordinateurs.
- ○ Je vais effectuer des recherches au CDI.

**3 La phrase qui contient une proposition participiale est :**

- ○ Tu as mangé tous les bonbons que j'ai achetés !
- ○ Les élèves, encouragés, ont redoublé d'efforts.
- ○ Les explications données, les recherches débutèrent.

# 91 Bilan : la phrase

## Phrases selon l'intonation

- Phrase déclarative (une information)
- Phrase injonctive (un ordre, un conseil)
- Phrase interrogative (une question)
- Phrase exclamative (un sentiment, une émotion)

## Phrases selon le nombre de verbes conjugués

- Phrase non verbale
- Phrase simple (un seul verbe à un mode personnel)
- Phrase complexe (au moins deux verbes à un mode personnel)

## Phrase complexe

- Propositions juxtaposées : Je te crois, tu as raison.
- Propositions coordonnées : Je te crois car tu as raison.
- Proposition principale + proposition subordonnée : Je crois que tu as raison.

## Propositions

- Indépendante (se suffit à elle-même)
- Principale (dirige)
- Subordonnée (dépend d'une principale)

## Propositions subordonnées

- Subordonnée relative (introduite par un pronom relatif ; non essentielle)
- Subordonnée interrogative (introduite par un mot interrogatif ; essentielle)
- Subordonnées conjonctives :
  – complétive (introduite par la conjonction *que* ; essentielle)
  – circonstancielle (introduite par les conjonctions *quand*, *parce que*... ; non essentielle)

## Quiz

Corrigés p. 251

**1 La phrase juste est :**

- ○ La phrase exclamative exprime toujours une surprise.
- ○ La phrase injonctive peut exprimer un conseil.
- ○ La phrase simple ne contient pas de verbe à un mode personnel.

**2 « Tom a dit qu'il viendrait. » Cette phrase est formée de :**

- ○ deux propositions juxtaposées.
- ○ deux propositions coordonnées.
- ○ une principale et une subordonnée.

**3 La proposition introduite par un mot subordonnant est :**

- ○ une indépendante.
- ○ une principale.
- ○ une subordonnée.

# 92 La ponctuation

## Définition

La **ponctuation**, marquant à l'écrit les pauses et les intonations de la voix, contribue au sens du texte.

Tom est arrivé. Tom est arrivé ! Tom est arrivé ?

## Les signes de fin de phrase

▶ Le **point (.)** marque la fin de la phrase ; cette dernière a un sens à elle toute seule même si elle est reliée au reste du texte. Le point n'exprime pas d'intonation particulière.

▶ Le **point d'interrogation (?)** marque la fin d'une phrase interrogative (voir p. 104) ; l'intonation est ascendante (elle monte).

Comment t'appelles-tu ? Viendras-tu ?

**À savoir**

On ne met pas de point d'interrogation à la fin d'une interrogation indirecte.

Je t'ai demandé pourquoi tu ne venais pas.

▶ Le **point d'exclamation (!)** exprime l'émotion (voir p. 104).

Certainement pas ! Tu es déjà arrivé ! Quelle chaleur !

▶ Les **points de suspension (...)** invitent le lecteur à compléter une phrase inachevée.

J'ai invité Nedim, Marie, Lucie, Pierre...

## Les signes de ponctuation à l'intérieur de la phrase

▶ Le **point-virgule (;)** correspond à une pause importante ; chaque partie de la phrase coupée par un point-virgule constitue une unité indépendante du point de vue de la syntaxe.

Tu arrives trop tard ; il vient juste de sortir.

▶ Les **deux-points (:)** introduisent un développement : citation, réplique, énumération, explication, conséquence...

L'agneau répondit : « Que Votre Majesté ne se mette pas en colère. »

▶ La **virgule (,)** marque une pause légère ; elle peut servir à détacher un élément pour le mettre en relief ou à séparer deux éléments...

Monica, Jules, Étienne et Fleur sont partis travailler au CDI.

▶ Les **parenthèses ( )** isolent un élément. On les évite quand on rédige.

Cosette (la fille de Fantine) est maltraitée par les Thénardier.

## Les signes de ponctuation du dialogue

▶ Le **tiret (–)** se place au début de la ligne, en tête de la réplique. Lorsque la parole est achevée, on va à la ligne.

– Qu'est-ce que tu fais ?
– Je répare mon vélo.

▶ Les **guillemets (« »)** encadrent la réplique ; il est inutile d'aller à la ligne.

Cendrillon se dit : « J'irais bien au bal, moi aussi ! »

**À savoir**
Aujourd'hui, l'usage est de réserver les guillemets aux répliques isolées et aux citations.



## Testez-vous !

→ Corrigés p. 251

Quiz

**1 On rencontre un point d'interrogation :**

○ à la fin d'une phrase exclamative.
○ à la fin d'une interrogation directe.
○ à la fin d'une interrogation indirecte.

**2 On met une majuscule après :**

○ un point-virgule.
○ une virgule.
○ un point d'interrogation.

**3 Le signe qui demande au lecteur d'imaginer la suite de la phrase est :**

○ les points de suspension.
○ les deux-points.
○ le tiret.

**4 Ajoutez les signes de fin de phrase et les majuscules dans les passages suivants.**

a. Julie s'avança elle n'avait pas entendu le bus elle s'écarta brusquement
b. pourquoi avez-vous choisi ce thème comment allez-vous procéder
c. c'est incroyable Léa a vécu en Australie, au Canada, en Turquie
d. ce jour-là, il faisait beau la rue était déserte soudain un cri retentit

**5 Ajoutez les signes (, ; :) qui manquent.**

a. Je suis libre samedi je passerai te voir avec Lola Victoire et Mayanna.
b. La Fontaine écrit « Rien ne sert de courir il faut partir à point. »
c. À la fin de la journée comme la veille les collégiens se retrouvèrent sur le stade.
d. Le ciel s'obscurcit on entendit gronder au loin les premières gouttes éclatèrent sur le trottoir.

# 93 La reprise

## Reprise et cohérence du texte

▶ Le texte forme un tout ; il développe un thème, ce qui rend inévitables des reprises. Les phrases sont indépendantes mais elles s'enchaînent et ont des points communs :
– un même sujet : Lola prend son téléphone. Lola veut avoir des nouvelles de Marie.
– le prédicat d'une phrase devient le sujet de la suivante : Lola prend son téléphone. Son téléphone sonne depuis cinq minutes.

▶ Pour **éviter des répétitions**, on utilise différents procédés de reprises.
Lola prend son téléphone. Elle veut avoir des nouvelles de Marie.
Lola prend son téléphone qui sonne depuis cinq minutes.

▶ On distingue deux sortes de reprises : la **reprise pronominale** et la **reprise lexicale**.

## La reprise pronominale

▶ Les différents pronoms, quand ils ne représentent pas le locuteur (celui qui parle) ou son destinataire (voir p. 67) sont des **substituts** (remplaçants).

> *je, tu, moi, toi, me, te* ne sont pas des pronoms de reprise.

▶ Les pronoms peuvent remplacer un nom ou un GN mais aussi un adjectif ou une proposition.
Je suis ravi de cette solution ; l'es-tu toi aussi ? (Le pronom reprend un adjectif.)

▶ Ils peuvent occuper dans la phrase toutes les fonctions du mot ou du groupe qu'ils remplacent.
Tanguy a emprunté ces livres à ses parents et il les leur rend.
il (Tanguy) : sujet du verbe *rendre*.
les (ces livres) : COD du verbe *rendre*.
leur (ses parents) : COS du verbe *rendre*.

▶ La reprise pronominale peut être **totale** ou **partielle**.
– Reprise totale : Nos amis sont repartis ; ils / tous étaient contents.
– Reprise partielle : Nos amis sont repartis ; la plupart étaient contents, certains étaient déçus.

> **À savoir**
> La reprise pronominale peut être effectuée par des pronoms personnels, démonstratifs, possessifs, indéfinis ou relatifs.
> Tes chaussures sont magnifiques.
> Les miennes sont démodées.

## La reprise lexicale

| Mot ou expression | Reprise | Exemples |
|---|---|---|
| Nom | Nom synonyme | la mer → les flots |
| Nom | Nom générique | le teckel → le chien |
| Nom | Périphrase ou GN plus précis | le cinéma → le septième art<br>le livre → le roman d'aventures passionnant |
| Nom propre | Nom commun ou GN | Adèle → la jeune fille |
| Plusieurs noms | Un seul nom ou GN | Adèle, Léa et Inès → les amies |
| Un adjectif | Un nom | Il était heureux → ce bonheur |
| Une proposition | Un nom | J'avais réussi → cette nouvelle |

## Testez-vous !

→ *Corrigés p. 252*

Quiz

**1 On peut distinguer :**

- ○ les reprises pronominale et lexicale.
- ○ les reprises pronominale et partielle.
- ○ les reprises totale et partielle.

**2 Les pronoms de reprise sont :**

○ tu. ○ il. ○ lui.

**3 La périphrase est un procédé de reprise :**

○ pronominale. ○ lexicale. ○ partielle.

**4 Identifiez les différentes reprises dans les passages suivants.**

a. Jérémie n'a pas vu le poteau et il l'a heurté. Mais le garçon n'est pas blessé.
b. Les élèves sont dans le gymnase ; les uns sont en tenue, les autres non.
c. Les spectateurs attendent le chanteur, mais, comme celui-ci est en retard, ils s'impatientent.
d. J'ai oublié mon livre, mais ce n'est pas grave.

**5 Identifiez le type de reprise lexicale dans les passages suivants.**

a. Je n'aime pas les mouches. J'ai la phobie de ces insectes.
b. Voici mon appartement ; veux-tu visiter le plus vaste palais du monde ?
c. J'ai préparé une crème, un gâteau et des glaces ; ces desserts devraient vous plaire.
d. Achille s'avança vers la forteresse. Priam aperçut le héros.

# 94 Les connecteurs spatiaux et temporels

## Définition

▶ Les connecteurs assurent la « connexion », c'est-à-dire le lien ; ils facilitent la compréhension des propos en explicitant (rendant visibles) les liens entre les phrases.

Jean se tenait debout devant la fenêtre. Alors il aperçut un homme à la grille.

▶ On distingue les connecteurs **spatiaux**, **temporels** et **logiques** (voir p. 192).

**À savoir**

Les connecteurs sont placés en général en tête de phrase, parfois en seconde position.

## Les connecteurs spatiaux

▶ Les connecteurs spatiaux sont des **indications de lieu** qui permettent de relier les actions entre elles.

Jules se leva. À ses pieds, un petit chien le regardait.

▶ Les connecteurs spatiaux peuvent être des **groupes nominaux** : *à ses pieds, sous ses yeux, à sa gauche, au milieu de la pièce, à l'autre bout de la maison, en amont...*

▶ Ils peuvent aussi être des **adverbes** : *ici, là, là-bas, devant, au loin...*

## Les connecteurs temporels

▶ Les connecteurs temporels sont des **indications de temps** qui permettent de relier les actions entre elles.

Jules se leva. Puis il s'approcha de la fenêtre.

▶ Les connecteurs temporels peuvent être des **groupes nominaux** : *le mois prochain, dans un an, la veille de cette journée mémorable, ce jour-là, à ce moment-là...*

▶ Ils peuvent aussi être des **adverbes** : *d'abord, puis, ensuite, enfin...*

**Quiz** Corrigés p. 252

**1 Les connecteurs spatiaux sont :**

○ demain. ○ là-bas. ○ au loin.

**2 Les connecteurs temporels sont :**

○ tout d'abord. ○ par la suite. ○ évidemment.

**3 Les connecteurs spatiaux et temporels peuvent être :**

○ des adverbes. ○ des déterminants. ○ des adjectifs.

# 95 L'emphase



## Définition

▶ La finalité de l'**emphase** est de mettre en relief certains éléments de la phrase ou du texte pour souligner leur importance et attirer l'attention du lecteur ou du spectateur.

Du bout de l'horizon accourt avec furie
Le plus terrible des enfants
Que le Nord eût porté jusque-là dans ses flancs.
(« Le Chêne et le Roseau », La Fontaine)

Ces vers mettent en relief la venue du vent qui sera capable de déraciner le chêne.

▶ On dit d'un texte qu'il est **emphatique** quand il multiplie les procédés d'emphase.

> ⚠ Lorsque les procédés d'emphase sont trop nombreux dans un même texte, la mise en relief est moins efficace.

## Les principaux procédés de l'emphase

▶ Les **présentatifs** introduisent une personne, un objet, un fait de manière particulière afin d'attirer l'attention : *c'est, il y a, voici, voilà.*

C'est mon frère. Voici notre héros.

La tournure présentative peut encadrer l'élément mis en relief.

C'est notre équipe qui a gagné ; il y a un orage qui se prépare.

▶ Le **détachement** avec doublement est un des procédés de l'emphase.

Lui, il dit que oui. Ton histoire, on n'y croit pas.

▶ L'**inversion du sujet**

Du bout de l'horizon accourt le plus terrible des enfants.

▶ La **périphrase**

Le plus terrible des enfants que le Nord eût porté jusque-là dans ses flancs : pour désigner le vent du Nord.

**Quiz** Corrigés p. 252

**1 L'emphase a pour but :**

- ○ d'inverser le sujet.
- ○ de mettre en relief un élément.
- ○ de capter l'attention du lecteur.

**2 La phrase qui contient un présentatif est :**

- ○ C'est bien ce film que j'ai aimé.
- ○ Ce film est très émouvant.
- ○ Quant à ce film, il est très émouvant.

**3 « Alors entra en scène le prince des chanteurs. » ; l'emphase repose sur :**

- ○ l'inversion du sujet.
- ○ le détachement.
- ○ une périphrase.

# 96 Les paroles rapportées

## Le discours direct

> **À savoir**
> On appelle **paroles rapportées**, les paroles d'un ou de plusieurs personnages **insérées dans un récit** par l'un ou l'autre des quatre procédés expliqués dans cette leçon.

▶ La parole du personnage figure telle quelle dans le récit ; son **intonation** (interrogative, exclamative...) est maintenue.

Qui te rend si hardi de troubler mon breuvage ?
Dit cet animal plein de rage.
Tu seras châtié de ta témérité. (La Fontaine)

▶ Le discours direct est signalé par une ponctuation spécifique : **guillemets** ou **tirets** (voir p. 125). On emploie plutôt les tirets pour un échange de répliques et les guillemets pour une parole isolée ou une citation.

▶ Souvent, le discours direct est inséré dans le récit grâce à une **proposition introductrice** placée avant la réplique ou une **incise narrative** au milieu ou en fin de réplique.
Dans l'exemple ci-dessus, l'incise Dit cet animal plein de rage figure au milieu de la réplique.

▶ Le discours direct rend le récit vivant.

## Le discours indirect

▶ La parole du personnage est insérée dans une **proposition subordonnée complétive**.

L'animal plein de rage demanda à l'agneau **qui le rendait si hardi de troubler son breuvage**.

▶ On n'entend plus l'intonation et le point d'interrogation a disparu.

▶ Le « je » du locuteur (mon breuvage) est remplacé par une troisième personne (son breuvage) et le temps est celui du récit : le présent (rend) devient l'imparfait (rendait).

▶ Certains adverbes sont modifiés : *demain* devient *le lendemain*, *hier* devient *la veille*.

## Le discours indirect libre

▶ L'intonation est maintenue, mais ni guillemets ni tirets ne viennent signaler la parole qui se fond dans le récit.

Comment osait-il troubler le breuvage du loup ? Il serait châtié de sa témérité !

▶ Le(s) temps des verbes et les pronoms sont ceux du récit.

## Le discours narrativisé

▸ La parole est résumée ; le narrateur n'en garde que l'essentiel.
Le loup s'en prit à l'agneau et menaça de le châtier.

▸ Le discours narrativisé permet de ne pas rapporter des répliques qui seraient sans intérêt.



## Testez-vous !

→ Corrigés p. 252

Quiz

**1 L'intonation de la parole rapportée est conservée dans :**
- ○ le discours direct.
- ○ le discours indirect.
- ○ le discours indirect libre.

**2 Les pronoms « je » et « tu » de la parole rapportée ainsi que le temps changent dans :**
- ○ le discours direct.
- ○ le discours indirect.
- ○ le discours indirect libre.

**3 En discours indirect, « Je suis d'accord. » devient :**
- ○ Elle assure qu'elle est d'accord.
- ○ Elle assura qu'elle était d'accord.
- ○ Elle assure je suis d'accord.

**4 Indiquez le type de discours rapporté employé dans les phrases suivantes.**

a. Il lui demanda si elle souhaitait l'accompagner.
b. Cher lecteur, vous ne serez pas surpris !
c. Elle rêvait de Venise. Partir en gondole !
d. Elle plaida sa cause avec beaucoup d'émotion.

**5 En utilisant la proposition entre parenthèses, transformez le discours direct en discours indirect.**

a. « Tu ne dois surtout pas sortir seule le soir dans ce quartier. » (Sa mère lui rappela)
b. « Quand reviendras-tu de ton voyage au Mexique ? » (Johan demanda à Émeline)
c. « Nous sommes allés au cinéma hier. » (Claire raconta).
d. « Je vais voir Laura à la clinique ; elle s'est fait opérer de l'appendicite. » (Sylvie expliqua)

# 97 Conjugaison : les principes

## La conjugaison : les variations du verbe

▶ Le **verbe** est un mot **variable** qui se conjugue, c'est-à-dire qui se modifie pour indiquer le nombre (singulier, pluriel), la personne, le temps et le mode.

▶ On appelle **morphologie verbale** l'étude des variations de la forme (*morpho*) du verbe.

▶ La partie fixe du verbe est son **radical** ; la partie variable est sa **terminaison**.

Chanter : je chante, je chanterai, que je chante

▶ Le radical de certains verbes varie selon le mode et le temps.

Savoir : je sais, je saurai, que je sache

## Le classement des verbes

▶ On classe traditionnellement les verbes français en trois groupes selon leur terminaison à l'infinitif :
– verbes en *-er* (sauf *aller*) : verbes du 1re groupe (parler) ;
– verbes en *-ir* + *-issons* : verbes du 2e groupe (finir, nous finissons) ;
– tous les autres verbes : 3e groupe (courir, savoir, faire…).

▶ Cette classification correspond à des modèles de conjugaison mais les nouveaux programmes du collège n'utilisent plus le terme « groupe ».

## Les modes

▶ Les modes sont des grandes catégories dans lesquelles on inscrit les temps.

▶ Les **modes personnels** varient selon la personne : l'indicatif, le conditionnel, le subjonctif et l'impératif.

▶ Les **modes impersonnels** n'ont pas de personne : infinitif, participe et gérondif.

> ⚠ Les temps des modes personnels situent l'action dans la chronologie : passé, présent, avenir.
> Hier, j'avais 13 ans ; aujourd'hui, j'ai 14 ans ; l'an prochain, j'aurai 15 ans.

## Les temps

▶ On distingue les **temps simples** (verbe réduit à un seul mot) et les **temps composés** (deux mots). Chaque temps simple permet de former un temps composé.

Auxiliaire au **présent** de l'indicatif → **passé composé** de l'indicatif
J'**ai**, je **suis** → j'**ai** parlé, je **suis** allé(e)

▶ Les temps simples expriment une **action en cours** de réalisation alors que les temps composés expriment une **action accomplie**.

Je dormais : dans le passé, l'action de dormir est en cours de réalisation.
J'avais dormi : dans le passé, l'action de dormir est accomplie (= achevée).

## Les personnes

▸ Les **deux premières personnes** désignent respectivement le locuteur (« je » : celui qui parle), et son destinataire (« tu » : celui à qui on parle).

▸ La **troisième personne** désigne ce dont on parle : il peut s'agir d'une personne, d'un objet, d'une situation...

Nadia viendra ; notre amitié est très solide.

> ⚠ La personne du verbe correspond à son sujet. Au mode impératif, le verbe n'a pas de sujet.
> Viens donc me voir.
> → Deuxième personne du singulier (= *tu*).

## Testez-vous !

→ Corrigés p. 252

Quiz

**1 La 1^re^ personne désigne :**

- ○ le locuteur.
- ○ le destinataire.
- ○ le narrateur.

**2 Le mot *subjonctif* désigne :**

- ○ un temps.
- ○ un mode.
- ○ un type de verbe.

**3 Le participe est :**

- ○ un temps.
- ○ un mode personnel.
- ○ un mode impersonnel.

**4 Relevez les verbes dans les phrases et indiquez s'ils sont à un mode personnel ou impersonnel. Quels verbes sont à un temps composé ?**

a. Je crois que nous devons nous renseigner en consultant des sites spécialisés.
b. Nos voisins aimeraient bien que nous participions avec eux à la fête du quartier.
c. Johan est tombé en voulant grimper dans un arbre et il s'est cassé la jambe.
d. Avez-vous eu le temps de regarder le film dont je vous ai parlé ?

**5 Relevez les verbes et précisez si l'action se situe au présent, au passé ou au futur.**

a. J'apporterai les cerises que j'ai cueillies dans mon jardin.
b. Vous prendrez le train de 12h20 et irez jusqu'au terminus.
c. Saisissez cette occasion de vous instruire !
d. Quand nous sommes sortis du collège, il faisait déjà nuit.

# 98 Le présent de l'indicatif : les règles

## La conjugaison des auxiliaires

| | | | | | | |
|---|---|---|---|---|---|---|
| **Avoir** | j'ai | tu as | il a | nous avons | vous avez | ils ont |
| **Être** | je suis | tu es | il est | nous sommes | vous êtes | ils sont |

Ne pas confondre :
– ***a*** et ***à*** : Il a appris à parler russe ;
– ***est*** et ***et*** : Il est flûtiste et pianiste.

## La conjugaison des verbes en *-er* (1er groupe)

▶ Les verbes en *-er*, sauf *aller*, suivent tous le modèle suivant.

| | | | | | | |
|---|---|---|---|---|---|---|
| **Parler** | je parle | tu parles | il parle | nous parlons | vous parlez | ils parlent |

▶ Attention au **-e** muet pour certains verbes en *-er*.
– Verbes en ***-ier*** : **Oublier** : j'oublie, tu oublies, il oublie.
– Verbes en ***-uer*** : **Distribuer** : je distribue, tu distribues, il distribue.
– Verbes en ***-ouer*** : **Jouer** : je joue, tu joues, il joue.

## La conjugaison des autres verbes (2e et 3e groupes)

▶ Les autres verbes suivent 4 modèles différents.

| Verbes en *-ir*, *-oir*, *-re*, *-indre* et *-soudre* | Verbes en *-dre* (sauf ceux en *-indre* et *-soudre*) | *Vouloir, pouvoir, valoir* | Quelques verbes : *cueillir, offrir, ouvrir* |
|---|---|---|---|
| **Courir** | **Prendre** | **Vouloir** | **Cueillir** |
| je cours | je prends | je veux | je cueille |
| tu cours | tu prends | tu veux | tu cueilles |
| il court | il prend | il veut | il cueille |
| nous courons | nous prenons | nous voulons | nous cueillons |
| vous courez | vous prenez | vous voulez | vous cueillez |
| ils courent | ils prennent | ils veulent | ils cueillent |

▶ Les verbes du 2e groupe (*-ir* et *-issons*) suivent le modèle de *courir* et se conjuguent tous de la même manière.

| | | | | | | |
|---|---|---|---|---|---|---|
| **Finir** | je finis | tu finis | il finit | nous finissons | vous finissez | ils finissent |

## Testez-vous !

→ Corrigés p. 252

Quiz

**1 Au singulier, les terminaisons des verbes en *-er* au présent de l'indicatif sont :**

○ -e, -es, -e. ○ -e, -e, -e. ○ -s, -e, -e.

**2 Les terminaisons du verbe *finir* au présent de l'indicatif sont :**

○ -ie, -ies, -ie, -ions, -iez, -ient.
○ -is, -is, -it, -issons, -issez, -issent.
○ -ds, -ds, -d, -ons, -ez, -ent.

**3 La forme correcte de *vouloir* au présent est :**

○ je veus. ○ je veux. ○ je veut.



**4 Choisissez la forme correcte au présent de l'indicatif.**

a. Je (choisis, choisit) ce film ; (es, est)-tu d'accord ?
b. Tu (écoute, écoutes) cette chanson tout le temps ; je ne (vois, voie) pas pourquoi !
c. J'(avous, avoue) que je n'y (comprend, comprends) rien !
d. Lucas (écris, écrit) ses Mémoires et les (envoie, envoit) à un éditeur.

**5 Écrivez au présent les verbes entre parenthèses.**

a. À quoi (songer)-vous ? Vous me (paraître) bien rêveur.
b. Lorsque Paul (vouloir) raconter une histoire drôle, il (rire) tellement qu'il ne le (pouvoir) pas.
c. Ryan (s'écrier) alors : « Je (courir) jusqu'à la plage ! Qui (venir) avec moi ? »
d. Sophie (avoir) beaucoup d'admiration pour ce que vous (dire) et ce que vous (faire).

# 99 Le présent de l'indicatif : verbes en *-er* particuliers

## Verbes en *-cer* et *-ger*

▶ **Verbes en *-cer*** : pour que le *-c* se prononce à toutes les formes comme à l'infinitif, il faut ajouter une cédille quand le *-c* est suivi d'un *-o*.

**À savoir**

Pour ces verbes, les modifications orthographiques permettent au *-c* et au *-g* de se prononcer toujours de la même manière.

| | | | | | | |
|---|---|---|---|---|---|---|
| **Lancer** | je lance | tu lances | il lance | nous lançons | vous lancez | ils lancent |

▶ **Verbes en *-ger*** : pour que le *-g* se prononce à toutes les formes comme à l'infinitif, il faut ajouter un *-e* entre le *-g* et la voyelle *-o*.

| | | | | | | |
|---|---|---|---|---|---|---|
| **Ranger** | je range | tu ranges | il range | nous rangeons | vous rangez | ils rangent |

## Verbes en *-guer*

Les **verbes en *-guer*** gardent le *u* après le *g* même lorsque ce n'est pas nécessaire pour la prononciation.

Nous naviguons, nous conjuguons…

## Verbes en *-eler* et *-eter*

▶ ***Appeler*** et ***jeter*** : quand on entend le son « è », on double la consonne. De nombreux verbes suivent traditionnellement ce modèle : *ruisseler, étinceler, épeler, étiqueter, cacheter*…

**À savoir**

Depuis la réforme de 1990, tous les verbes en *-eler* et *-eter* peuvent se conjuguer comme *acheter* et *peler*, sauf *appeler*, *jeter* et les verbes de leurs familles.

je ruisselle ou je ruissèle ; je cachette ou je cachète

| | | | | | | |
|---|---|---|---|---|---|---|
| **Appeler** | j'appelle | tu appelles | il appelle | nous appelons | vous appelez | ils appellent |
| **Jeter** | je jette | tu jettes | il jette | nous jetons | vous jetez | ils jettent |

▶ ***Acheter*** et ***peler*** : ils prennent un accent quand on entend « è ». D'autres verbes suivent ce modèle : *geler, écarteler, fureter, haleter*…

| | | | | | | |
|---|---|---|---|---|---|---|
| **Acheter** | j'achète | tu achètes | il achète | nous achetons | vous achetez | ils achètent |
| **Peler** | je pèle | tu pèles | il pèle | nous pelons | vous pelez | ils pèlent |

## Verbes en *-yer* : *-ayer*, *-oyer*, *-uyer*

Pour les **verbes en *-yer***, le *-y* se transforme en *-i* devant un *-e* muet. Les verbes en *-ayer* ont deux possibilités.

| Appuyer | Employer | Payer |
|---|---|---|
| j'appuie | j'emploie | je paie (paye) |
| tu appuies | tu emploies | tu paies (payes) |
| il appuie | il emploie | il paie (paye) |
| nous appuyons | nous employons | nous payons |
| vous appuyez | vous employez | vous payez |
| ils appuient | ils emploient | ils paient (payent) |

## Testez-vous !

→ Corrigés p. 253

Quiz

**1** **La forme correcte au présent de l'indicatif est :**

○ j'envoye. ○ j'essuye. ○ j'essaye.

**2** **La forme correcte au présent de l'indicatif est :**

○ vous plaçez. ○ nous longons. ○ vous nagez.

**3** **La forme correcte au présent de l'indicatif est :**

○ ils appèlent. ○ ils jètent. ○ ils pèlent.

**4** **Dans les phrases suivantes, écrivez au présent de l'indicatif les verbes entre parenthèses.**

a. Tu (acheter) trois baguettes ce matin.
b. Nous (appuyer) votre demande de candidature.
c. Il (peler) les pommes de terre, puis il (jeter) les épluchures.
d. Nous (ranger) notre chambre avant de partir !

**5** **Corrigez les quatre erreurs.**

a. Nous partagons notre goûter et balayons ensuite les miettes.
b. Quand je m'ennuye, j'essaye de trouver des occupations originales.
c. Je vous rappèle que nous nous déplaçons à vélo !
d. Nous largons les amarres, puis nous naviguons trois jours.

# 100 Le présent de l'indicatif : autres verbes particuliers

## Verbes en *-indre* et *-soudre* (*craindre, peindre, joindre, résoudre...*)

Les verbes en ***-indre*** et ***-soudre***, ne se conjuguent pas au présent de l'indicatif comme *prendre* mais comme *courir*.

| Craindre | Peindre | Joindre | Résoudre |
|---|---|---|---|
| je crains | je peins | je joins | je résous |
| tu crains | tu peins | tu joins | tu résous |
| il craint | il peint | il joint | il résout |
| nous craignons | nous peignons | nous joignons | nous résolvons |
| vous craignez | vous peignez | vous joignez | vous résolvez |
| ils craignent | ils peignent | ils joignent | ils résolvent |

## *Venir, prendre* et leurs composés

| | | | | | | |
|---|---|---|---|---|---|---|
| **Venir** | je viens | tu viens | il vient | nous venons | vous venez | ils viennent |
| **Prendre** | je prends | tu prends | il prend | nous prenons | vous prenez | ils prennent |

Comme pour *appeler* et *jeter*, quand on entend le son « è », on double la consonne : ils reviennent, ils comprennent.

## *Mettre*, les verbes terminés par *-aître* et les verbes en *-tir*

▶ Comme ***mettre*** et ses composés (*permettre, remettre*...) et ***battre***, les verbes qui ont deux *t* à l'infinitif en gardent un au singulier.

| | | | | | | |
|---|---|---|---|---|---|---|
| **Mettre** | je mets | tu mets | il met | nous mettons | vous mettez | ils mettent |

▶ Pour les **verbes terminés par *-aître*** (*naître, connaître, paraître*...), on met traditionnellement un accent circonflexe sur le *-i* quand il est suivi par un *-t* comme à l'infinitif.

**À savoir**

La réforme de l'orthographe de 1990 permet de ne pas mettre l'accent : connaitre, il connait.

| | | | | | | |
|---|---|---|---|---|---|---|
| **Connaître** | je connais | tu connais | il connaît | nous connaissons | vous connaissez | ils connaissent |

▶ Les **verbes en *-tir*** : pas de *-t* dans le radical pour les personnes du singulier.

| | | | | | | |
|---|---|---|---|---|---|---|
| **Mentir** | je mens | tu mens | il ment | nous mentons | vous mentez | ils mentent |

## Aller, dire, faire, croire, voir

▶ ***Aller***, ***dire*** et ***faire*** ont des formes irrégulières.

| | | | | | | |
|---|---|---|---|---|---|---|
| **Aller** | je vais | tu vas | il va | nous allons | vous allez | ils vont |
| **Dire** | je dis | tu dis | il dit | nous disons | vous dites | ils disent |
| **Faire** | je fais | tu fais | il fait | nous faisons | vous faites | ils font |

▶ ***Croire*** et ***voir*** ont un *-y* aux deux premières personnes du pluriel.

| | | | | | | |
|---|---|---|---|---|---|---|
| **Croire** | je crois | tu crois | il croit | nous croyons | vous croyez | ils croient |
| **Voir** | je vois | tu vois | il voit | nous voyons | vous voyez | ils voient |

## Testez-vous !

→ *Corrigés p. 253*

Quiz

**1 Le verbe correctement orthographié au présent de l'indicatif est :**

○ je prends. ○ je rejoinds. ○ je résouds.

**2 Le verbe correctement orthographié au présent de l'indicatif est :**

○ je connaîs. ○ je mets. ○ je parts.

**3 Le verbe correctement orthographié au présent de l'indicatif est :**

○ je crois. ○ ils croyent. ○ nous voiions.

**4 Mettez les verbes entre parenthèses au présent de l'indicatif.**

a. Ils (aller) à la boulangerie et (prendre) le pain.
b. Vous (dire) toujours la même chose et vous ne (faire) rien !
c. Combien de tableaux (peindre)-tu chaque année ?
d. Nous (résoudre) absolument tous les problèmes de mathématiques.

**5 Mettez les verbes entre parenthèses au présent de l'indicatif.**

a. Je (jouer) au ballon. Je (recoudre) un bouton. Je (résoudre) une énigme.
b. Hector (entendre) un curieux grincement. Jade (éteindre) la lumière.
c. J'(envoyer) un colis par la poste. Je (voir) un énorme chien.
d. Lola (repeindre) sa chambre en vert. Anna (reprendre) du dessert.

# 101 Le futur simple de l'indicatif et le présent du conditionnel

## Le futur simple de l'indicatif : règle de conjugaison

▶ Les terminaisons du futur simple sont les mêmes pour tous les verbes :

je → (r)ai nous → (r)ons
tu → (r)as vous → (r)ez
il → (r)a ils → (r)ont

**À savoir**

Le futur simple de l'indicatif et le présent du conditionnel ont la même base verbale (radical) mais des terminaisons différentes.

| | | | | | | |
|---|---|---|---|---|---|---|
| **Parler** | je parlerai | tu parleras | il parlera | nous parlerons | vous parlerez | ils parleront |

▶ Pour les verbes en *-er* et la plupart de ceux en *-ir*, les terminaisons s'ajoutent à l'infinitif.
***Parler*** (1er groupe) : je parlerai, nous parlerons
***Finir*** (2e groupe) : je finirai, nous finirons
***Dormir*** (3e groupe) : je dormirai, nous dormirons

## Le présent du conditionnel : règle de conjugaison

▶ Les terminaisons du présent du conditionnel sont les mêmes pour tous les verbes ; ce sont les terminaisons de l'imparfait :

je → (r)ais tu → (r)ais il → (r)ait
nous → (r)ions vous → (r)iez ils → (r)aient

| | | | | | | |
|---|---|---|---|---|---|---|
| **Parler** | je parlerais | tu parlerais | il parlerait | nous parlerions | vous parleriez | ils parleraient |

▶ Pour les verbes en *-er* et la plupart de ceux en *-ir*, les terminaisons s'ajoutent à l'infinitif.

## Difficultés communes aux deux temps

▶ Attention au -e muet pour certains verbes en *-er* :
– verbes en *-ier* : je crierai, nous crierons ; je crierais, nous crierions
– verbes en *-uer* : je distribuerai, nous distribuerons ; je jouerais, nous jouerions
– verbes en *-yer* : j'emploierai, nous emploierons ; j'appuierais, nous appuierions

▶ Pour la plupart des verbes autres que ceux en *-er* ou en *-ir*, le radical au futur simple et au présent du conditionnel est un peu différent ou très différent de l'infinitif.

***Tenir*** : je tiendrai(s), nous tiendr(i)ons
***Vouloir*** : je voudrai(s), nous voudr(i)ons
***Faire*** : je ferai(s), nous fer(i)ons
***Savoir*** : je saurai(s), nous saur(i)ons

▶ Certains verbes doublent le *-r*.

***Pouvoir*** : je pourrai(s), nous pourr(i)ons
***Courir*** : je courrai(s), nous courr(i)ons
***Mourir*** : je mourrai(s), nous mourr(i)ons

Pour mettre un verbe au **futur**, il faut le faire précéder de *demain*.
Pour mettre un verbe au **présent du conditionnel**, il faut le faire précéder de *si c'était possible*.



## Testez-vous !

→ *Corrigés p. 253*

Quiz

**1 Le verbe *porter* au futur simple à la première personne du singulier est :**

○ je porterai. ○ je porterais. ○ je portais.

**2 Le mot manquant dans la phrase « Tu n' ... pas ton livre de grammaire demain ! » est :**

○ oubliera. ○ oublieras. ○ oublierais.

**3 Le verbe *manger* au présent du conditionnel à la première personne du singulier est :**

○ je mangerai. ○ je mangerais. ○ je mangeais.

**4 Réécrivez les phrases au futur.**

a. Je joue aux dames et je ne perds jamais.
b. D'abord, tu cloues la planche et, ensuite, tu scies le morceau qui dépasse.
c. Le Petit Chaperon rouge ne veut plus traverser le bois ; elle préfère poster le colis destiné à sa grand-mère.
d. Nous faisons un gâteau au chocolat pour ton anniversaire.

**5 Dans chaque série, relevez l'intrus et justifiez votre réponse.**

a. nous danserons, nous aimerons, nous partirons, nous oublions, nous nagerons
b. je viendrai, je dirais, je saurai, je proposerai, je préparerai
c. il lisait, il verrait, il penserait, il imaginerait, il étudierait
d. vous lancerez, vous applaudirez, vous rougirez, vous écouterez, vous vérifieriez

# 102 L'imparfait de l'indicatif : la règle et les difficultés

## L'imparfait : règle de conjugaison

▶ À l'imparfait, les terminaisons sont les mêmes pour tous les verbes :

je → ais
tu → ais
il → ait
nous → ions
vous → iez
ils → aient

**À savoir**

Pour bien orthographier un verbe à l'imparfait de l'indicatif, il faut :
– trouver la bonne forme à l'oral en faisant précéder le verbe de *autrefois* ;
– accorder le verbe avec son sujet.

| | | | | | | |
|---|---|---|---|---|---|---|
| **Parler** | je parlais | tu parlais | il parlait | nous parlions | vous parliez | ils parlaient |

▶ Le radical à l'imparfait est celui que l'on trouve au présent aux deux premières personnes du pluriel.

| Présent de l'indicatif (1re et 2e personnes du pluriel) | Imparfait de l'indicatif |
|---|---|
| nous parlons, vous parlez<br>nous finissons, vous finissez<br>nous partons, vous partez<br>nous résolvons, vous résolvez | je parlais, nous parlions<br>je finissais, nous finissions<br>je partais, nous partions<br>je résolvais, nous résolvions |

## L'imparfait : les difficultés

▶ Pour les **verbes en *-cer***, le *c* prend une cédille devant le *a* pour faire entendre le son « ss ».

| | | | | | | |
|---|---|---|---|---|---|---|
| **Placer** | je plaçais | tu plaçais | il plaçait | nous placions | vous placiez | ils plaçaient |

▶ Pour les **verbes en *-ger***, on garde la voyelle *e* devant le *a* et le *o*.

| | | | | | | |
|---|---|---|---|---|---|---|
| **Nager** | je nageais | tu nageais | il nageait | nous nagions | vous nagiez | ils nageaient |

▶ Pour bien conjuguer les **verbes en *-ier*, *-yer*** et **certains autres verbes** (*rire, cueillir, fuir, voir, croire, craindre, peindre...*) à l'imparfait aux deux premières personnes du pluriel, il suffit d'ajouter un *-i-* à la forme qui existe à la même personne au présent de l'indicatif.

**!** On n'entend pas toujours le *-i-* de la terminaison aux deux premières personnes du pluriel. Il faut partir du radical du verbe au présent pour former l'imparfait.

| | Présent | Imparfait |
|---|---|---|
| **Verbes en *-ier*** | nous crions, vous criez | nous criions, vous criiez |
| **Verbes en *-yer*** | nous payons, vous payez | nous payions, vous payiez |
| **Rire, sourire** | nous rions, vous souriez | nous riions, vous souriiez |
| **Voir, croire** | nous voyons, vous croyez | nous voyions, vous croyiez |

## Testez-vous !

→ *Corrigés p. 253*

Quiz

**1 Le verbe à l'imparfait de l'indicatif est :**

- ○ je préparais.
- ○ je partirai.
- ○ je partirais.

**2 À l'imparfait de l'indicatif, à la 1re personne, le verbe *oublier* se conjugue :**

- ○ j'oublie, nous oublions.
- ○ j'oubliais, nous oublions.
- ○ j'oubliais, nous oubliions.

**3 La forme correcte à l'imparfait de l'indicatif est :**

- ○ nous rions.
- ○ nous voyons.
- ○ nous savions.

**4 Réécrivez à l'imparfait les phrases suivantes.**

a. Lorsque nous attendons chez le dentiste, nous ne nous ennuyons pas car nous lisons des journaux.

b. Nous cueillons des cerises et nous en mangeons de grosses poignées ; elles sont vraiment délicieuses.

c. Aurélia se balance de plus en plus haut ; elle risque de tomber.

d. Florent prend des leçons de natation et nage facilement la brasse et le crawl.

**5 Repérez l'intrus dans chaque série et justifiez votre réponse.**

a. je voulais, je pensais, je décidais, je saurais, je regardais

b. nous chanterions, nous écrivions, nous dormions, nous déjeunions, nous lancions

c. vous donniez, vous pâlissiez, vous vérifiez, vous saisissiez, vous rangiez

d. nous travaillions, nous employions, nous croyons, nous gagnions, nous voyions

# 103 Le passé simple de l'indicatif

**À savoir**
Le passé simple est un temps utilisé à l'écrit pour raconter des actions limitées dans le temps.

## Les auxiliaires

| | | | | | | |
|---|---|---|---|---|---|---|
| **Avoir** | j'eus | tu eus | il eut | nous eûmes | vous eûtes | ils eurent |
| **Être** | je fus | tu fus | il fut | nous fûmes | vous fûtes | ils furent |

Il ne faut pas confondre le participe passé du verbe *avoir* (**eu** : j'ai eu, tu as eu, il a eu) et son passé simple (j'eus, tu eus, il eut).

Ne pas confondre le passé simple du verbe *être* avec celui du verbe *faire*.
Faire du vélo : je fis du vélo, tu fis du vélo…
Être content : je fus content, tu fus content…

## Les verbes en *-er* (1er groupe et *aller*)

| | | | | | | |
|---|---|---|---|---|---|---|
| **Son « a »**<br>**Parler** | je parlai | tu parlas | il parla | nous parlâmes | vous parlâtes | ils parlèrent |

- Seuls les verbes en *-er* suivent ce modèle.
- La 1re personne du singulier n'est pas en *-a* comme les quatre suivantes.
- On ne confondra pas le passé simple et l'imparfait à la 1re personne du singulier : je parlai (passé simple) et je parlais (imparfait), voir p. 142.

## Les autres verbes (2e et 3e groupes)

| Les trois modèles de conjugaison « i », « u », « in » se ressemblent | Verbes en *-ir* (*-issant*) et la majorité des autres verbes | Autres verbes | *Tenir, venir* et leurs composés |
|---|---|---|---|
| | **Son « i »**<br>**Dormir** | **Son « u »**<br>**Vouloir** | **Son « in »**<br>**Tenir** |
| je … i/u/in/s<br>tu … i/u/in/s<br>il … i/u/in/t<br>nous … î/û/în/mes<br>vous … î/û/în/tes<br>ils … i/u/in/rent | je dormis<br>tu dormis<br>il dormit<br>nous dormîmes<br>vous dormîtes<br>ils dormirent | je voulus<br>tu voulus<br>il voulut<br>nous voulûmes<br>vous voulûtes<br>ils voulurent | je tins<br>tu tins<br>il tint<br>nous tînmes<br>vous tîntes<br>ils tinrent |

▶ Il ne faut pas confondre les verbes conjugués au passé simple et les participes passés.

**Passé simple** : je dormis, il dormit, je voulus, il voulut, je vins, il vint

**Participe passé** : j'ai dormi, il a dormi, j'ai voulu, il a voulu ; je suis venu(e), il est venu

Ne pas confondre les verbes *venir* et *voir*.

*venir* : je vins, il vint, nous vînmes

*voir* : je vis, il vit, nous vîmes

## Testez-vous !

→ *Corrigés p. 253*

Quiz

**1 Au passé simple, les terminaisons des verbes en *-er* sont :**

○ -as, -as, -at, -âmes, -âtes, -èrent.
○ -ai, -as, -a, -âmes, -âtes, -èrent.
○ -a, -as, -a, -âmes, -âtes, -èrent.

**2 Le verbe au passé simple est :**

○ il a voulu. ○ il répondit. ○ il revient.

**3 La forme correcte du verbe *revenir* au passé simple est :**

○ nous revîmes. ○ nous revînmes. ○ nous revîntes.

**4 Choisissez la forme correcte au passé simple.**

a. Je me (précipitais, précipitai) et me (pris, prena) les pieds dans le tapis.
b. Je (sursauta, sursautai) et (courus, courais) ouvrir la porte.
c. Je (décidai, décida) de refuser et (sortai, sortis).
d. Martin (apporta, apportat) un gros sac de bonbons.

**5 Réécrivez les phrases en mettant le verbe à la 1^re^ personne du singulier du passé simple.**

a. Nous escaladâmes la montagne et découvrîmes un paysage magnifique.
b. Nous campâmes à mi-chemin et repartîmes le lendemain.
c. Nous gravîmes en silence les derniers mètres.
d. Une fois au sommet, nous poussâmes un grand cri de joie.

# 104 Indicatif et conditionnel : les principales difficultés

## Les verbes en *-er*

| | | |
|---|---|---|
| **Verbes en *-cer*** | Le *-c* prend une cédille devant un *-a* ou un *-o*. | nous lançons, je lançais, il lança |
| **Verbes en *-ger*** | Le *-g* est suivi d'un *-e* quand la terminaison commence par un *-a* ou un *-o*. | nous mangeons, je mangeais, il mangea |
| **Verbes en *-guer*** | Le *-u* qui suit le *-g* reste devant un *-a* ou un *-o*. | nous naviguons, je naviguais, il navigua |
| **Verbes en *-ier*** | • Ne pas oublier le *-e* muet.<br>• Ne pas oublier les deux *-i* à l'imparfait. | • je crie, je crierai, je crierais<br>• nous criions, vous criiez |
| **Verbes en *-yer*** | • Le *-y* se transforme en *-i* devant un *-e* muet.<br>• Deux possibilités pour les verbes en *-ayer*.<br>• Ne pas oublier le *-yi* à l'imparfait. | • j'emploie, j'appuierai, j'appuierais<br>• je paye/je paie ; je payerai/je paierai<br>• nous employions, vous payiez |
| ***Appeler*, *jeter* et leurs composés** | • Le *-l* et le *-t* sont doublés quand on entend « è ».<br>• D'autres verbes suivent traditionnellement ce modèle : *chanceler, dételer, épeler, étinceler, ficeler, harceler, renouveler*... | • j'appelle, nous appellerons<br>• tu jettes, tu jetterais |
| **Autres verbes en *-eler* et *-eter*** | On met un accent grave sur le *-e* qui précède quand on entend « è ». | • je gèle, je gèlerai<br>• tu achètes, tu achèteras |

**À savoir**

Depuis la réforme de 1990, tous les verbes en *-eler* et *-eter* sauf *appeler, jeter* et les verbes de la même famille peuvent se conjuguer comme *geler* et *acheter*.

## Autres verbes

| | | |
|---|---|---|
| **Verbes en *-indre* et *-soudre*** | Les terminaisons au singulier du présent sont *-s*, *-s*, *-t* comme *partir*. | je crains, tu joins, il peint, je résous, il résout |
| **Verbe en *-ttre*** | Un *-t* au singulier du présent et deux *-t* pour les autres formes. | je mets, il met, ils mettent, il mettrait, je mettais |
| **Verbes en *-aître*** | Le *-i* a un accent circonflexe quand il est suivi d'un *-t*. | connaître, il connaît, je connaîtrai |
| ***Venir*, *tenir*, *prendre* et leurs composés** | Quand on entend « e », on met un seul *-n* et, quand on entend « è », on met deux *-n*. | nous tenons, ils tiennent, je tenais, ils prennent, je prenais |

### À savoir

Depuis la réforme de l'orthographe de 1990, l'accent circonflexe sur le *-i* devant le *-t* est facultatif.
Connaitre : il connait, je connaitrai, nous connaitrions.

## Testez-vous !

→ *Corrigés p. 253*

Quiz

**1 La forme correcte est :**

- ○ nous lançions.
- ○ je navigeais.
- ○ il rangea.

**2 La forme correcte est :**

- ○ j'essuyerai.
- ○ ils envoyent.
- ○ nous emploierons.

**3 La forme correcte est :**

- ○ il résouds.
- ○ il résout.
- ○ il résoud.

**4 Réécrivez au futur simple les phrases suivantes.**

a. Vous voyagiez dans un train qui allait en Sibérie !
b. Je paie en espèces ; je n'emploie aucune carte bancaire.
c. Nous naviguons dans l'océan Indien et longeons les côtes de Madagascar.
d. Tu joues toujours au même jeu ; tu t'ennuies sûrement.

**5 Corrigez les cinq verbes mal orthographiés.**

a. Yann ranga son vélo et essaya la patinette de Nicolas.
b. Je distriburai les cartes et vous essayerez de deviner où se trouve l'as.
c. Élias entend des pas ; il éteind la lumière et ne répond pas quand on frappe.
d. Connaîssez-vous un chien qui s'appèle Chouchou ?

# 105 Les temps composés de l'indicatif et du conditionnel

## Formation et sens des temps composés

▶ Les temps composés sont formés d'un **auxiliaire** (*avoir* ou *être*) à un temps simple suivi du **participe passé** du verbe.

▶ Les temps composés expriment une action accomplie, en général antérieure (elle se passe avant) à un fait exprimé au temps simple correspondant.

Martine avait fermé ses volets et elle dormait.
L'action de *fermer les volets* est achevée et elle a eu lieu avant celle de *dormir*.

> ⚠ Un ou plusieurs adverbes peuvent se glisser entre l'auxiliaire et le participe.
> Je n'ai pas crié.
> Léa a beaucoup dormi.

## Le participe passé

***avoir* → *eu* ; *être* → *été***

Verbes en *-er* → participe passé en ***-é*** : parlé.

Autres verbes → pour connaître la dernière lettre d'un participe passé au masculin singulier, il faut le mettre au féminin : prise → pris ; traduite → traduit ; éteinte → éteint ; partie → parti ; finie → fini.

> ⚠ Avec l'auxiliaire *être*, on accorde le participe passé avec le sujet.
> Elle est partie.
> Elles sont revenues.

## Les temps composés de l'indicatif et du conditionnel

À chaque temps simple correspond un temps composé. L'indicatif compte quatre temps composés et le conditionnel un.

> **À savoir**
> Au conditionnel, il existe, en langue soutenue ou ancienne, un passé 2e forme qui a les mêmes formes que le plus-que-parfait du subjonctif : voir p. 154.

| | |
|---|---|
| L'auxiliaire est au **présent.**<br>*Avoir* : j'ai, nous avons<br>*Être* : je suis, nous sommes | Le verbe est au **passé composé**.<br>*Finir* : j'ai fini, nous avons fini<br>*Aller* : je suis allé(e), nous sommes allé(e)s |
| L'auxiliaire est au **futur simple.**<br>*Avoir* : j'aurai, nous aurons<br>*Être* : je serai, nous serons | Le verbe est au **futur antérieur.**<br>*Finir* : j'aurai fini, nous aurons fini<br>*Aller* : je serai allé(e), nous serons allé(e)s |

| | |
|---|---|
| L'auxiliaire est à **l'imparfait.**<br>*Avoir* : j'avais, nous avions<br>*Être* : j'étais, nous étions | Le verbe est au **plus-que-parfait.**<br>*Finir* : j'avais fini, nous avions fini<br>*Aller* : j'étais allé(e), nous étions allé(e)s |
| L'auxiliaire est au **passé simple.**<br>*Avoir* : j'eus, nous eûmes<br>*Être* : je fus, nous fûmes | Le verbe est au **passé antérieur.**<br>*Finir* : j'eus fini, nous eûmes fini<br>*Aller* : je fus allé(e), nous fûmes allé(e)s |
| L'auxiliaire est au **présent du conditionnel.**<br>*Avoir* : j'aurais, nous aurions<br>*Être* : je serais, nous serions | Le verbe est au **passé du conditionnel.**<br>*Finir* : j'aurais fini, nous aurions fini<br>*Aller* : je serais allé(e), nous serions allé(e)s |



## Testez-vous !

→ *Corrigés p. 253*

Quiz

**1 « J'étais venu » est :**
- ○ à l'imparfait.
- ○ au plus-que-parfait.
- ○ au futur antérieur.

**2 Le verbe correctement orthographié au futur antérieur est :**
- ○ nous aurons proposés.
- ○ nous aurions proposé.
- ○ nous serons arrivés.

**3 Le verbe au conditionnel passé est :**
- ○ j'aurais décidé.
- ○ j'aurai voulu.
- ○ j'avais pris.

**4 Relevez les verbes à un temps composé et nommez ce temps.**

a. Quand j'aurai terminé ce roman, je te le prêterai si tu ne l'as pas lu.
b. Thomas n'aurait jamais imaginé qu'il soit possible d'être invisible !
c. Dès que Marine eut appuyé sur le bouton, la fusée décolla.
d. Mes amis ne sont pas encore arrivés ; le bus a eu du retard.

**5 Réécrivez au passé composé les phrases suivantes.**

a. Pierre partit le premier et mena longtemps la course.
b. Il trébucha sur un caillou et il tomba.
c. Anne le dépassa et arriva la première.
d. Les cousins se retrouvèrent et décidèrent de se lancer dans de nouvelles aventures.

# 106 Les valeurs du présent, du futur et de leurs temps composés

## Les valeurs du présent et du passé composé

| | | |
|---|---|---|
| **Présent d'actualité (ou de l'énonciation) : valeur première du présent** | L'action se déroule au moment où l'on parle. | Aujourd'hui, j'étudie les valeurs des temps. |
| **Passé récent et futur proche** | L'action se situe juste avant ou peu après le moment où l'on parle. | Il sort à l'instant ; il revient dans cinq minutes. |
| **Présent d'habitude** | L'action présente se répète. | Je m'entraîne deux fois par semaine. |
| **Présent de narration (présent d'actualisation)** | L'action passée, réelle ou fictive, semble proche du lecteur. | Alors le chevalier aperçoit le donjon du château. |
| **Présent de vérité générale** | L'action, réelle ou fictive, semble toujours vraie. | Le Petit Prince habite l'astéroïde B612. |

Le **passé composé** exprime une action antérieure à une action présente. Il est souvent employé pour raconter à l'oral.

Hier, nous avons visité un château fort ; aujourd'hui, nous **visitons** une cathédrale.

## Les valeurs du futur simple et du futur antérieur

▸ Le **futur simple** exprime une **action future par rapport au moment où l'on parle**. Il peut aussi exprimer un **ordre**.

Je te promets que je viendrai demain. Tu rangeras ta chambre.

▸ Le **futur antérieur** exprime une **action antérieure à un fait formulé au futur**.

Je **viendrai** te voir quand j'aurai réparé mon vélo.

**À savoir**

De manière générale, les temps composés expriment une action achevée, antérieure à un fait exprimé au temps simple correspondant.

**Quiz** Corrigés p. 254

**1 On relève un présent d'actualité (énonciation) dans la phrase :**

- ○ Le mois de mars a 31 jours.
- ○ Ulysse fait face au cyclope.
- ○ Cette année, je suis en quatrième.

**2 On relève un présent de narration dans la phrase :**

- ○ « Un loup survient à jeun qui cherchait aventure. »
- ○ « Est-ce assez ? Dites-moi. »
- ○ « Vous êtes le phénix des hôtes de ces bois. »

**3 Dans la phrase « Tu viendras demain. », le futur exprime :**

- ○ une action présente.
- ○ une action antérieure.
- ○ un ordre.

# 107 Les valeurs des temps du passé de l'indicatif et du conditionnel



## Les valeurs de l'imparfait, du passé simple et des temps composés correspondants

**À savoir**

L'imparfait et le passé simple sont les deux temps complémentaires du récit écrit au passé.

▶ L'**imparfait** exprime une **action non limitée dans le temps** :
- description : Ses yeux étaient verts.
- second plan : Tom dormait quand le téléphone sonna.
- habitude, répétition : Tous les jours, il allait au collège.

▶ Le **passé simple** exprime une **action limitée dans le temps** et convient bien aux actions qui s'enchaînent.

Tom se leva, saisit le téléphone et décrocha.

▶ Le **plus-que-parfait** et le **passé antérieur** expriment une action antérieure à un fait passé.

Tom skiait bien ; il avait **déjà** pris des leçons. Quand Tom eut dormi, il se sentit reposé.

## Les valeurs du conditionnel

▶ Le **présent du conditionnel** exprime une **action future par rapport à un moment passé**.

Hier, tu m'as dit que tu viendrais.

▶ Le présent du conditionnel peut exprimer une **action soumise à une condition** ou atténuée pour des raisons de politesse.

Si tu venais, Tom serait content. Je voudrais deux croissants, s'il vous plaît.

▶ Le **passé du conditionnel** exprime principalement une **action qui n'a pas pu avoir lieu** car une condition n'a pas été réalisée (voir p. 148).

Si je savais voler, j'aurais traversé la forêt en un rien de temps.

**Quiz** Corrigés p. 254

**1 Les deux temps complémentaires du récit écrit au passé sont :**
- ○ l'imparfait et le plus-que-parfait.
- ○ l'imparfait et le passé simple.
- ○ le passé simple et le passé antérieur.

**2 Dans « Il passait toutes ses vacances à la campagne. », l'imparfait :**
- ○ décrit.
- ○ exprime une action rapide.
- ○ exprime une habitude.

**3 Dans « J'aimerais bien que tu m'aides. », le présent du conditionnel :**
- ○ est employé par politesse.
- ○ exprime une action antérieure à une autre action.
- ○ exprime une action soumise à une condition.

# 108 Le présent du subjonctif

## Conjugaison : la règle

▶ Au présent du subjonctif, tous les verbes, à l'exception des auxiliaires, ont des **terminaisons** en ***-e, -es, -e*** au singulier et en ***-ions***, ***-iez*** et ***-ent*** au pluriel.

> ⚠ Pour conjuguer un verbe au présent du subjonctif, on le fait précéder de « il faut que ».

| Avoir | Être | Tous les autres verbes |
|---|---|---|
| Il faut que j'aie | Il faut que je sois | Il faut que je chante |
| que tu aies | que tu sois | que tu chantes |
| qu'il ait | qu'il soit | qu'il chante |
| que nous ayons | que nous soyons | que nous chantions |
| que vous ayez | que vous soyez | que vous chantiez |
| qu'ils aient | qu'ils soient | qu'ils chantent |

▶ Le **radical** est souvent celui du présent de l'indicatif.

| Présent de l'indicatif | Présent du subjonctif |
|---|---|
| je parle, nous parlons | que je parle, que nous parlions |
| je finis, nous finissons | que je finisse, que nous finissions |
| je cours, nous courons | que je coure, que nous courions |

▶ Le **radical** est parfois différent.

| Présent de l'indicatif | Présent du subjonctif |
|---|---|
| je sais, nous savons | que je sache, que nous sachions |
| je vais, nous allons | que j'aille, que nous allions |
| je peux, nous pouvons | que je puisse, que nous puissions |

## Conjugaison : les difficultés

▶ Comme à l'imparfait, le *-i* de la terminaison au pluriel ne s'entend pas toujours.

que nous gagnions, que vous travailliez, que nous oubliions, que vous essuyiez, que nous croyions, que vous voyiez…

▶ Pour éviter de confondre l'indicatif et le subjonctif au présent, on remplace le verbe par *prendre* (*prend/prenne*).

Je sais que tu me crois. (*prends* : indicatif)
Je veux que tu me croies. (*prennes* : subjonctif)

## Emplois et valeurs du présent du subjonctif

▶ Le présent du subjonctif se rencontre principalement dans les propositions subordonnées. On le trouve plus rarement dans les indépendantes.

J'aimerais que tu saches conjuguer ce verbe. (Prop. subordonnée) Qu'il vienne me voir immédiatement ! (Prop. indépendante)

▶ Le présent du subjonctif exprime une **action possible mais non certaine** : il peut s'agir d'un souhait, d'un ordre ; on n'est pas certain que le souhait se réalise ou que l'ordre soit exécuté.

J'aimerais/Je veux que tu viennes.

## Testez-vous !

→ *Corrigés p. 254*

Quiz

**1 Le verbe *venir* au présent du subjonctif se conjugue :**

- ○ je viens, nous venons.
- ○ je viendrais, nous viendrions.
- ○ que je vienne, que nous venions.

**2 La phrase correctement orthographiée est :**

- ○ Je voudrais qu'il ait ce rôle.
- ○ Je voudrais qu'il est ce rôle.
- ○ Je voudrais qu'il aie ce rôle.

**3 La phrase correctement orthographiée est :**

- ○ J'aimerais qu'il me croit.
- ○ J'aimerais qu'il me croie.
- ○ J'aimerais qu'il me crois.

**4 Relevez les verbes au présent du subjonctif.**

a. Le chef d'orchestre a demandé que nous apprenions la partition par cœur.
b. Il faudrait que je prenne le bus et que je me rende chez le dentiste.
c. Pensez-vous que cette machine puisse démarrer et qu'elle nous emmène sur Mars ?
d. Je souhaite que vous connaissiez votre leçon et réussissiez l'évaluation.

**5 Écrivez au présent du subjonctif les verbes entre parenthèses.**

a. Il est important que vous (être) là le jour de la fête.
b. Mes parents voudraient que nous (organiser) un goûter pour l'anniversaire de Marie.
c. Il faut que vous (pouvoir) faire ces exercices et que vous (savoir) parfaitement votre leçon.
d. J'aimerais beaucoup que tu (voir) cet opéra avec moi.

# 109 L'imparfait, le passé et le plus-que-parfait du subjonctif

## L'imparfait du subjonctif

**À savoir**

Le radical de l'imparfait du subjonctif provient du passé simple.

### ▶ Les auxiliaires

| | | | | | | |
|---|---|---|---|---|---|---|
| **Avoir** | que j'eusse | que tu eusses | qu'il eût | que nous eussions | que vous eussiez | qu'ils eussent |
| **Être** | que je fusse | que tu fusses | qu'il fût | que nous fussions | que vous fussiez | qu'ils fussent |

### ▶ Les autres verbes

| Type en *-a* **Parler** (passé simple : *il parla*) | Type en *-i* **Finir** (passé simple : *il finit*) | Type en *-u* **Croire** (passé simple : *il crut*) | Type en *-in* **Venir** (passé simple : *il vint*) |
|---|---|---|---|
| **Verbes en *-er*** | | | ***Venir*, *tenir* et leurs composés** |
| que je parlasse<br>que tu parlasses<br>qu'il parlât<br>que nous parlassions<br>que vous parlassiez<br>qu'ils parlassent | que je finisse<br>que tu finisses<br>qu'il finît<br>que nous finissions<br>que vous finissiez<br>qu'ils finissent | que je crusse<br>que tu crusses<br>qu'il crût<br>que nous crussions<br>que vous crussiez<br>qu'ils crussent | que je vinsse<br>que tu vinsses<br>qu'il vînt<br>que nous vinssions<br>que vous vinssiez<br>qu'ils vinssent |

**À savoir**

Aujourd'hui, en français courant, on remplace l'imparfait du subjonctif par le présent du subjonctif.

Tom voulait que Léa **vînt** l'aider.
→ Tom voulait que Léa **vienne** l'aider.

## Les temps composés du subjonctif

▶ Pour former le **passé du subjonctif**, on met l'auxiliaire au présent du subjonctif et on ajoute le participe passé du verbe.

***Parler*** : que j'aie parlé, que tu aies parlé, qu'il ait parlé, que nous ayons parlé…
***Aller*** : que je sois allé(e), que tu sois allé(e), qu'il soit allé, que nous soyons allé(e)s…

Il faut que j'aie fini mes devoirs avant de sortir et que je sois rentrée à 19 h.

▶ Pour former le **plus-que-parfait du subjonctif**, on met l'auxiliaire à l'imparfait du subjonctif.

***Parler*** : que j'eusse parlé, que tu eusses parlé, qu'il eût parlé, que nous eussions parlé…
***Aller*** : que je fusse allé(e), que tu fusses allé(e), qu'il fût allé, que nous fussions allé(e)s…

Il fallait que j'eusse fini mes devoirs avant de sortir.

▶ Ce temps est aussi employé comme équivalent du passé du conditionnel et on l'appelle alors **passé 2e forme du conditionnel**.

Si Clara était venue, elle eût vu un spectacle étonnant.



## Testez-vous !

→ *Corrigés p. 254*

Quiz

**1 La forme correcte à l'imparfait du subjonctif est :**

○ Il fallait qu'il raconta son aventure.
○ Il fallait qu'il racontasse son aventure.
○ Il fallait qu'il racontât son aventure.

**2 La forme correcte au passé du subjonctif est :**

○ Il faut qu'il aie terminé cet exercice dans cinq minutes.
○ Il faut qu'il ait terminé cet exercice dans cinq minutes.
○ Il faut qu'il est terminé cet exercice dans cinq minutes

**3 Au plus-que-parfait du subjonctif, l'auxiliaire se met :**

○ au présent du subjonctif.
○ à l'imparfait du subjonctif.
○ au passé simple de l'indicatif.

**4 Mettez les verbes entre parenthèses à l'imparfait du subjonctif.**

a. Le chevalier aurait voulu que son suzerain lui (donner) des conseils.
b. Il aurait été bon qu'Alexandre (venir) nous voir plus souvent.
c. Le père autoritaire tenait à ce que sa fille (prendre) Diafoirus comme époux.
d. Bien qu'il (être) malade, le jeune homme sortit se promener.

**5 Mettez les verbes entre parenthèses au passé du subjonctif.**

a. La sorcière veut que la princesse (rétrécir) en une minute.
b. Le principal souhaite que nous (organiser) l'exposition d'ici la fin de la semaine.
c. Il faut que vous (achever) l'évaluation dans un quart d'heure.
d. Il faudrait que je (contacter) mon correspondant dans la journée.

# 110 Le mode impératif

## Un mode personnel particulier

▶ L'impératif se conjugue **sans pronom** de conjugaison et uniquement à **trois personnes** : la deuxième personne du singulier, les première et deuxième personnes du pluriel.

▶ L'impératif comprend **deux temps** : un temps simple (le présent) et un temps composé (le passé). Le présent est le plus utilisé des deux temps.

Présent : Finis ton exercice. Passé : Aie fini ton exercice dans dix minutes.

▶ L'impératif exprime un ordre (Viens vite !), une interdiction (Ne cours pas !), un conseil (Passez plutôt par la rue Victor-Hugo.), une prière (Venez m'aider s'il vous plaît.).

## Le présent de l'impératif

▶ Règle : le présent de l'impératif reprend en général les formes du présent de l'indicatif.
***Prendre*** : prends (2e pers. du sing), prenons (1re pers. du pluriel), prenez (2e pers. du pluriel)

▶ À la 2e personne du singulier, les verbes ne se terminent jamais par *-es* ; cela concerne principalement les verbes en *-er*.
***Parler*** : parle, parlons, parlez ***Ouvrir*** : ouvre, ouvrons, ouvrez
***Exception*** : quand le verbe est suivi de *en* (liaison). Achètes-en.

▶ Certains verbes sont **irréguliers** :
***Avoir*** : aie, ayons, ayez ***Être*** : sois, soyons, soyez
***Savoir*** : sache, sachons, sachez ***Aller*** : va, allons, allez, vas-y, va-t-en, allons-nous-en

**À savoir**
Le pronom complément se place juste après le verbe :
Prends-**le**.
Regarde-**moi**.

## Le passé de l'impératif

Pour former l'impératif passé, on met l'auxiliaire au présent de l'impératif.
***Finir*** : aie fini, ayons fini, ayez fini
***Partir*** : sois parti(e), soyons parti(e)s, soyez parti(e)s

**Quiz** Corrigés p. 254

**1 La phrase correcte est :**
○ Apportes-moi ton livre. ○ Prends ce bus. ○ Sais ta leçon.

**2 La phrase correcte est :**
○ Aies de bons résultats. ○ Aie de bons résultats. ○ Soit content de toi.

**3 Dans la phrase « Regarde-moi. », le verbe est :**
○ à la 1re personne du singulier. ○ à la 2e personne du singulier.
○ à la 3e personne du singulier.

# 111 Les modes impersonnels



## Définition

Les modes impersonnels sont l'**infinitif** et le **participe**. Ils ne varient pas selon la personne et ne situent pas l'action dans le temps.

## L'infinitif

▶ Les deux **temps** de l'infinitif :

| **Infinitif présent**<br>chanter | **Infinitif passé**<br>avoir chanté |
|---|---|
| Action en cours<br>Céline se mit à chanter. | Action accomplie, souvent antérieure à une autre action<br>Après **avoir chanté**, Céline salua. |

▶ Les **valeurs** de l'infinitif :
– une **exclamation :** Me **parler** sur ce ton !
– un **ordre :** Ne pas **marcher** sur la pelouse.
– une **réflexion :** Que **faire** ? Pourquoi **continuer** ?

## Le participe

▶ Les trois **temps** du participe :

| **Participe présent :** chantant | |
|---|---|
| **Participe passé :** chanté<br>– Employé comme un adjectif.<br>– Employé pour les temps composés. | **Participe passé composé :** ayant chanté<br>Il exprime une action accomplie.<br>**Ayant chanté**, Céline salua. |

▶ Le **gérondif** est constitué du participe présent précédé de *en*.

Céline travaille **en chantant**. (temps)
Tom parle **en dormant**. (temps)
**En travaillant**, tu réussiras. (cause)

**À savoir**

Le gérondif est complément circonstanciel : de manière, de cause, de temps…

**Quiz** Corrigés p. 254

**1 La phrase qui contient un verbe à l'infinitif est :**
○ C'est le goûter. ○ J'ai goûté. ○ Je vais goûter.

**2 Le participe passé du verbe *choisir* est :**
○ j'ai choisi. ○ je choisis. ○ choisi.

**3 Le gérondif est :**
○ en relisant. ○ couramment. ○ ayant vu.

# 112 Le passif

## Actif / Passif

▶ Le plus souvent (**voix active**), le sujet du verbe est actif : c'est lui qui effectue l'action exprimée par le verbe.

Le jardinier ramasse les feuilles.
→ Le jardinier est un sujet actif. Le verbe est à la voix active.

▶ Au **passif**, le sujet du verbe est passif ; c'est le complément d'agent (CA) qui effectue l'action.

Les feuilles sont ramassées par le jardinier.
→ Les feuilles sont passives ; c'est le jardinier (le complément d'agent) qui est actif. Le verbe est au passif.

**À savoir**
Seuls les verbes transitifs directs (avec un COD) peuvent se mettre au passif.

**!** Lorsqu'on met un verbe au passif, il ne faut pas oublier d'accorder le participe passé avec le sujet.
Elles sont ramass**ées**.

## La conjugaison passive

▶ Au passif, les verbes se conjuguent avec l'auxiliaire *être*. À chaque forme active correspond une forme passive.

| | Actif | Passif |
|---|---|---|
| **Présent** | il ramasse | elles sont ramassées |
| **Futur simple** | il ramassera | elles seront ramassées |
| **Imparfait** | il ramassait | elles étaient ramassées |
| **Passé simple** | il ramassa | elles furent ramassées |
| **Présent du conditionnel** | il ramasserait | elles seraient ramassées |
| **Présent du subjonctif** | qu'il ramasse | qu'elles soient ramassées |

▶ Au passif, les verbes à un temps composé sont en trois parties.

| | Actif | Passif |
|---|---|---|
| **Passé composé** | il a ramassé | elles ont été ramassées |
| **Futur antérieur** | il aura ramassé | elles auront été ramassées |
| **Plus-que-parfait** | il avait ramassé | elles avaient été ramassées |
| **Passé antérieur** | il eut ramassé | elles eurent été ramassées |
| **Passé du conditionnel** | il aurait ramassé | elles auraient été ramassées |
| **Passé du subjonctif** | qu'il ait ramassé | qu'elles aient été ramassées |

## Reconnaître un temps au passif

▶ Une construction est passive si on peut lui ajouter « par quelqu'un », c'est-à-dire un complément d'agent. Il n'y a pas toujours un CA dans la phrase.

Elle est allée… par quelqu'un. → Ce n'est pas possible : le verbe n'est pas au passif.

Elle est récompensée… par quelqu'un. → C'est possible : le verbe est au passif.

Attention aux temps conjugués avec l'auxiliaire *être*.

Elle est venue hier. → passé composé actif

Elle est récompensée aujourd'hui. → présent passif

▶ Pour identifier un temps au passif, il ne faut considérer que le temps de l'auxiliaire *être*.

Il **sera** félicité : futur simple passif (auxiliaire *être* au futur simple).

Il **a été** félicité : passé composé passif (auxiliaire *être* au passé composé).

## Testez-vous !

→ *Corrigés p. 254*

Quiz

**1 Au passif, l'action est subie par :**

○ le sujet. ○ le COD. ○ le complément d'agent.

**2 Dans la phrase « Elle sera appréciée. », le verbe est :**

○ au futur antérieur passif.
○ au futur simple passif.
○ au conditionnel passé passif.

**3 Dans la phrase « Elle est arrivée. », le verbe est :**

○ au passé composé actif.
○ au présent passif.
○ au passé composé passif.

**4 Relevez les verbes au passif et indiquez leur temps.**

a. C'est un excellent musicien ; il est applaudi chaleureusement.
b. Quand je suis arrivé, j'ai vu que la porte avait été fracturée.
c. Ce collier vous est généreusement offert par votre magasin.
d. Il m'a semblé qu'Allan a été contacté par un agent secret.

**5 Réécrivez les phrases suivantes en mettant le verbe au passif.**

a. Le professeur d'arts plastiques illustrera notre roman.
b. On déposera quelques exemplaires de notre roman au CDI.
c. Notre classe aura peut-être gagné le concours.
d. On a tiré 30 exemplaires de notre œuvre.

# 113 L'étymologie : histoire et origine des mots

## Définition

L'**étymologie** est la discipline qui explique **l'histoire des mots** : elle détermine à quel moment un mot est entré dans sa nouvelle langue, précise son origine et explique l'évolution de son ou de ses sens.

*safran* (1150) vient du latin médiéval *safranum*, issu de l'arabe *zafaran*.

**À savoir**

C'est le **dictionnaire étymologique** qui rassemble ces informations (voir p. 162).

## Les sources du français

▶ Près de **80 % des mots français viennent du latin**, environ 15 % du grec ancien. Le reste provient d'autres langues anciennes (celtique, francique, gaulois) ou vivantes (anglais, allemand, italien, etc.). La plupart de ces mots ont subi des modifications au fil du temps.

*causa* (latin, « cause ») → cause

▶ Tous les ans, **de nouveaux mots entrent dans le dictionnaire** de référence de l'Académie française ; les mots qui ne sont plus utilisés en sortent.

## Les familles de mots

▶ Tous les mots qui utilisent le **même radical** forment une **famille**.

cadre, cadran, (en)cadrer, encadrement, cadreur ont pour radical *cadr-*.

▶ Un mot resté constamment en usage à l'oral du latin à nos jours s'est modifié et ces déformations l'ont éloigné de son radical d'origine. On parle de **formation populaire**.

***aqua*** (latin, « eau ») → awa → ewe → eau / évier

Le radical d'origine n'est presque plus visible.

▶ Un mot créé tardivement à partir des langues anciennes ne subit pas toutes ces déformations et reste plus proche de son radical d'origine. On parle de **formation savante**.

***aqua*** → **aqu**arium

Radical d'origine intact.

▶ Deux mots de même classe grammaticale ayant la même origine s'appellent des **doublets**.

évier // aquarium

▸ En raison de cette double évolution, des **mots de même famille** peuvent donc avoir des **radicaux légèrement différents.**

*panis* (latin, « pain ») → pain, copain // pané, panification

▸ Le rôle de l'**accent circonflexe** est de signaler une lettre disparue, le plus souvent un *-s*. Le repérer permet donc de **rattacher un mot à sa famille.**

hôpital // hospitalier, hospitalité
forêt // forestier, déforestation

## Testez-vous !

→ Corrigés p. 254

Quiz

**1 Quel est le pourcentage de mots français provenant du latin ?**

- ○ Presque 80 %.
- ○ Presque 50 %.
- ○ Presque autant que celui des autres langues anciennes.

**2 De quelle formation est le mot « aquatique » ?**

○ Formation populaire. ○ Formation savante.

**3 Qu'ont en commun des mots de même famille ?**

○ Leur sens. ○ Leur radical. ○ Leur classe grammaticale.

**4 Dans chaque liste, trouvez l'intrus qui ne vient pas du mot latin proposé.**

a. *aqua*, l'eau : aquarelle – aqueux – ex æquo.
b. *equus*, le cheval : équitation – équilatéral – équidé.
c. *aequus*, égal : équilibre – équestre – équidistant.
d. *servus*, l'esclave : cerf – serf – serviteur.

**5 Retrouvez le doublet savant des mots suivants. Le mot latin dont il est issu et la classe grammaticale sont indiqués entre parenthèses.**

a. chose (*causa*, nom) – noyer (*navigare*, verbe) – frêle (*fragilis*, adjectif).
b. nef (*navis*, nom) – conter (*computare*, verbe) – droit (*directus*, adjectif).
c. armure (*armatura*, nom) – sevrer (*separare*, verbe) – naïf (*nativus*, adjectif).
d. aire (*area*, nom) – muer (*mutare*, verbe) – raide (*rigidus*, adjectif).

# 114 Utilisation des dictionnaires

▶ On utilise le **dictionnaire de langue française** le plus souvent pour trouver le (ou les) sens d'un mot et vérifier son orthographe.

La classe grammaticale est précisée pour chaque entrée (« nm » = nom masculin).

L'origine du mot est indiquée en italique, entre parenthèses ou précédée de la mention « ETY » (étymologie).

**1. LIVRE** **n.m.** (lat. *liber*). **1.** Assemblage de feuilles portant un texte, réunies en un volume relié ou broché : *Des livres d'occasion.* **2.** Volume imprimé considéré du point de vue de son contenu : *Un livre de classe, de cuisine.* **3.** Division d'un ouvrage : *Les douze livres des* Fables *de La Fontaine.* **4.** Registre sur lequel on note des comptes, des opérations commerciales : *Livre de comptes.* ▪ **À livre ouvert**, couramment : *Traduire le russe à livre ouvert.* ▪ **Les religions du Livre**,

Les différents sens sont classés, séparés par des numéros.

Des exemples sont donnés en italiques.

En gras apparaissent des expressions qui contiennent le mot de l'article.

▶ On utilise le **dictionnaire étymologique** pour connaître l'histoire d'un mot et ses évolutions de sens.

La date d'entrée du mot dans la langue (ici, 1080) est indiquée.

L'origine du mot est donnée (ici, un mot latin, *liber*, *libri*).

**1. livre**
1080, *Roland; livre de classe,* 1893, *D. G.; livre de comptes,* 1598, Canal ; *livre d'or,* 1740, *Acad. ; parler comme un livre,* 1665, Molière ; lat. *liber, libri,* aubier (sur lequel on écrivait avant la découverte du papyrus), puis livre. **livret** 1200, *Règle de saint Benoît.* **livresque** 1580, Montaigne ; repris au XIX^e s. **ex-libris** 1870, Lar. ; mots latins signif. « tiré des livres ».

Évolution de son sens (*liber* signifiait à l'origine « aubier »).

Mots de la même famille (*livret*, *livresque*).

▶ On utilise le **dictionnaire des synonymes** pour enrichir son vocabulaire, par exemple pour améliorer un travail d'écriture (voir p. 178).

La classe grammaticale est précisée pour chaque entrée (« nm » = nom masculin).

Indication du niveau de langue (« fam. » est l'abréviation de [niveau de langue] « familier »).

**livre** n. m. **1** *Une table couverte de livres* ▸ **bouquin** (fam.), **écrit, ouvrage, volume. 2** *Un ouvrage en plusieurs livres* ▸ **partie. 3** *Un livre de comptes* ▸ **registre. 4 livre de chevet** ▸ **bible, bréviaire. 5 livre de classe** ▸ **manuel. 6 livre de messe** ▸ **missel, paroissien.**

Synonymes correspondant à des sens particuliers.

**Quiz** Corrigés p. 254

**1 On trouve des informations sur l'histoire d'un mot dans le dictionnaire :**

○ de langue. ○ d'étymologie. ○ des synonymes.

**2 Quel dictionnaire est le plus utile pour améliorer une rédaction ?**

○ De langue. ○ D'étymologie. ○ Des synonymes.

**1 On cherche différentes expressions contenant le même mot dans le dictionnaire :**

○ de langue. ○ d'étymologie. ○ des synonymes.

# 115 Création de mots : les changements de classe grammaticale



## La substantivation

▶ La **substantivation** consiste à faire précéder d'un article un mot ou un groupe de mots existants.
savoir → **le** savoir

▶ On parle de **substantivation** car « **substantif** » est l'autre terme utilisé pour désigner un **nom commun**.

▶ On peut substantiver :
- un **verbe** (le pouvoir) ;
- un **adjectif** (le propre) ;
- un **adverbe** ou une **préposition** (l'avant et l'après) ;
- une **proposition** entière (le je-ne-sais-quoi).

⚠ Un mot substantivé peut se mettre au pluriel.
le pouvoir
→ les pouvoirs

## L'antonomase

▶ L'**antonomase** permet d'**utiliser un nom propre comme un nom commun.**
**Apollon** (= dieu grec associé à la beauté) → un **apollon** (= personne aussi belle que le dieu)

▶ Si le nom devient très courant, **on lui enlève sa majuscule.**
***silhouette*** vient d'Étienne de Silhouette, ministre des Finances du XVIII$^{e}$ siècle.
Il est devenu si fréquent qu'on a oublié qu'il s'agissait à l'origine d'un nom propre.

## L'adjectivation

▶ L'**adjectivation** consiste **à utiliser un nom commun comme adjectif**.
un marron (= fruit du marronnier) → **marron** (= couleur)

▶ En règle générale, l'adjectif créé ne s'accorde pas.
une robe marron
« marron » n'est pas accordé à « robe » (féminin).
des prix cadeau
« cadeau » n'est pas accordé à « prix » (pluriel).

▶ Si l'adjectif devient très courant, il finit cependant par s'accorder.
des fleurs **roses**

**Quiz** Corrigés p. 254

**1 Quel procédé consiste à transformer un mot en nom ?**
○ La nominalisation. ○ La substantivation. ○ L'antonomase.

**2 Dans la phrase suivante, quel est le procédé utilisé pour les mots en gras ?** Je ne sais pas distinguer le **vrai** du **faux**.
○ La substantivation. ○ L'antonomase. ○ L'adjectivation.

**3 Quels sont les noms dans cette phrase ?** Le sens du devoir est capital.
○ Sens. ○ Sens, devoir. ○ Sens, devoir, capital.

# 116 Création de mots : les néologismes

## Définitions

> **À savoir**
> Les néologismes sont rendus nécessaires par de nouvelles pratiques, inventions ou découvertes.

- Un **néologisme** est un **nouveau** (*neo*-) **mot** (*logos*) dans la langue.
- On appelle aussi néologisme le fait de **donner un sens nouveau à un mot existant**.
- Une fois son emploi bien établi, un néologisme peut entrer dans le dictionnaire et devient un mot comme un autre.

## Néologismes par abrègement

- Pour des raisons d'efficacité, un mot français peut être abrégé.
  télévision / téléviseur → télé
- Parfois, un mot devient plus courant sous sa forme courte que sous sa forme originale et entre tel quel dans le dictionnaire. vélo ← vélocipède

## Néologismes par acronymie

- Un **sigle** est une **suite de lettres initiales** qui abrègent une expression et qu'on lit séparément les unes des autres.
  EPS (éducation physique et sportive)
- Un **acronyme** est un **sigle qu'on lit comme un mot**, en ne séparant pas les lettres qui le composent. ONU (Organisation des Nations Unies)
- Un **néologisme par acronymie** peut lui-même donner d'autres néologismes.
  ONU → onusien, onusienne (adjectif, en rapport avec l'ONU)

## Néologismes par collage

Ces néologismes sont constitués de **deux parties de mots collées**.
courriel (courrier électronique) mél (messagerie électronique)

**Quiz** Corrigés p. 254

**1 Comment appelle-t-on un mot nouvellement entré dans la langue française ?**

○ Sigle. ○ Acronyme. ○ Néologisme.

**2 Le mot « pneu » est :**

○ l'abréviation de « pneumatique ». ○ le collage de « partie neuve ».
○ ni une abréviation ni un collage.

**3 Par quoi acronymes et sigles se distinguent-ils ?**

○ Leur présentation. ○ Leur prononciation. ○ Leur orthographe.

# 117 Création de mots : l'emprunt

## Définition

▶ L'**emprunt** consiste à **prendre un mot existant dans une autre langue, sans le modifier**. Il s'agit, en quelque sorte, d'un simple changement de nationalité.

▶ Un mot emprunté est d'abord un **néologisme** et, s'il continue à être utilisé, il entre officiellement dans le dictionnaire. Sinon, quand sa mode est passée, il disparaît.

## Origine des mots empruntés

▶ Tout au long de l'histoire de la langue, des mots ont été empruntés aux **langues anciennes** :

*a priori, a posteriori, post-scriptum, nota bene, et cetera* (latin)
*eurêka* (grec)

▶ On fait plus souvent aujourd'hui des emprunts aux **langues vivantes** :
– allemand (handball, képi, etc.)
– anglais (football, week-end, etc.)
– arabe (chiffre, zéro, etc.)
– chinois (kaolin)
– espagnol (corrida, paella, etc.)
– italien (pizza, spaghetti, scénario, etc.)

**À savoir**

Les emprunts correspondent souvent à une « spécialité » de leur langue d'origine : cuisine pour les Italiens, combat contre les taureaux pour les Espagnols, sport inventé et développé en Allemagne (handball), etc.

## Orthographe

Parfois, l'emprunt s'accompagne d'une **légère modification de l'orthographe**. Comme il s'agit d'adapter la prononciation du mot aux lettres ou aux sons du français, on parle de **francisation**.

hacker → hackeur

**Quiz** Corrigés p. 254

**1 De quelle origine est le néologisme *poke* ?**

○ Allemande. ○ Anglaise. ○ Russe.

**2 À quelle langue vivante le mot *pesto* a-t-il été emprunté ?**

○ Le portugais. ○ L'espagnol. ○ L'italien.

**3 Lequel des mots suivants a été francisé ?**

○ Loser. ○ Surfeur. ○ Joker.

# 118 Création de mots : la dérivation par ajout d'un préfixe

## Définition

▸ La **dérivation** consiste à ajouter à un radical existant un **préfixe** (au début), un **suffixe** (à la fin) ou **les deux**.

▸ On obtient un **mot construit**, que l'**on peut décomposer** pour en comprendre les différents éléments.

**À savoir**

L'ajout du préfixe ne change pas la classe grammaticale du mot.

possible (adjectif) → impossible (adjectif)

## Tableau des préfixes courants d'origine latine

▸ Ces préfixes étaient en latin des adverbes ou des prépositions.

▸ L'* repère des mots que vous rencontrerez souvent dans votre scolarité. Connaître leur étymologie vous aidera à les comprendre et à les mémoriser.

| Préfixe | Mot latin d'origine | Sens du préfixe | Exemples |
|---|---|---|---|
| a-, ab-, abs- | *ab* | idée de séparation | ablation |
| a-, ad- | *ad* | idée de jonction | ajouter, adjacent |
| anté- | *ante* | avant, devant | antérieur*, antériorité* |
| co- / con- / com-/ col- / cor- | *cum* | avec | copain, confrère, communiquer, collègue, corrélation* |
| contra- | *contra* | contre | contradiction |
| dé-, dés-, dis- | *dis-, di-* | idée de division, de séparation | détacher, désespoir, disparition |
| ex-, é- | *ex* | hors de | extérieur, étirer |
| extra- | *extra* | en dehors de | extraterrestre |
| in- / im- / il- / ir- | *in* | négation, impossibilité | incapable, impossible, illogique, irrégulier |
| inter-, entr- | *inter* | entre, parmi | interdisciplinaire, entreposer |
| juxta- | *juxta* | à côté | juxtaposer* |
| mal- / mau- | *male* | mal | maladroit, maudit |
| post- | *post* | après | postérieur*, postériorité* |
| pré- | *prae* | avant, devant | préfixe*, préparer |
| pro- | *pro* | à la place de | pronom* |
| re-, red- | *re-* | à nouveau | redonner |
| sub-, suf-, sou- | *sub* | sous *(sens propre ou figuré)* | submerger, suffixe*, soutenir |
| super- | *super* | idée d'augmentation | superlatif*, supermarché |
| trans- | *trans* | à travers | transporter |

## Tableau des préfixes courants d'origine grecque

| Préfixe français | Sens du préfixe français | Exemples |
|---|---|---|
| a-, an- | privatif | apesanteur, anarchie |
| ant(i)- | contre, à l'opposé | antonyme* |
| dia- | à travers | dialogue* |
| dys- | problème | dyslexique |
| épi- | après, sur | épilogue*, épithète* |
| eu- | bien, bon | euphémisme* |
| hémi- | moitié | hémisphère, hémistiche* |
| hyper- | au-delà de (la norme) | hyperactif, hyperonyme*, hypermarché |
| hypo- | en deçà de (la norme) | hypoglycémie, hyponyme* |
| mono- | (un) seul | monologue* |
| péri- | autour | périmètre, périphrase* |
| poly- | plusieurs | polysémie* |
| pro- | avant, devant | prologue* |
| syn-, sym-, syl- | avec | synonyme*, symétrie, syllabe* |



## Testez-vous !

→ Corrigés p. 254

Quiz

**1 Le préfixe est-il ajouté à la fin ou au début du mot ?**

○ À la fin. ○ Au début.

**2 De quelle langue ancienne sont issus les préfixes *hémi-* et *poly-* ?**

○ Latin. ○ Grec.

**3 Quelle est la signification du préfixe d'origine latine *con-* ?**

○ Contre. ○ Avec. ○ Pour.

**4 Formez quatre dérivés pour chacun des mots suivants en ajoutant des préfixes. Vous pouvez vous aider du dictionnaire pour vérifier que les mots trouvés existent bien.**

a. Bord. b. Venir. c. Mener. d. Tenir.

**5 Trouvez le mot qu'on peut ajouter à chaque série de préfixes pour donner des dérivés. Sa classe grammaticale est donnée entre parenthèses.**

a. re-, ex-, im-, ad- (ap-), trans- **(Nom)**.
b. en-, dé-, ad- (at-) **(Verbe)**.
c. re(s)-, dé- (des-), en- **(Verbe)**.
d. dé-, ré-, ad-, é-, trans- **(Nom)**.

# 119 Création de mots : la dérivation par ajout d'un suffixe

## Suffixes verbaux

▸ *-ir* et *-er* permettent de transformer un mot en **verbe**.

fin → finir

marche → marcher

▸ Le suffixe *-er* est le plus utilisé parce que les verbes en *-er* sont plus faciles à conjuguer.

▸ Certains suffixes ont un sens plus **spécifique** : *-iser* et *-ifier* signifient « rendre ».

fidéliser = rendre fidèle

simplifier = rendre simple

## Suffixes adjectivaux

▸ *-ique*, *-aire*, *-eux* (féminin *-euse*), *-el* (féminin *-elle*), *-al* (pluriel *-aux*) sont les **suffixes les plus courants** pour transformer un mot en **adjectif**.

scénique, secondaire, peureux (peureuse), formel (formelle), numéral (numéraux)

▸ *-able*, *-ible* et *-uble* indiquent l'idée de possibilité ou de capacité.

pardonnable = qu'on peut pardonner

accessible = auquel on peut accéder

soluble = qu'on peut dissoudre ou résoudre

▸ *-âtre* a des connotations péjoratives.

« rougeâtre » signale une couleur moins belle, moins « nette » que « rouge ».

## Suffixes nominaux

▸ *-(i)té* s'emploie pour les noms abstraits.

liberté, égalité, fraternité

▸ *-ement*, *-age*, *-(a)tion* sont ajoutés à des verbes pour les actions ou leur résultat.

**ranger** → rangement (action de ranger)

**tourner** → tournage

**informer** → information

▸ On utilise *-et* (masculin) / *-ette* (féminin) pour créer des **diminutifs**

poule ≠ poulet

fille ≠ fillette

⚠ Un diminutif rend le mot plus long mais ce qu'il désigne plus petit. Il peut aussi avoir des connotations affectives.

maison ≠ maisonnette

mignon ≠ mignonnet

▸ -*(t)***eur** ou -***er*** pour les hommes / -***ère, -euse, -eure, -resse*** ou -***trice*** pour les femmes, et -***iste*** sont employés pour les métiers.

chanteur / chanteuse, boulanger / boulangère, acteur / actrice, docteur / doctoresse, professeur / professeure, dentiste

▸ Les suffixes -***âtre***, -***ard***, -***asse*** ou -***ace*** ajoutent des **connotations péjoratives** (voir p. 174).

> ⚠ Certains noms comportant ces suffixes, utilisés comme des insultes, appartiennent à un niveau de langue trop familier pour être cités.

## Suffixe adverbial

▸ Ajouter un suffixe **adverbial** permet de transformer un mot en **adverbe**.

▸ Le plus courant est -***ment***, du latin *mente* (« d'une façon ») (voir p. 16).

## Testez-vous !

→ *Corrigés p. 255*

Quiz

**1 L'ajout du suffixe -*er* permet de transformer un mot :**

○ en adjectif. ○ en nom. ○ en verbe.

**2 Dans lequel de ces mots le suffixe utilisé a-t-il une valeur péjorative ?**

○ Blancheur. ○ Blanchâtre. ○ Blanchissant.

**3 Quels suffixes peut-on utiliser dans un nom désignant un métier féminin ?**

○ *-ette.* ○ *-ère.* ○ *-eure.*

**4 Identifiez dans chaque série le mot dont le suffixe n'est pas de même nature que les autres.**

a. réellement – roulement – revirement

b. rapidement – retournement – récemment

c. changer – manger – boulanger

d. amplifier – néflier – quantifier

**5 Ajoutez à chaque nom un suffixe verbal, puis nominal, puis adjectival.**

a. vol b. colle c. coupe d. tir

# 120 Création de mots : la composition

## Définition

▶ La composition consiste à créer un **nouveau mot à partir d'au moins deux mots existants**.

▶ On obtient un **mot construit**, c'est-à-dire qu'on peut le décomposer pour en comprendre les différents éléments.

## Méthodes de composition

On peut composer un nouveau mot :
– en **collant** plusieurs éléments ;
À partir du verbe « porter » et du nom « feuille », on a créé « portefeuille ».
– en les **reliant par un trait d'union** ;
À partir de la préposition « après » et du nom « midi », on a créé « après-midi ».
– en les **reliant par une préposition** ;
À partir du nom « fer », de la préposition « à » et du verbe « repasser », on a créé « fer à repasser ».
– en **caractérisant un nom par un adjectif.**
une table basse

> Dans ces deux derniers cas, on parle de « mot composé » uniquement si l'expression créée désigne bien une nouvelle catégorie d'objets.

## Types de compositions

▶ Il s'agit de **composition usuelle ou populaire** si les éléments existaient déjà en **français**, comme dans la rubrique précédente.

▶ Quand on utilise des racines latines ou grecques, on parle de **composition savante**.
À partir de βίος (bios, « vie »), de μετρόν (métron, « mesure ») et de λόγος (logos, « parole » ou « science »), on a créé « biométrie » ou « biologie ».

## Éléments grecs et latins courants

| Sens | Latin | Grec | Exemple |
|---|---|---|---|
| eau | *aqu(a)-* | | aquariophilie |
| | | *hydr(o)-* | hydroélectrique |
| enfant | *infant(i)-* | | infanticide |
| | | *péd-* | pédiatre |
| terre | *terr-* | | terre-plein, terricole |
| | | *gé(o)-* | géologie, géométrie |

**À savoir**
Ces éléments étaient, en latin ou en grec, des adjectifs, des noms ou des verbes.

| Sens | Latin | Grec | Exemple |
|---|---|---|---|
| homme | *hom(o)-* | | hominidé |
| | | *anthrop(o)-* | anthropologue |
| temps | *-temp-* | | spatio-temporel* |
| | | *chrono-* | chronomètre |
| plusieurs | *multi-* | | multifonctions |
| | *pluri-* | | pluridisciplinaire |
| | | *poly-* | polyvalent |
| un seul | *-uni-* | | uniforme |
| | | *mono-* | monovalent |
| tout | *omni-* | | omnivore, omniscient*, omniprésent* |
| | | *pan-* | panthéon, panorama |
| qui mange | *-vore* | | omnivore, carnivore |
| | | *-phage-* | anthropophage |
| même | | *homo-* | homogène, homonyme*, homophone*, homographe* |
| autre | | *hétéro-* | hétérogène |
| qui fait fuir | *-fuge* | | vermifuge, ignifuge |
| qui tue | *-cide* | | suicide, insecticide |

## Testez-vous !

→ *Corrigés p. 255*

Quiz

**1 Cochez les mots construits par composition.**

○ Fructivore. ○ Dévorer. ○ Acide. ○ Raticide.

**2 Par quelle méthode le mot « sac de couchage » a-t-il été composé ?**

○ Collage. ○ Liaison par un trait d'union. ○ Liaison par préposition.

**3 Que signifie l'adjectif « chronophage » ?**

○ Qui mange tout le temps.
○ Qui a le temps de manger.
○ Qui prend du temps.

**4 Trouvez l'élément commun à chaque couple de mots.**

a. géothermie, pangée
b. hydrofuge, clepsydre
c. sarcophage, phagocyter
d. lycanthrope, philanthrope

**5 Trouvez les mots d'origine grecque correspondant à ces définitions.**

a. « Qui mange de la terre. »
b. « Qui contient une seule couleur. »
c. « Qui parle plusieurs langues. »
d. « Qui a tous les pouvoirs. »

# 121 Réception : les sens des mots

## Monosémie

**Les mots qui n'ont qu'un seul sens** sont, le plus souvent, **des mots techniques ou scientifiques** (médecine, botanique, littérature, mathématiques, etc.).
On dit qu'ils sont **monosémiques.**

« **Adverbe** » et « **bissectrice** » désignent des notions précises dans le domaine du français et des mathématiques.

**À savoir**

À part certains mots-outils qui n'ont qu'une fonction, **les mots français ont tous au moins un sens.**

## Polysémie

Le fait d'avoir plusieurs sens se nomme **polysémie**. Un mot qui a plusieurs sens est donc dit **polysémique**.

« **Chemise** » peut désigner un vêtement mais aussi une pochette en carton.
Il portait une belle **chemise** pour la cérémonie. / J'ai mis tous mes cours de SVT dans la même **chemise**.

## Classement des différents sens d'un mot

▶ Le sens le plus ancien est appelé **sens propre** ; c'est la signification que le mot avait quand il est entré dans la langue française. Généralement, il a eu d'autres sens par la suite, plus imagés, qu'on appelle **sens figurés**.

« **Idole** » a désigné à l'origine seulement une statuette représentant un dieu qu'on vénère. Il a ensuite désigné une personne qu'on admire tellement qu'on la vénère comme un dieu.
Les peuples anciens se prosternaient devant des **idoles**. / Ce chanteur est mon **idole** !

▶ Certains mots ont un **sens concret** et un **sens abstrait**.

« **Dessin** » désigne à la fois un motif sur du papier (sens concret) et une matière, une discipline (sens abstrait) :
Elle a fait un beau **dessin**. / J'ai un cours de **dessin**.

▶ Pour montrer l'évolution d'un mot, on parle aussi de **sens ancien** ou **archaïque** et de **sens moderne**. Les abréviations « arch. » (archaïque) et « vx » (vieux) signalent ces sens dans le dictionnaire.

« **Superbe** » à l'origine veut dire « orgueilleux » ou « prétentieux ». Aujourd'hui, il signifie « magnifique ».

« **amant** », à l'époque de Molière, désigne une personne qui aime et est aimée en retour (comme on dit aujourd'hui « C'est mon amoureux. »). De nos jours, le mot désigne majoritairement quelqu'un avec qui on trompe son conjoint officiel.

**À savoir**

L'ensemble de tous les sens d'un mot est son **champ sémantique**, c'est-à-dire tout l'« espace » qu'il recouvre par ses différentes significations. Il suffit de consulter un dictionnaire pour le trouver.

## Testez-vous !

→ *Corrigés p. 255*

Quiz

**1 Que signifie « polysémique » ?**

- ○ Qui a plusieurs sens figurés.
- ○ Qui a plusieurs sens imagés.
- ○ Qui a plusieurs sens.

**2 À quoi s'oppose le sens abstrait ?**

- ○ Au sens figuré.
- ○ Au sens concret.
- ○ Au sens premier.

**3 L'ensemble des sens d'un mot s'appelle champ :**

○ lexical. ○ sémique. ○ sémantique.

**4 Dans les phrases suivantes, indiquez si les mots en gras sont employés au sens propre ou au sens figuré.**

a. Il a fait un **trait** d'humour.
b. J'ai une poussière dans l'**œil**.
c. Il a tracé un **trait** net.
d. Tu gardes un **œil** sur lui !

**5 Pour chaque nom proposé, trouvez deux sens possibles.**

a. tempête
b. tableau
c. station
d. tablette

# 122 Réception : dénotation et connotation

## Définitions

▶ La plupart des mots ont **un sens ou un ensemble de sens** correspondant à **ce qu'ils désignent**. C'est ce qu'on appelle leur **dénotation**.

Le mot « **table** » dénote quelque chose de plat : type de meuble (table du salon, table à repasser) ou surface plane sur laquelle on peut graver ou écrire (tables de la loi).

▶ Certains mots dégagent, en plus, des **impressions**. C'est ce qu'on appelle leurs **connotations**.

« **maman** », par rapport à « **mère** », a une connotation affective.

## Les connotations dépendent du mot

▶ Un suffixe de **diminutif** donne des **connotations affectives** : il indique de l'affection de la part de celui qui emploie le mot.

sœu**rette** ≠ sœur

▶ Un suffixe péjoratif donne automatiquement des **connotations péjoratives** : il rabaisse ce qui est désigné.

L'expression « une chevelure fil**asse** » donne une mauvaise impression des cheveux.

## Les connotations dépendent du contexte

▶ Certains mots n'ont **pas de connotations particulières** et en changent selon le contexte.

C'est un **amateur** d'art. = C'est une personne qui aime l'art et qui s'y connaît (positif).
Quel **amateur** ! = C'est quelqu'un qui n'y connaît rien (négatif).

▶ L'époque change également les connotations.

« **superbe** » avait des connotations négatives au XVIIe siècle, mais elles sont positives aujourd'hui.

**Quiz** Corrigés p. 255

**1 Que signifie « connotation » ?**

○ Ce qu'un mot désigne. ○ Ce qu'un mot évoque.

**2 Quels mots ont des connotations péjoratives ?**

○ Populace. ○ Menace. ○ Marâtre. ○ Tasse.

**3 Dans quel contexte le mot « joueur » pourrait-il avoir des connotations négatives ?**

○ La pratique d'un sport. ○ Jouer au casino.

# 123 Réception : niveaux de langue

## Niveau familier

▶ Le **niveau familier** se caractérise par une **syntaxe incorrecte** (négation incomplète, lettres élidées, ordre des mots incorrect) et un **vocabulaire familier**.

T'es sûre ? (Le sujet et le verbe devraient être inversés ; le « tu » a été élidé.)
T'as pas lu le bouquin ? (La négation est incomplète ; le nom « bouquin » est familier.)

▶ C'est le niveau de langue qui peut être **employé à l'oral**, entre amis.

**À savoir**

Il ne faut employer le niveau de langue familier qu'avec des gens qu'on connaît très bien, car il peut vexer la personne à qui l'on parle et donner une mauvaise image de soi.

## Niveau courant

▶ Le **niveau courant** se caractérise par une **syntaxe correcte** et un **vocabulaire courant**.

Où vas-tu ? (Inversion correcte du sujet et du verbe pour une question.)
Tu es sûre ? (Il n'y a pas d'inversion, mais le pronom n'est pas élidé.)
Tu as lu ce livre ? (Le nom « livre » est courant.)

▶ C'est le **niveau de langue le plus fréquent** ; il correspond à celui que l'on emploie à l'oral dans les relations de travail ou familiales. Il faut l'utiliser à l'écrit.

## Niveau soutenu

▶ Le **niveau soutenu** se caractérise par une **syntaxe correcte** et un **vocabulaire recherché**.

As-tu lu cet ouvrage ? (Le nom « ouvrage » est soutenu.)

▶ C'est le niveau de langue que l'on doit **privilégier face à quelqu'un d'important** (oral et écrit), car il valorise la personne qui parle comme celle qui écoute.

**Quiz** Corrigés p. 255

**1 À quel niveau appartient le mot *clebs* ?**

○ Familier. ○ Courant. ○ Soutenu.

**2 Quelles caractéristiques du niveau de langue familier reconnaît-on dans la phrase suivante ?**

J'y crois pas !

○ Élision. ○ Négation incomplète. ○ Vocabulaire familier.

**3 Quel niveau de langue faut-il employer avec ses professeurs ?**

○ Familier. ○ Courant. ○ Soutenu.

# 124 Réception : la modalisation

## Définition

Pour **faire comprendre** au lecteur la **position**, l'**avis du narrateur**, l'auteur utilise différents outils appelés **modalisateurs**. On appelle cela **modaliser** un texte.

## Vocabulaire

▶ Le vocabulaire **évaluatif** (**mélioratif** ou **péjoratif**) exprime un jugement de valeur, soit parce que le mot utilisé est en lui-même valorisant (« intelligent », « brillant ») ou dévalorisant (« nul », « minable »), soit parce qu'il contient un préfixe ou un suffixe de sens positif ou négatif (voir p. 168-169).

▶ L'utilisation des **verbes d'opinion**, **de sentiment** ou **de crainte** joue le même rôle, ainsi que les expressions exprimant l'obligation (« devoir »).

## Grammaire

▶ Le **conditionnel** indique que celui qui s'exprime émet des doutes sur ce qui est dit.

Il se **pourrait** qu'il ait raison. (On sous-entend que ce n'est pas sûr.)

▶ Le **futur** donne l'impression que ce qui est annoncé aura forcément lieu.

Tu y **arriveras** !

▶ L'utilisation **d'adjectifs au comparatif** ou **au superlatif** (voir p. 75) permet d'accentuer une caractéristique, positive ou négative. Les adjectifs peuvent aussi être précédés d'un **adverbe d'intensité**.

Elle est **très** brillante. Elle est **la plus** brillante. Elle est **si** brillante.

▶ Certains **adverbes** comme « évidemment », « sûrement », « naturellement » ou « bizarrement » permettent de savoir si le narrateur adhère ou non à ce qui est dit.

### À savoir

Certaines expressions figées fonctionnent comme des adverbes et remplissent la même fonction.

à mon avis, sans aucun doute, de toute évidence

## Exemple

Les mots ou groupes de mots en rouge font comprendre l'avis du narrateur.

Naturellement, tu as bien fait de partir. Malgré ton succès, tu n'es jamais devenu américain ; et maintenant que notre affaire est si prospère, tu te devais de ramener tes robustes fils dans leur patrie pour qu'ils y soient éduqués. Quant à Elsa, sa famille a dû lui manquer toutes ces longues années ; ses proches seront également contents de la voir, j'en suis sûr. Le jeune artiste impécunieux de naguère devenu le bienfaiteur de la famille, voilà un petit triomphe que tu savoureras modestement, je le sais.

Kathrine Kressmann Taylor, *Inconnu à cette adresse*, 1939, traduit de l'anglais (américain) par Michèle Lévy-Bram, © Éditions Autrement, 1999.

## Testez-vous !

→ *Corrigés p. 255*

Quiz

**1 Que doit-on repérer dans un texte pour savoir ce que le narrateur pense ?**

○ Des verbes au conditionnel. ○ Des adverbes. ○ Des modalisateurs.

**2 Quelles sont les phrases modalisées ?**

○ C'est une voiture.
○ Quel magnifique véhicule !
○ Il se pourrait qu'elle soit rare.

**3 Quels adverbes sont des modalisateurs ?**

○ Sûrement. ○ Rapidement. ○ Honnêtement.

**4 Lequel de ces éléments n'a pas été utilisé dans le texte ci-dessus pour accentuer l'avis positif du narrateur ?**

a. Les adverbes.
b. Les adjectifs positifs.
c. Les préfixes positifs.
d. Les superlatifs.

**5 Dans quelle série les adjectifs du texte sont-ils tous mélioratifs ?**

a. « américain » – « longues »
b. « robustes » – « prospère »
c. « contents » – « petit »
d. « impécunieux » – « jeune »

# 125 Rapprochement : synonymes et antonymes

## Définitions

▶ Des **synonymes** sont des mots de **même classe grammaticale** et de **même sens** ou de sens très proche. beau = joli

▶ Des **antonymes** sont des mots de **même classe grammaticale** et de **sens contraire**.

beau ≠ laid

**À savoir**

On peut parfois créer un antonyme en ajoutant un préfixe négatif.

utilisable ≠ inutilisable

## Rôle des synonymes

▶ Les **synonymes** servent à **éviter les répétitions** quand on rédige un texte.

Le **cheval** galopait. Quand j'aperçus l'**étalon**, je fus étonné. C'était un **équidé** étonnamment puissant.

**À savoir**

On peut consulter un dictionnaire des synonymes pour améliorer son style si on manque de vocabulaire.

▶ Les synonymes servent à **préciser ou nuancer ce que l'on veut dire**, car deux synonymes n'ont jamais exactement le même sens.

Elle a les cheveux **bouclés**, ou plutôt **ondulés**.

## Choisir son synonyme

▶ Le choix d'un synonyme ne doit pas modifier le sens général de la phrase.

« billet » peut être remplacé :

– par « ticket » s'il s'agit d'un spectacle ;
– par « espèce » s'il s'agit d'argent.

⚠ Avant de remplacer un mot polysémique, il faut donc s'assurer de son sens.

▶ Le synonyme doit garder, dans la mesure du possible :

– les mêmes connotations que le mot de départ ;
– le même niveau de langue ;
– le même degré de précision ;
– la même intensité.

**Quiz** Corrigés p. 255

**1 « grand » et « petit » sont :**

○ des synonymes. ○ des antonymes.

**2 Par quel synonyme pourrait-on remplacer le mot souligné ?**

Ils n'ont eu qu'une <u>enfant</u>.

○ Gosse. ○ Garçon. ○ Fille.

**3 Quel mot ne peut pas être synonyme de *boîte* ?**

○ Récipient. ○ Béquille. ○ Discothèque.

# 126 Homophones, homonymes, homographes et paronymes

## Les homophones

Les **homophones** sont des **mots** qui ont **la même** (*homo-*) **prononciation** (*-phone*), mais n'appartiennent pas à la même classe grammaticale et n'ont pas le même sens. mais ≠ mai

> Il faut être particulièrement vigilant sur les homophones en dictée !

## Les homonymes

▶ Les **homonymes** sont des mots qui ont la **même prononciation**, le **même** (*homo-*) **nom** (*-onyme*), c'est-à-dire qui appartiennent à la **même classe grammaticale**, mais n'ont pas le même sens ni la même orthographe.

verre(s) / ver(s) / vair = trois noms communs homonymes.

▶ Le mot *homonyme* peut aussi désigner des mots ayant exactement la **même orthographe** mais n'ayant **ni le même sens, ni la même classe grammaticale**.

la (nom commun désignant une note de musique) ≠ la (article féminin singulier)

## Les homographes

Les **homographes** sont des mots qui ont la **même** (*homo-*) **orthographe** (écriture, *-graphe*). Ils ne se prononcent pas de la même façon.

les **fils** (pour la couture) ≠ le **fils** (des parents)

## Les paronymes

Les **paronymes** sont **des mots proches par l'orthographe ou la prononciation** que l'on risque de confondre, bien qu'ils n'aient aucun rapport de sens. Ils appartiennent, le plus souvent, à la même classe grammaticale. arriver ≠ arrimer percepteur ≠ précepteur

**Quiz** Corrigés p. 255

**1 Les homonymes sont-ils toujours homographes ?**

○ Oui. ○ Non.

**2 Les homophones :**

○ se prononcent de la même façon. ○ s'écrivent de la même façon.
○ appartiennent à la même classe grammaticale.

**3 « prescrire » et « proscrire » sont :**

○ des homonymes. ○ des homophones. ○ des paronymes.

# 127 Classement : mots génériques et mots spécifiques

## Définitions

- On appelle **nom générique** ou **hypéronyme** un nom qui désigne une catégorie ou un ensemble d'éléments. minéraux
- On appelle **nom spécifique** ou **hyponyme** un nom qui ne désigne qu'un seul élément.
  rubis, saphir, diamant.

> Un mot générique par rapport à un mot peut être spécifique par rapport à un autre.
> « poisson » est un nom générique par rapport à « saumon » mais c'est un nom spécifique par rapport à « animal ».

## Intérêt des mots génériques

- Les **mots génériques** permettent de regrouper des notions dans un cours ou dans un exposé.
- On peut les utiliser pour éviter les répétitions à la place de synonymes.

**CLASSEMENT DE CERTAINS ALIMENTS**

Chaque flèche noire indique un hyponyme.

- **GRAISSES**
  - huile
  - beurre
- **VIANDES ET POISSONS**
  - bœuf
  - porc
  - agneau
  - veau
  - volaille
    - poulet
    - dinde
    - pintade
    - canard
  - lapin
  - saumon
  - bar
  - lotte
  - cabillaud
  - sardine
- **LÉGUMES ET FRUITS**
  - haricot
  - poireau
  - courgette
  - pomme
  - poire
  - fraise
- **CÉRÉALES ET DÉRIVÉS**
  - pain
  - biscotte
  - pâtes
    - spaghettis
    - macaronis
    - coquillettes
  - farine
  - riz

**Quiz** Corrigés p. 255

**1 « hyponyme » est l'autre terme qui désigne :**
- ○ un mot synonyme.
- ○ un mot spécifique.
- ○ un mot générique.

**2 Quel est le mot générique pour *chocolat*, *café*, *grenadine* et *eau* ?**
- ○ Parfum.
- ○ Boisson.
- ○ Couleur.

**3 Quel mot spécifique correspond à *meuble* ?**
- ○ Tablette.
- ○ Tableau.
- ○ Table.

# 128 Classement : le champ lexical

## Définition

▶ Un **champ lexical** est un ensemble de mots se rapportant à un **même thème**.

▶ Ces mots peuvent appartenir à des **classes grammaticales différentes**.
« joli », « beau », « admirablement » et « embellir » appartiennent au champ lexical de la **beauté**.

## Méthode

▶ On **repère** un champ lexical dans un texte.

▶ On le **nomme**.

▶ On le **commente** en indiquant, par exemple :
– s'il est **important** (composé de nombreux mots) ;
– s'il est **varié** (composé de mots issus de familles différentes) ;
– s'il est **groupé** ou **dispersé** dans le texte.

▶ Ce travail permet de comprendre de quel thème il est question, de savoir **ce que l'auteur veut mettre en évidence**.

⚠ Il peut y avoir plusieurs champs lexicaux dans le même texte !

Il n'en comprit pas moins qu'il était désormais bien réveillé et qu'il lui serait sans doute impossible de se rendormir. Il regarda le cadran lumineux de sa montre-bracelet et constata qu'il était tout juste trois heures, le plein milieu de la nuit. Il sortit du lit et, vêtu de son pyjama, s'approcha de la fenêtre. Celle-ci était ouverte et laissait entrer une brise fraîche ; les petites lumières scintillaient dans le ciel noir et il entendait tous les bruits de la nuit.

Fredric Brown, *Fantômes et Farfafouilles*,
traduction de Jean Sendy, © Éditions Denoël, 1963.

**Quiz** Corrigés p. 255

**1 Un champ lexical est un ensemble de mots :**

○ de même classe grammaticale. ○ de même famille.
○ de même thème.

**2 À quel champ lexical appartiennent les mots *carré*, *abscisse*, *équilatéral*, *fonction* et *triangle* ?**

○ La géométrie. ○ Les mathématiques. ○ La logique.

**3 Quel est le thème qui correspond aux mots en rouge dans le texte ?**

○ Le cauchemar. ○ Le rêve. ○ Le sommeil.

# 129 Rédiger un récit

## Définition

▶ Un **récit**, ou **narration**, est une **histoire**, réelle ou imaginaire, **qu'on raconte**. Il en existe différents types (voir *Les registres et les genres littéraires*, pages 194 à 221).

▶ Le choix du **narrateur** (celui qui « raconte » l'histoire) **détermine la personne des verbes** (1re personne du singulier ou 3e personne du singulier, généralement) (voir p. 242).

▶ Le récit présente des **actions qui s'enchaînent et progressent** vers une fin.

▶ Ces actions sont effectuées ou subies par des **personnages** qu'on doit pouvoir facilement identifier.

## Organisation du récit

▶ Un récit est la plupart du temps organisé dans l'**ordre chronologique** (actions racontées dans l'ordre où elles ont eu lieu).

▶ Si on veut introduire du **suspense** ou induire le lecteur en erreur, on peut décider de faire des **ellipses**, des **retours en arrière** ou des **anticipations** (voir p. 236).

▶ Pour chaque étape importante, on crée un **nouveau paragraphe** (en allant à la ligne et en faisant un alinéa).

▶ Un récit peut intégrer des passages de **dialogue** (voir p. 188), des **descriptions** (voir p. 184) ou des **portraits** (voir p. 186).

## Outils du récit

▶ Les **verbes pour les actions** (voir p. 150 et 151) : au **passé simple** pour les actions de premier plan (actions qui font progresser le récit) et à l'**imparfait** pour les actions
de second plan (celles qui sont moins importantes).

▶ Les **connecteurs temporels** (*alors*, *soudain*, *tout à coup*, *ensuite*, etc.) pour organiser le récit et signaler ses différentes étapes (voir p. 128).

▶ Les **substituts** grammaticaux et lexicaux pour désigner les personnages sans se répéter (voir p. 126).

## Exemple

Cœur de Lion, enhardi par ses succès, **décida** de quitter son pays. [...]

On **essaya** de le retenir. Rien n'y fit. Ni les pleurs de sa mère, ni les mises en garde de son père. Il **partit** un beau matin, droit devant lui et sans se retourner.

Il n'**alla** pas loin.

Au premier détour de la haie, il **rencontra** une patte. Une grosse patte de chat. C'était Finaud, le matou des fermiers, un matou matois qui guettait depuis quelque temps la sortie du nid des mulots.

Cœur de Lion **finit** son voyage dans l'estomac d'un chat. On a beau s'appeler Cœur de Lion, quand on n'est qu'un mulot, il vaut mieux prendre ses précautions.

Robert Boudet, « Cœur de Lion », in *La Petite Bête*, © l'école des loisirs, 1989.

**En gras** : verbes qui font progresser l'action.
Soulignés : verbes pour la description ou les actions de second plan.
En vert : substituts pour le personnage principal.
En bleu : indications de temps pour les étapes les plus importantes.

## Testez-vous !

→ *Corrigés p. 255*

Quiz

**1 Que sont les noms « récit » et « narration » ?**

○ Des synonymes. ○ Des homonymes. ○ Des paronymes.

**2 Quel type de connecteurs utilise-t-on en priorité pour organiser un récit ?**

○ Logiques. ○ Spatiaux. ○ Temporels.

**3 Que permettent d'éviter les substituts ?**

○ Les confusions entre les personnages.
○ Les répétitions du nom d'un personnage.
○ L'utilisation d'un trop grand nombre de personnages.

**4 Observez les verbes du texte ci-dessus pour répondre aux questions.**

a. À quel temps sont les verbes en gras ?
b. À quel temps sont les verbes soulignés ?
c. Quel verbe souligné est utilisé pour une description ?
d. Quel verbe souligné est utilisé pour une action de second plan ?

**5 Identifiez le personnage principal. Vrai ou faux ?**

a. « Cœur de Lion » est le surnom de Finaud.
b. « Cœur de Lion » est le surnom du célèbre roi Richard.
c. « Cœur de Lion » est le surnom d'un chat.
d. « Cœur de Lion » est le surnom d'un mulot.

# 130 Rédiger une description

## Définition

▶ La **description** est une **représentation précise d'un lieu, d'un objet ou d'un personnage** (voir p. 184 et 186), ou même d'une **scène entière**.

▶ On la trouve dans les récits où elle constitue une **pause dans l'action**.

## Organisation de la description

▶ Une **description doit être organisée**, d'un point de vue **spatial** (de haut en bas ou l'inverse, d'avant en arrière ou l'inverse, de gauche à droite ou l'inverse).

▶ On peut aussi faire une **description d'ensemble**, puis se concentrer sur un ou plusieurs détails significatifs.

▶ Pour **chaque partie** de la description, il est préférable de créer un **nouveau paragraphe**.

## Outils de la description

▶ Les verbes sont conjugués au **présent** (dans un récit au présent) ou à l'**imparfait** (dans un récit au passé simple).

▶ Les **expansions du nom** (épithètes, compléments du nom ou de l'antécédent, appositions) permettent de donner des détails pour mieux visualiser ce qui est décrit.

▶ Les **connecteurs spatiaux** indiquent clairement l'organisation de la description (voir p. 128).

▶ Les **verbes de perception** et le vocabulaire des sens (en particulier la **vue**) placent le lecteur dans la position d'un témoin, comme « voyait », qui est souligné dans le texte de la page suivante.

**À savoir**

La précision du vocabulaire est déterminante pour une bonne description. Dans le texte de la page suivante, par exemple, il y a sept noms ou groupes nominaux différents (en bleu) désignant des types de soldats.

## Exemple

On voyait surtout des mobilisés, gens pacifiques, rentiers tranquilles, pliant sous le poids du fusil ; des petits moblots alertes, faciles à l'épouvante et prompts à l'enthousiasme, prêts à l'attaque comme à la fuite ; puis, au milieu d'eux, quelques culottes rouges, débris d'une division moulue dans une grande bataille ; des artilleurs sombres alignés avec ces fantassins divers ; et, parfois, le casque brillant d'un dragon au pied pesant qui suivait avec peine la marche légère des lignards.

Maupassant, « Boule de Suif », *Nouvelles*, 1879.

## Testez-vous !

→ *Corrigés p. 255*

Quiz

**1 Dans un récit, une description :**

○ accélère l'action. ○ représente l'action. ○ interrompt l'action.

**2 À quoi les expansions du nom sont-elles utiles dans une description ?**

○ À préciser ce qu'on décrit.
○ À analyser ce qu'on décrit.
○ À localiser ce qu'on décrit.

**3 Quel type de verbes est particulièrement utile dans une description ?**

○ Les verbes d'opinion.
○ Les verbes de perception.
○ Les verbes d'action.

**4 Quelles sont les affirmations exactes concernant les adjectifs en rouge du texte ci-dessus ?**

a. Ils ont pour fonction « compléments du nom ».
b. Ils ont pour fonction « épithètes ».
c. Il y en a beaucoup pour un si court extrait, pour permettre de mieux visualiser la scène.
d. Il n'y en a pas beaucoup ; c'est habituel même dans un extrait si court.

**5 À quoi servent les mots ou groupes de mots en vert ?**

a. Ils organisent la description d'avant en arrière.
b. Ils organisent la description de haut en bas.
c. Ils organisent la description de gauche à droite.
d. Ils organisent la description de la vue d'ensemble à des points de détail.

# 131 Rédiger un portrait

Le **portrait** est un type de description qui consiste à **représenter une personne** ou **un personnage**.

## Organisation du portrait

▶ Comme les autres descriptions, **le portrait doit être organisé** : l'organisation peut être **spatiale** (voir p. 184) ou **thématique** (le physique, le caractère, les habitudes, etc.).

▶ **Chaque partie** peut faire l'objet d'un nouveau **paragraphe**.

## Types et fonctions des portraits

▶ Le portrait **fixe** (ou **statique**) s'oppose au portrait **en action** ou **en acte** (où le personnage est présenté en train d'agir, comme dans l'extrait de la page suivante).

▶ Le portrait **en pied** présente le personnage en entier.

▶ Certains portraits ne représentent pas seulement un personnage mais une idée que ce personnage illustre de façon particulière ; on dit qu'ils ont une **fonction symbolique**.

## Outils du portrait

▶ Les verbes sont au **présent** (dans un récit au présent) ou à **l'imparfait** (dans un récit au passé simple).

▶ Les **expansions du nom** (épithètes, compléments du nom ou de l'antécédent, appositions) permettent de donner des détails.

▶ Le **vocabulaire du corps et du visage** est majoritaire.

▶ Le personnage peut être présenté de **façon neutre**, **positive ou négative**.

> **À savoir**
> L'utilisation de comparaisons et de métaphores (voir p. 231) permet au lecteur de mieux visualiser la personne décrite.

## Exemple

Elle boitait, non pas comme boitent les estropiés ordinaires, mais comme un navire à l'ancre. Quand elle posait sur sa bonne jambe son grand corps osseux et dévié, elle semblait prendre son élan pour monter sur une vague monstrueuse, puis, tout à coup, elle plongeait comme pour disparaître dans un abîme, elle s'enfonçait dans le sol. Sa marche éveillait bien l'idée d'une tempête, tant elle se balançait en même temps ; et sa tête toujours coiffée d'un énorme bonnet blanc, dont les rubans lui flottaient dans le dos, semblait traverser l'horizon, du nord au sud et du sud au nord, à chacun de ses mouvements.

Maupassant, « Clochette », *Nouvelles*, 1886.

## Testez-vous !

→ Corrigés p. 256

Quiz

**1 Le portrait est :**

○ une sorte de récit.
○ une sorte de description.
○ une sorte de résumé.

**2 On peut utiliser des verbes conjugués à l'imparfait pour une description :**

○ si le récit est fait au présent.
○ si le récit est fait au passé simple.
○ si le récit est fait à l'imparfait.

**3 Le portrait en action s'oppose au portrait en pied.**

○ Vrai. ○ Faux.

**4 Retrouvez dans le texte ci-dessus les outils caractéristiques du portrait.**

a. À quel temps sont majoritairement conjugués les verbes du texte ?
b. Relevez les expansions du nom qui se rapportent au personnage décrit.
c. Relevez le vocabulaire du corps.
d. Le portrait est-il positif ou négatif ?

**5 Répondez aux questions suivantes pour bien visualiser le personnage.**

a. À quoi la femme du texte est-elle comparée ?
b. Qu'évoque-t-elle quand elle marche ?
c. À quel champ lexical les mots en vert appartiennent-ils ?
d. À quoi les adjectifs en rouge servent-ils ?

# 132 Rédiger un dialogue

Le **dialogue** est un échange de paroles entre au moins **deux interlocuteurs** (personnes qui se parlent).

## Présentation du dialogue

▶ Dans un texte, on repère facilement un dialogue et on le distingue des zones de récit en raison de sa **présentation spécifique, le plus souvent entre guillemets**.

▶ Pour chaque prise de parole, on utilise un **verbe de parole** (*dire*, *annoncer*, *répondre*, *demander*, etc.) dont **la place peut varier**.

– **Avant les guillemets**, il est suivi de deux-points.

Il lui **dit** : « Je suis content quand tu es là. »

– **Après les guillemets**, il est précédé d'une virgule ; le sujet et le verbe sont inversés et raccordés par un trait d'union.

« Je suis content quand tu es là », lui **dit**-il.

– **Au milieu de la zone entre guillemets**, il est précédé et suivi d'une virgule ; le sujet et le verbe sont inversés et raccordés par un trait d'union. La proposition entre virgules est appelée **proposition incise.**

« Je suis content, lui **dit**-il, quand tu es là. »

> À la 3e personne du singulier, si le verbe se termine par une **voyelle**, il faut lui ajouter un -***t***- précédé et suivi d'un trait d'union.
>
> « Je suis content, lui déclara-**t**-il, quand tu es là. »

▶ Pour indiquer clairement **le changement de locuteur**, on utilise un tiret.

« Comment allez-vous ? demanda-t-il.
– Très bien ; et vous ?
– Très bien, merci. »

▶ Il n'est pas utile de mettre des **guillemets** à chaque prise de parole ; on peut réserver leur emploi au début et à la fin de la zone de dialogue.

▶ Les guillemets indiquent que **les paroles sont rapportées exactement telles qu'elles ont été prononcées.**

> **À savoir**
>
> Le dialogue apporte de nouvelles informations mais sert surtout à rendre le lecteur plus proche des personnages et à l'impliquer davantage dans le récit.

## Les outils du dialogue

Le dialogue relève du **discours direct** :
– les personnes majoritaires sont la **1re personne** (« je » et « nous ») et la **2e** (« tu » et « vous ») ;
– les temps des verbes sont les **temps du discours** (présent de l'indicatif, passé composé et futur, en priorité, et présent de l'impératif) ;
– la **ponctuation** doit restituer les sentiments et émotions du locuteur : on utilise donc le point d'exclamation (**!**), le point d'interrogation (**?**) et les points de suspension (...).

## Testez-vous !

→ *Corrigés p. 256*

Quiz

**1 Quelle est l'orthographe correcte pour l'incise ?**

- ○ ... répliquat-elle.
- ○ ... répliqua-t-elle.
- ○ ... répliqua-t'elle.

**2 Comment signale-t-on un changement de locuteur ?**

- ○ Avec un astérisque.
- ○ Avec une flèche.
- ○ Avec un tiret.

**3 Peut-on employer du passé simple dans le dialogue ?**

- ○ Oui.
- ○ Non.

**4 Formez des incises à l'aide des éléments suivants, en conjuguant les verbes au présent de l'indicatif.**

a. répondre / ils
b. demander / elle
c. crier / elle
d. annoncer / il

**5 Même exercice en conjuguant les verbes au passé simple.**

a. répondre / ils
b. demander / elle
c. crier / elle
d. annoncer / il

# 133 Rédiger une lettre

Une **lettre** est un **message écrit** par une personne qu'on appelle **émetteur, expéditeur** ou **destinateur** et envoyé à une autre personne nommée **récepteur** ou **destinataire**.

## Les différents types de lettres

▶ La **lettre privée** : elle est destinée à des proches (**cadre familial, amical ou amoureux**).

▶ La **lettre administrative** : elle s'adresse la plupart du temps à une personne inconnue, pour une démarche administrative (**cadre professionnel** le plus souvent).

▶ La **lettre ouverte** : c'est un message public, diffusé largement (affichage, presse), qui vise à dénoncer un problème, une injustice et appeler à la réaction (**cadre politique**). Son expéditeur est la plupart du temps une personnalité qui utilise sa notoriété pour attirer l'attention sur des faits.

**À savoir**
De nos jours, les lettres sont de plus en plus souvent remplacées par des courriers électroniques.

## Présentation de la lettre

La présentation de la lettre obéit à des **codes précis** qui peuvent être très souples si on écrit à quelqu'un qu'on connaît bien (lettre privée) ou très rigides (lettres administratives) comme dans l'exemple ci-dessous.

Coordonnées de l'expéditeur

Mathieu Héchat
32 rue des petits ponts
75014 Paris

Lieu et date

Paris, le 15 septembre 2002

Coordonnées du destinataire

Au directeur de l'hôtel Magimar
2 avenue de la plage
99000 Flots-sur-Mer

Objet de la lettre

Objet : réclamation concernant un problème de réservation
Lettre recommandée avec accusé de réception

Formule d'appel ou d'adresse

Monsieur le Directeur,

J'avais réservé, après un échange de correspondance, une chambre avec salle de bains et vue sur la mer du 4 au 11 août 2002 pour un prix de 650 €. Je vous avais également versé à titre d'arrhes la somme de 150 € par chèque n° 2220000 de la banque Crédit du Sud. Dès mon arrivée, j'ai constaté que la chambre ne correspondait pas à la description de votre brochure, qui mentionnait une surface de 60 $m^2$, une salle de bains avec jacuzzi et une vue imprenable sur l'océan. D'une part, la vue sur la mer était totalement bouchée par un échafaudage. D'autre part, la salle de bains était une douche sans toilettes. Je vous ai demandé de me proposer une autre chambre mais votre hôtel était complet. J'ai dû trouver un autre établissement.

Je vous mets donc en demeure de me restituer, sous huit jours, le double des arrhes que je vous ai versées. À défaut, conformément à l'article 44-1 de la loi du 27 décembre 1973, je me verrai dans l'obligation de porter plainte.

Formule de politesse

Je vous prie d'agréer, Monsieur le Directeur, l'expression de toute ma considération.

Nom et signature

Monsieur Héchat
Signature

## La situation d'énonciation

Le texte d'une lettre dépend de la **situation d'énonciation** dans laquelle il a été écrit ;
on dit qu'il est **ancré dans la situation d'énonciation** :
– les temps verbaux sont les **temps du discours** (présent, passé composé et futur en majorité) ;
– les personnages majoritaires sont **la 1re et la 2e personne** ;
– les **indications spatio-temporelles** ne sont compréhensibles que par rapport à la personne qui écrit (on utilise les mots « ici » et « maintenant » ou « aujourd'hui »).

## Testez-vous !

→ Corrigés p. 256

Quiz

**1 Une lettre adressée à un principal de collège est :**

- ○ une lettre privée.
- ○ une lettre administrative.
- ○ une lettre ouverte.

**2 Où doit-on mentionner les coordonnées de l'expéditeur d'une lettre ?**

- ○ En bas à gauche.
- ○ En haut à droite.
- ○ En haut à gauche.

**3 Quel type de lettre a le code de présentation le plus souple ?**

- ○ Une lettre privée.
- ○ Une lettre administrative.
- ○ Une lettre ouverte.

**4 Relisez la lettre de la page précédente et indiquez avant quelle date le double des arrhes doit être restitué.**

a. Dans les 8 jours qui suivent la date d'aujourd'hui.
b. Dans les 8 jours qui suivent le 27 septembre 1973.
c. Dans les 8 jours qui suivent le 15 septembre 2002.
d. On ne peut pas savoir.

**5 Quelles sont les justifications correctes pour la réponse précédente ?**

a. La date se calcule en effet par rapport à la date de l'article de loi.
b. La date se calcule en effet par rapport à la date d'écriture de la lettre.
c. La date est en effet liée à la situation d'énonciation.
d. La date est en effet liée au moment où M. Héchat a fait la réclamation.

# 134 Rédiger un texte argumentatif

## Qu'est-ce qu'argumenter ?

▶ Un **texte argumentatif** vise à convaincre la personne qui le lit.

▶ L'idée qu'on veut défendre s'appelle la **thèse**.

▶ Les **arguments** sont les idées qu'on utilise pour le faire. Ils fonctionnent comme des preuves.

▶ Des **exemples** illustrent les arguments, pour leur donner plus de force.

**À savoir**
Ces exemples doivent toujours être expliqués.

## Les outils de l'argumentation

▶ Pour exprimer clairement sa pensée, il faut utiliser des **connecteurs logiques** (mots coordonnants et subordonnants) qui peuvent exprimer :

– la **cause** (pour les **explications** et les **justifications**) : *car / parce que, puisque, comme, étant donné que / en effet*, etc.

– la **conséquence** (pour les **conclusions**) : *donc / de sorte que, si bien que, au point que / ainsi, aussi, alors, par conséquent*, etc.

– l'**addition** (pour l'**organisation**) : *et / d'abord, ensuite, enfin, premièrement, deuxièmement*, etc.

– l'**alternative** (pour présenter **différentes possibilités**) : *ou... ou, soit... soit / soit que... soit que*, etc.

– l'**opposition** (pour **contrer les arguments** des autres) : *mais, or / bien que, quoi que, alors que/ pourtant, cependant, néanmoins, toutefois / en dépit de*, etc.

▶ Pour **indiquer ce que l'on veut**, l'**expression de l'obligation** est utile (*il faut, il est nécessaire, on doit*, etc.).

▶ Les **parallélismes de construction** mettent en valeur l'argumentation et renforcent la **clarté**. (Ils apparaissent en vert dans le texte de la page suivante.)

## Exemple

Le choix qui s'offre à vos consciences est donc clair : ou notre société refuse une justice qui tue et accepte d'assumer, au nom de ses valeurs fondamentales – celles qui l'ont faite grande et respectée entre toutes – la vie de ceux qui font horreur, déments ou criminels ou les deux à la fois, et c'est le choix de l'abolition ; ou cette société croit, en dépit de l'expérience des siècles, faire disparaître le crime avec le criminel, et c'est l'élimination. [...]

Parce que l'abolition est un choix moral, il faut se prononcer en toute clarté. Le Gouvernement vous demande donc de voter l'abolition de la peine de mort sans l'assortir d'aucune restriction ni d'aucune réserve.

Robert Badinter, *Discours sur l'abolition de la peine de mort à l'Assemblée nationale*, 1981.

## Testez-vous !

→ Corrigés p. 256

Quiz

**1 Quel est le rôle d'un exemple ?**

○ Rendre les arguments plus efficaces.
○ Prouver la thèse.
○ Défendre une conviction.

**2 Quels sont, parmi les connecteurs suivants, ceux qui expriment l'addition ?**

○ À condition que. ○ De plus. ○ En outre.

**3 Quels sont, parmi les connecteurs suivants, ceux qui expriment la conséquence ?**

○ À tel point que. ○ De telle sorte que. ○ Pourvu que.

**4 Relevez dans le texte ci-dessus des connecteurs exprimant :**

a. la conséquence.
b. l'alternative.
c. la cause.
d. l'opposition.

**5 Mis à part les parallélismes en vert, trouvez d'autres répétitions dans le texte ci-dessus :**

a. vocabulaire (deux mots identiques).
b. vocabulaire (deux mots de la même famille).
c. grammaire (deux déterminants indéfinis identiques).
d. grammaire (deux groupes nominaux entre virgules).

# 135 Le conte

## Définition

▶ Les **contes** sont de **courts récits fictifs** de tradition orale, la plupart du temps écrits **en prose**.

▶ Ils peuvent être suivis d'une **morale explicite** (clairement écrite). Si ce n'est pas le cas, on peut souvent en tirer des **leçons implicites** (à deviner et comprendre par soi-même). Pour cette raison, ils sont considérés comme utiles à l'éducation des enfants.

▶ Ils appartiennent au **genre de l'apologue** qui regroupe tous les textes ayant pour fonction d'**illustrer une morale**.

▶ Les contes relèvent du **registre du merveilleux**, c'est-à-dire que les évènements surnaturels qui y sont racontés paraissent « normaux » aux personnages comme au lecteur.

▶ En raison de leur brièveté, on les regroupe la plupart du temps en **recueils**.

**À savoir**
Le **registre** classe les textes en fonction de **l'effet qu'ils produisent sur le lecteur**.

## Historique

▶ Les **contes**, presque tous d'**origine inconnue**, ont été au départ transmis exclusivement **à l'oral** et se sont donc **progressivement déformés**. C'est pourquoi on en trouve **des variantes**, selon l'auteur qui les a fixés à l'écrit et le pays de publication.

▶ ***Les Mille et Une Nuits*** sont les contes d'origine orientale les plus connus. Ils datent du Xe siècle et sont anonymes.

▶ En France, **Mme d'Aulnoy** (XVIIe siècle) et **Mme Leprince de Beaumont** (XVIIIe siècle), mais surtout **Charles Perrault** (XVIIe siècle) ont lancé la mode des contes de fées.

▶ Les frères allemands **Grimm** (XIXe siècle) ont repris certaines de leurs histoires.

▶ Le Danois **Andersen** (XIXe siècle) a écrit des contes plus réalistes, dont les fins sont souvent malheureuses.

LE PETIT POUCET AU XXIe SIÈCLE.

## Exemple

Il était une fois une petite fille de village, la plus jolie qu'on eût su voir ; sa mère en était folle, et sa mère-grand plus folle encore. Cette bonne femme lui fit faire un petit chaperon rouge, qui lui seyait si bien, que partout on l'appelait le Petit Chaperon Rouge.

Un jour, sa mère, ayant cuit et fait des galettes, lui dit : « Va voir comme se porte ta mère-grand, car on m'a dit qu'elle était malade, porte-lui une galette et ce petit pot de beurre. »

Charles Perrault, « Le Petit Chaperon rouge », *Contes*, 1695.

Formule traditionnelle de début de conte.
Principaux personnages du conte.

## Testez-vous !

→ *Corrigés p. 256*

Quiz

**1 Quelle est l'origine de presque tous les contes ?**

- ○ Un auteur plus ancien.
- ○ Un ancien récit oral.
- ○ Un évènement surnaturel.

**2 Quel rôle jouaient les contes ?**

- ○ Un rôle comique.
- ○ Un rôle tragique.
- ○ Un rôle éducatif.

**3 Quel est le terme employé pour qualifier la fin quand elle est clairement écrite ?**

- ○ Implicite.
- ○ Explicite.

**4 Que peut-on dire des actions dans le premier paragraphe de l'extrait du « Petit Chaperon rouge » ?**

a. Il y a beaucoup d'actions.
b. Il y a des actions mais peu importantes.
c. Il n'y a presque pas d'actions.
d. Les actions citées changent la situation des personnages.

**5 Pourquoi y a-t-il deux paragraphes dans l'extrait ? Vous pouvez consulter la leçon 163, p. 238, en cas de difficulté.**

a. Le premier est la situation initiale, le deuxième une péripétie.
b. Le premier est l'élément perturbateur, le deuxième une péripétie.
c. Le premier est la situation initiale, le deuxième l'élément perturbateur.
d. Le premier est la situation initiale, le deuxième l'élément de résolution.

# 136 Le conte philosophique

## Définition

▶ Le **conte philosophique** est un **court récit fictif en prose** qui a certaines des caractéristiques du conte traditionnel, mais invite davantage à la **réflexion**.

▶ Le **merveilleux** y intervient, mais il peut s'accompagner de **références précises** ou d'**allusions à des évènements** ou des **personnages réels**.

▶ Le conte philosophique vise la plupart du temps à **critiquer ou dénoncer** le fonctionnement de **la société** et traite de thèmes comme la justice, la liberté, la religion, etc.

▶ Comme tous les types de contes, il appartient au **genre de l'apologue**.

▶ Il est davantage **destiné aux adultes** qu'aux enfants, contrairement aux contes traditionnels.

## Historique

▶ En France, le genre a été créé au **Siècle des Lumières** (XVIIIe siècle).

▶ Beaucoup de philosophes ont utilisé ce type de récit, et en particulier **Voltaire** (1694-1778) avec des œuvres comme *Zadig ou la Destinée* (1748), *Micromégas* (1752), *Candide ou l'Optimisme* (1759) et *L'Ingénu* (1767).

▶ On en écrit encore aujourd'hui, souvent pour des raisons politiques.

**À savoir**

Ce genre a été, au départ, utilisé pour contourner la censure : en écrivant un conte, son auteur se permettait de critiquer le pouvoir en évitant d'être condamné car il pouvait toujours prétendre que son récit était fictif !

## Exemple

Il y avait en Westphalie, dans le château de M. le baron de Thunder-ten-tronckh, un jeune garçon à qui la nature avait donné les mœurs les plus douces. Sa physionomie annonçait son âme. Il avait le jugement assez droit, avec l'esprit le plus simple ; c'est, je crois, pour cette raison qu'on le nommait Candide. Les anciens domestiques de la maison soupçonnaient qu'il était fils de la sœur de monsieur le baron et d'un bon et honnête gentilhomme du voisinage, que cette demoiselle ne voulut jamais épouser parce qu'il n'avait pu prouver que soixante et onze quartiers, et que le reste de son arbre généalogique avait été perdu par l'injure du temps.

Voltaire, *Candide ou l'Optimiste*, 1759.

Formule similaire à celle des débuts de contes de fées.

Principaux personnages du conte.

## Testez-vous !

→ Corrigés p. 256

Quiz

**1 Quels points communs y a-t-il entre le conte traditionnel et le conte philosophique ?**

○ Le type de personnages. ○ Le fait qu'ils soient fictifs. ○ Le merveilleux.

**2 Quelle différence y a-t-il entre leurs deux lectorats ?**

○ Le conte philosophique n'est pas destiné aux enfants.
○ Le conte philosophique n'est pas destiné aux adultes.
○ Le conte philosophique n'est pas destiné à ceux qui ne sont pas philosophes.

**3 Quelle différence y a-t-il entre leurs contenus ?**

○ Le conte philosophique ne recourt pas au merveilleux.
○ Le conte traditionnel ne contient pas d'élément de critique sociale.
○ Le conte philosophique ne fait pas référence à des personnages existants.

**4 À partir de l'extrait proposé de *Candide*, que pouvez-vous dire du cadre de ce conte ?**

a. On n'a aucune information sur l'époque, mais on a des indications sur le lieu.
b. Le conte se déroule forcément au Moyen Âge car il y a le mot « baron ».
c. La Westphalie est une région réelle, donc le château mentionné existe forcément.
d. Le conte se déroule dans une région réelle, la Westphalie, mais à une époque imaginaire.

**5 Que savez-vous sur le personnage du « jeune garçon » ?**

a. Il est peut-être le fils du baron.
b. On l'appelle Candide.
c. Il est peut-être le fils de la sœur du baron.
d. C'est le héros puisqu'il a donné son nom au livre.

# 137 L'épopée

## Définition

▶ Une **épopée** est un **récit en vers, relatant les exploits d'un personnage historique ou mythologique**.

▶ Elle privilégie les **combats physiques**.

▶ Elle appartient, comme le conte, au **registre du merveilleux** : on peut y trouver des références aux dieux comme aux fées, magiciens, monstres, etc., considérées comme « normales ».

▶ Son objectif est souvent de faire d'un personnage un **mythe** et de **valoriser un peuple** dont il devient le symbole.

**À savoir**

« Épopée » vient du mot grec *épos* désignant la « parole » et du verbe *poïeïn* signifiant « faire ».

## Historique

▶ L'anonyme ***Épopée de Gilgamesh*** est la plus ancienne épopée connue. Elle est originaire de Mésopotamie et date du IV$^{e}$ millénaire avant J.-C.

▶ Le genre s'est développé dans l'Antiquité, en Grèce, avec **Homère** (l'*Iliade* et l'*Odyssée*, milieu du VIII$^{e}$ siècle avant J.-C.), et à Rome, avec **Virgile** (l'*Énéide*, I$^{er}$ siècle avant J.-C.).

▶ Il s'est répandu au Moyen Âge avec des textes anonymes comme ***La Chanson de Roland***, aussi considérée comme une **chanson de geste** (voir p. 200).

▶ Par la suite, le genre a été moins utilisé, sauf par Victor Hugo dans *La Légende des siècles* (1859-1883).

## Exemple

Cet homme si fameux par sa ruse, Muse, raconte-le-moi ; raconte celui qui subit tant de maux quand il eut détruit les remparts sacrés de Troie ; celui qui vit aussi les cités de si nombreux hommes, et connut leur esprit ; celui qui souffrit dans son cœur tant de douleurs sur la mer, aspirant à la vie et au retour de ses compagnons. Il ne ramena cependant pas ses compagnons et ils périrent victimes de leur propre imprudence, insensés qui mangèrent les bœufs d'Hélios fils d'Hypérion ; celui-ci ensuite les priva du jour du retour.

Ses aventures, déesse, fille de Zeus, raconte-les-nous.

Homère, *Odyssée*, VIII$^{e}$ siècle avant J.-C., chant I, vers 1 à 10.

Héros célèbre de la mythologie grecque dont cette épopée raconte l'histoire.
Personnage à qui s'adresse le poète.

## Testez-vous !

→ Corrigés p. 256

Quiz

**1 Comment une épopée est-elle écrite ?**

- ○ En prose.
- ○ En vers.
- ○ En prose ou en vers, selon le choix de l'auteur.

**2 Que trouve-t-on majoritairement dans les épopées ?**

- ○ Des dialogues.
- ○ Des descriptions.
- ○ Des récits guerriers.

**3 De quand datent les épopées les plus célèbres ?**

- ○ De l'Antiquité.
- ○ Du Moyen Âge.
- ○ Du XIX$^{e}$ siècle.

**4 Quel est le célèbre héros dont l'*Odyssée* raconte l'histoire ?**

a. Il s'agit d'Achille et de la façon dont il est mort à la guerre de Troie.
b. C'est Hector, qui n'a pas pu sauver Troie, sa ville, contre les Grecs.
c. L'*Odyssée* parle de Thésée, le roi le plus célèbre d'Athènes.
d. L'*Odyssée* raconte le retour d'Ulysse, après sa victoire contre les Troyens.

**5 Pourquoi Homère s'adresse-t-il à la Muse ?**

a. Il veut que la Muse, qui est une déesse, le protège.
b. Il espère que la Muse va l'inspirer pour qu'il puisse raconter son histoire.
c. Il pense que Zeus le protègera car la Muse est sa fille.
d. Il demande à la Muse de raconter directement l'histoire.

# 138 La littérature médiévale épique : la chanson de geste

## Définition

▶ La **chanson de geste** est un **récit en vers, relatant les exploits d'un personnage historique**. C'est **le seul type de texte épique du Moyen Âge**.

> ⚠ Quand elle est transcrite en français d'aujourd'hui, la chanson de geste est souvent réécrite **en prose**.

▶ Les **combats** y sont valorisés, mais, à la différence de l'épopée antique, les **chevaliers** se dépassent pour servir **leur roi, empereur ou Dieu**. La **religion chrétienne** est très **présente**.

## Historique

***La Chanson de Roland***, écrite à la fin du XI^e^ siècle en ancien français, est la plus ancienne et la plus connue. Elle est composée de **4 002 décasyllabes** (voir p. 222) répartis en **291 laisses** (sections) de taille inégale. Elle s'inspire d'un évènement réel qui s'est déroulé sous Charlemagne (VIII^e^-IX^e^ siècles) mais le mélange à des éléments fictifs.

## Exemple

Rollant reguardet Oliver al visage :
Teint fut e pers, desculuret e pale.
Li sancs tuz clers par mi le cors li raiet :
Encuntre tere en cheent les esclaces.
« Deus ! » dist li quens, « or ne sai jo que face.
Sire cumpainz, mar fut vostre barnage !
Jamais n'iert hume kit un cors cuntrevaillet. [...]
Li emperer en avrat grant damage. »

*La Chanson de Roland*, laisse 149.

Roland regarde Olivier au visage : il est sans couleur et pâle. Le sang tout clair lui coule sur tout le corps : sur le sol en tombent des flots. « Dieu ! dit le comte, je ne sais plus que faire. Sire compagnon, votre vaillance fut votre malheur ! Jamais il n'y aura plus homme qui vous vaille. [...] Ce sera un grand dommage pour l'empereur. »

**Quiz** Corrigés p. 256

**1 Les héros de la chanson de geste :**
- ○ croient en un seul dieu.
- ○ croient en plusieurs dieux.
- ○ ne croient en aucun dieu.

**2 Pourquoi faut-il réécrire les chansons de geste pour les lire aujourd'hui ?**
- ○ Parce qu'elles font référence à des évènements oubliés.
- ○ Parce qu'on ne les a pas retrouvées en entier.
- ○ Parce qu'elles ont été écrites en ancien français.

**3 De quand datent les chansons de geste ?**
- ○ De l'Antiquité.
- ○ Du VIII^e^ siècle.
- ○ Du XI^e^ siècle.

# 139 La littérature médiévale courtoise : le roman de chevalerie et le lai

## Définitions

▶ La **littérature courtoise** est, étymologiquement, destinée à la **Cour**. Son sujet principal est la **recherche d'un amour idéal** ou ***fin'amor***. Le **chevalier** n'est plus au service de Dieu ou de son roi, mais de sa « **dame** ».

▶ Le **roman de chevalerie** est un **récit en vers** du **registre merveilleux**, fondé sur l'idéal de l'amour courtois. Il est écrit en langue romane.

▶ Un **lai** est un **court poème lyrique** ou **narratif**, souvent en octosyllabes à rimes plates (voir p. 222 et 226), fondé sur le même idéal et le même registre.

## Historique

▶ Le **public noble**, **lettré**, se passionne pour la littérature courtoise dans la deuxième moitié du XIIe siècle.

▶ **Marie de France**, le plus célèbre auteur de lais, est une des rares femmes connues dans le monde littéraire de l'époque.

▶ **Chrétien de Troyes**, le plus fameux des auteurs de romans de chevalerie du XIIe siècle, a écrit *Yvain ou le Chevalier au lion*, *Perceval ou le Conte du Graal*, *Lancelot ou le Chevalier à la charrette*.

**À savoir**

Romans de chevalerie et lais sont issus de la « Matière de Bretagne », l'ensemble des légendes d'inspiration celtique (roi Arthur, chevaliers de la Table Ronde ou histoire de Tristan et Iseut).

## Exemple

Ainsi, Lancelot, à maintes reprises, le menait en arrière, en avant, partout où il lui convenait, et s'arrêtait toujours devant la reine, sa dame, qui lui a mis au corps la flamme, parce qu'il la contemple passionnément ; et cette flamme le rendait si ardent contre Méléagant que, partout où il lui plaisait, il le menait et le chassait.

Chrétien de Troyes, *Lancelot ou le Chevalier à la charrette*, env. 1180.

**Quiz** Corrigés p. 256

**1 Le *fin'amor* est l'amour idéal :**

- ○ de son roi.
- ○ de son dieu.
- ○ de sa dame.

**2 Pour qui s'est développée la littérature courtoise ?**

- ○ Pour les chevaliers.
- ○ Pour les nobles.
- ○ Pour les femmes.

**3 D'où sont issus en majorité les sujets des textes courtois ?**

- ○ De l'Angleterre actuelle.
- ○ De la Bretagne actuelle.
- ○ De la France actuelle.

# 140 La littérature médiévale satirique : les fabliaux et le roman

## Définitions

▶ Le **fabliau** est un **court récit fictif écrit en vers**, constitué en moyenne de 200 à 500 octosyllabes à rimes plates (voir pp. 222 et 226).

▶ Son contenu se base sur des **anecdotes issues de la vie quotidienne** de son époque : il met en scène des **personnages qui ne sont pas des nobles**.

▶ Son **objectif** est de **faire rire** ; le **comique** est parfois volontairement peu subtil, voire **grossier**. Il est parfois également **satirique**, c'est-à-dire qu'il vise à **se moquer de quelqu'un**.

Un fabliau transcrit en français d'aujourd'hui est souvent réécrit **en prose**.

Les mots « fable » et « fabliau » ont la même étymologie mais ne désignent pas le même genre littéraire (voir p. 204).

▶ Le **roman** est un **récit d'aventures fictives en vers** et **en langue romane** (ou vulgaire), à une époque où on écrivait majoritairement en latin.

Ne pas confondre le roman du Moyen Âge et celui des siècles suivants (voir p. 208).

## Historique

▶ Le **fabliau** est un **genre né au Moyen Âge** (XIIIe-XIVe siècles), qui n'a pas été utilisé par la suite.

▶ Nous avons conservé **150 fabliaux** différents de cette époque, souvent **anonymes**, originaires des régions du **Nord** ou du **Nord-Est** de la France (Champagne ou Picardie).

▶ On les a classés en deux catégories : **contes à rire** et **contes moraux**. Seule cette deuxième catégorie a un objectif satirique.

▶ ***Le Roman de Renart*** (XIIe-XIIIe siècles) est une sorte de « super-fabliau » : il compte en effet 100 000 octosyllabes répartis en 27 « **branches** » (parties) écrites par des auteurs différents. Leur seul point commun est d'avoir pour personnage principal un goupil nommé Renart, ennemi du loup Ysengrin.

▶ Dans ce roman comme dans les fables (voir p. 204), les animaux parlent et ont des comportements humains.

### À savoir

Le *Roman de Renart* a obtenu un tel succès que l'animal en question, dont le nom ancien était « **goupil** », s'est par la suite appelé « **renart** » puis « **renard** », du nom propre de son personnage principal (voir p. 163).

## Exemple

Tiercelin, le corbeau, vient tout droit au lieu où était sire Renart. Les voilà réunis en cette heure, Renart dessous, l'autre sur l'arbre. La seule différence, c'est que l'un mange et l'autre bâille. Le fromage est un peu mou ; Tiercelin y frappe de si grands coups, du bout du bec, qu'il l'entame. [...] à son insu, une miette tombe à terre, devant Renard qui l'aperçoit. Il connaît bien pareille bête et hoche la tête. Il se dresse pour mieux voir : il voit Tiercelin, perché là-haut, un de ses vieux compères, le bon fromage entre ses pattes.

*Le Roman de Renart*, branche II.

## Testez-vous !

→ Corrigés p. 256

Quiz

**1 Comment sont écrits les textes satiriques dans leur version originale ?**

- ○ Jamais en vers.
- ○ Toujours en vers.
- ○ Parfois en vers.

**2 À quelle époque ces textes ont-ils été écrits ?**

- ○ Dans l'Antiquité.
- ○ Au Moyen Âge.
- ○ À la Renaissance.

**3 Quel rôle les fabliaux jouent-ils en priorité ?**

- ○ Faire réfléchir.
- ○ Critiquer.
- ○ Faire rire.

**4 Quel élément du texte ci-dessus donne l'impression que Renart et Tiercelin se connaissent ?**

a. Tiercelin est venu vers lui.
b. L'auteur a écrit qu'ils sont « réunis ».
c. Renart appelle Tiercelin « un de ses vieux compères ».
d. Renart avait donné rendez-vous à Tiercelin.

**5 De quoi peut-on rapprocher ce passage ?**

a. Il ressemble à une fable car les animaux se comportent comme des hommes.
b. Il s'apparente à un roman de chevalerie car l'auteur a écrit « sire ».
c. On pourrait dire que c'est une chanson de geste parce qu'il va sans doute y avoir un combat.
d. On dirait la fable de La Fontaine « Le Corbeau et le Renard ».

# 141 Les fables

## Définition

- Les **fables** sont de courts récits en vers.
- Elles contiennent la plupart du temps une **morale explicite** ou **implicite**.

> **À savoir**
> Le mot « fable » vient du latin *fabula* qui désigne un récit court, une légende.

- Elles appartiennent, comme les contes, au **genre de l'apologue** et au **registre du merveilleux** (voir p. 194).
- En raison de leur brièveté, elles sont la plupart du temps regroupées en **recueils**.

## Historique

- En Grèce, **Ésope** (VIe siècle avant J.-C.) a écrit en prose les premières fables connues du monde occidental.

> ⚠ Les textes de Phèdre que nous lisons aujourd'hui sont souvent traduits en prose en français.

- À Rome, **Phèdre** (Ier siècle après J.-C.) les a traduites en latin, en vers.
- Jean de **La Fontaine**, au XVIIe siècle, a écrit des fables en partie inspirées de celles d'Ésope, qu'il a transcrites en français et en vers. Les recueils qu'il a publiés ont fait sa célébrité.

## Exemples

**« Un renard devant un masque »**
Un renard s'étant glissé dans la maison d'un acteur et fouillant toutes ses affaires les unes après les autres, trouva, entre autres objets, une tête de masque travaillée avec art qu'il prit dans ses pattes et dit : « Oh ! quelle tête ! mais elle n'a pas de cervelle. » Cette fable convient aux hommes magnifiques de corps, mais pauvres d'esprit.

Ésope, *Fables*, 43 (version A).

**« Un renard à un masque tragique »**
Un renard avait vu par hasard un masque tragique. « Quel bel aspect, dit-il, mais il n'a pas de cervelle ! » Ceci a été dit pour tous ceux à qui la Fortune a donné honneur et gloire, mais les a privés de sens commun.

Phèdre, *Fables*, I, 7.

« **Le Renard et le Buste** »

Les Grands, pour la plupart, sont masques de théâtre ;
Leur apparence impose au vulgaire idolâtre.
L'Âne n'en sait juger que par ce qu'il en voit.
Le Renard au contraire à fond les examine,
Les tourne de tout sens ; et quand il s'aperçoit
Que leur fait n'est que bonne mine,
Il leur applique un mot qu'un buste de héros
Lui fit dire fort à propos.
C'était un Buste creux, et plus grand que nature.
Le Renard, en louant l'effort de la sculpture,
Belle tête, dit-il, mais de cervelle point.
Combien de grands seigneurs sont bustes en ce point !

La Fontaine, *Fables*, livre IV, 14.

## Testez-vous !

→ *Corrigés p. 257*

Quiz

**1 Avec quel(s) autre(s) genre(s) les fables partagent-elles le registre du merveilleux ?**

○ Le conte de fées seulement.
○ Le conte philosophique seulement.
○ Les contes et les épopées.

**2 Par quoi les fables se distinguent-elles des contes ?**

○ Elles sont plus souvent écrites en vers.
○ Elles sont plus souvent écrites en prose.
○ Elles appartiennent au genre de l'apologue.

**3 De quelles fables La Fontaine s'est-il inspiré ?**

○ De fables anonymes.
○ De fables d'Ésope.
○ De fables de Phèdre.

**4 À quoi correspondent les passages en rouge dans les trois fables page précédente et ci-dessus ?**

a. Il s'agit de leur incipit.
b. Ce sont leurs morales.
c. C'est la présentation du cadre.
d. On y parle du personnage principal.

**5 Quelles différences voyez-vous entre ces trois versions de la même fable ?**

a. La longueur et les détails donnés par Ésope et La Fontaine sont plus importants.
b. Il y a moins de personnages en présence chez Phèdre.
c. La morale de La Fontaine ne concerne par tous les hommes mais seulement les « Grands ».
d. La Fontaine n'a pas voulu utiliser le dialogue.

# 142 La nouvelle

## Définition

- La **nouvelle** est un **récit court** (de quelques dizaines de lignes à une centaine de pages maximum), **complet, fait pour être lu en une fois**.
- Elle comporte généralement **une seule action** et **peu de personnages**.
- La nouvelle est un genre qui se développe particulièrement au XIXe **siècle**.
- Les auteurs les plus célèbres sont **Prosper Mérimée** (*La Vénus d'Ille*, 1837 ; *Colomba*, 1840) et **Guy de Maupassant** (*Boule de Suif*, 1880 ; *La Parure*, 1884).

## Le vocabulaire des récits

- Le **début** du texte se nomme **incipit**. Il **pose le cadre** du récit : **lieu, temps et personnage(s)**.
- Si, au contraire, on est **dès le début au milieu de l'histoire**, on parle de démarrage ***in medias res*** (« au milieu des choses »).
- Quand la **fin** est **inattendue**, qu'elle soit **explicite** ou **implicite**, on l'appelle la **chute**. Parfois, des **indices** disséminés par l'auteur permettent aux plus attentifs de la **deviner**.

## Exemple

Ils n'étaient plus que deux dans cet antre obscur : les autres avaient été victimes de la malédiction qui frappait cette malheureuse race. Parfois, les dieux se fâchaient et, alors, c'était terrible. Les ténèbres laissaient la place à une lumière surgie de l'au-delà. Les êtres supérieurs choisissaient leurs victimes, les emportaient vers l'enfer et, quelquefois même, rejetaient des corps déchiquetés et disloqués. Après, les ténèbres surgissaient à nouveau, et la paix revenait enfin, pendant quelque temps.

Cette nuit-là, les deux amoureux regardaient le ciel, en l'implorant de périr ensemble dans les flammes de l'enfer.

Une nouvelle fois, la voûte céleste s'ouvrit et la lumière frappa le couple de survivants. À leur grand bonheur, ils furent tous deux soulevés de terre. Ils n'éprouvaient plus la moindre peur désormais, puisqu'ils allaient mourir en même temps, être unis durant l'éternité.

Tout se passa très vite : ils furent précipités dans le cratère fumant et la lave brûlante ne tarda pas à dissoudre leurs propres corps. Les deux corps et les deux âmes s'étaient confondus, à tout jamais.

Il ne restait plus, au fond de la tasse vide, que quelques infimes morceaux de sucre. Une voix s'éleva : « Il faudra penser à acheter une nouvelle boîte de sucre, je viens de finir les deux morceaux qui restaient. »

Jean Audouin, *Tragédie* (texte intégral), DR.

Principaux personnages. Indications de lieu. Indications de temps.

## Testez-vous !

➔ *Corrigés p. 257*

Quiz

**1 Quelle est la principale différence entre nouvelle et roman ?**

- ○ Le style.
- ○ La longueur.
- ○ Les thèmes.

**2 Comment appelle-t-on la fin surprenante d'une nouvelle ?**

- ○ L'épilogue.
- ○ La conclusion.
- ○ La chute.

**3 Qu'est-ce qu'un démarrage *in medias res* ?**

- ○ Un démarrage immédiat après l'*incipit*.
- ○ Un démarrage immédiat sans *incipit*.
- ○ L'autre nom de l'*incipit*.

**4 Que peut-on dire de l'emploi du verbe « dissoudre » (l. 15) dans le texte ci-dessus ?**

a. Puisqu'on parle de lave, on devrait plutôt employer un verbe en rapport avec le feu.

b. C'est normal de l'employer puisque les personnages sont détruits par la lave.

c. Ce n'est pas un emploi normal, donc c'est sans doute un indice pour deviner la chute.

d. C'est normal de l'employer puisqu'en fait les deux héros sont des sucres.

**5 Identifiez la vraie nature des éléments suivants en comparant les deux premières phrases du texte avec la dernière.**

a. « L'antre obscur. »

b. « Deux » / « les autres. »

c. « Les dieux. »

d. « Parfois. »

# 143 Le roman

## Définition

▶ Le **roman** est un **long récit en prose**.

▶ Il **présente comme vrais des faits** qui sont, la plupart du temps, inventés, **fictifs**.

▶ Il repose sur **la durée, la quantité et la complexité des actions**.

## Historique

▶ On trouve dès l'Antiquité quelques romans, dont le plus célèbre, *L'Âne d'or ou les Métamorphoses*, a été écrit par Apulée, au IIe siècle après J.-C., à Rome.

▶ À partir du XIVe siècle, le terme « roman » désigne un récit en prose.

▶ Le roman s'est **particulièrement développé au XIXe siècle** et **diversifié** ensuite. On peut le classer en « sous-genres » :
– en fonction des **thèmes abordés** : roman historique, fantastique ou policier, roman d'aventures, d'espionnage, de science-fiction ou d'anticipation, roman historique ;
– en fonction du **courant littéraire** qui l'a fait naître : réaliste ou naturaliste, « Nouveau Roman » ;
– en fonction de sa **forme** : roman épistolaire (ouvrage constitué des lettres que s'écrivent les personnages du texte) ou roman-feuilleton (récit qui paraît dans la presse par épisodes).

**À savoir**

Les auteurs du XIXe siècle les plus célèbres sont **Stendhal** (*Le Rouge et le Noir*, 1830), **Balzac** (le cycle de *La Comédie humaine*), **Hugo** (*Les Misérables*, 1862), **Flaubert** (*Madame Bovary*, 1857) et **Zola** (le cycle des *Rougon-Macquart*).

## Le vocabulaire des récits

▶ Le **nombre** important **d'actions** oblige le narrateur à être attentif à la **chronologie** (voir p. 236).

▶ La **présentation des actions** varie selon le choix du **narrateur** et du **point de vue**. Pour les identifier, reportez-vous à la page 242.

⚠ À l'intérieur d'un même roman, le point de vue peut varier d'un chapitre à l'autre.

## Exemple

Denise était venue à pied de la gare Saint-Lazare, où un train de Cherbourg l'avait débarquée avec ses deux frères, après une nuit passée sur la dure banquette d'un wagon de troisième classe. Elle tenait par la main Pépé, et Jean la suivait, tous les trois brisés du voyage, effarés et perdus au milieu du vaste Paris, le nez levé sur les maisons, demandant à chaque carrefour la rue de la Michodière, dans laquelle leur oncle Baudu demeurait. Mais, comme elle débouchait enfin sur la place Gaillon, la jeune fille s'arrêta net de surprise.

– Oh ! dit-elle, regarde un peu, Jean !

Zola, *Au Bonheur des Dames*, chapitre 1, 1883.

Principaux personnages. Indications de lieu. Indications de temps.

## Testez-vous !

→ Corrigés p. 257

Quiz

**1 Avec quoi le mot « roman » a-t-il un rapport ?**

○ Le thème qui y est abordé.
○ Le caractère fictif du texte.
○ La langue dans laquelle il était écrit à l'origine.

**2 Comment un roman est-il écrit ?**

○ Forcément en vers. ○ Forcément en prose. ○ En prose ou vers.

**3 Comment peut-on qualifier l'évolution du genre romanesque ?**

○ Il a beaucoup évolué dans sa forme.
○ Il a beaucoup évolué dans ses thèmes.
○ Il a beaucoup évolué dans sa forme comme dans son contenu.

**4 Qu'apprend-on sur les personnages à partir du texte ci-dessus ?**

a. Il y a quatre personnages en présence (Denise, Pépé, Jean et Baudu).
b. Il y a trois personnages en présence (Denise, Pépé et Jean).
c. Les personnages cités n'appartiennent pas à la même famille.
d. Les personnages cités appartiennent à la même famille.

**5 Quelle vision de Paris les personnages ont-ils ?**

a. C'est une ville effrayante.
b. C'est une ville fascinante et trépidante.
c. C'est une ville qui ne les étonne pas.
d. C'est une ville qui leur semble sale.

# 144 Les textes autobiographiques

## Définition

▶ Un **texte autobiographique** est un **récit que quelqu'un fait de sa propre vie**.

▶ C'est le seul type de texte où l'**auteur** est à la fois le **narrateur** et le **personnage principal**.

**À savoir**

« Autobiographie » signifie « écriture » (*-graphie*) de sa vie (*-bio-*) par soi-même (*auto-*). Tous les éléments de ce mot sont d'origine grecque.

▶ Le lecteur accepte inconsciemment le « **pacte autobiographique** » : il considère que ce qu'il lit est vrai et que l'auteur y est « honnête ».

## Historique

▶ Les textes autobiographiques sont **récents** : dans l'Antiquité, les auteurs n'imaginaient pas qu'on puisse s'intéresser à leur propre vie.

▶ Le premier à avoir parlé de lui est sans doute **Montaigne**, au XVI^e siècle, dans les ***Essais***, mais l'autobiographie la plus célèbre, ***Les Confessions*** de Jean-Jacques **Rousseau**, date du XVIII^e siècle.

▶ On divise les textes autobiographiques en **plusieurs catégories** :
– quand l'auteur raconte sa vie publique ou professionnelle, en insistant sur les aspects historiques, il s'agit de **Mémoires**, comme ceux de **Saint-Simon**, à l'époque de **Louis XIV** ;
– quand l'auteur ne raconte que sa vie privée (parfois pour se justifier ou s'expliquer), on parle d'**autobiographie** ;
– si les faits sont racontés au jour le jour, ce sont des **journaux** (intimes) ;
– si les faits sont écrits sous forme de lettres, c'est une **correspondance** ;
– on parle d'**autofiction** pour un livre qui contient des éléments réels sur la vie de son auteur, mais où celui-ci s'est amusé à la déformer ou à la réinventer.

⚠ Dans ce sens, le mot « Mémoires » est masculin. On l'écrit au pluriel avec une majuscule.

## Exemple

*Intus, et in cute.*

Je forme une entreprise qui n'eut jamais d'exemple, et dont l'exécution n'aura point d'imitateur. Je veux montrer à mes semblables un homme dans toute la vérité de la nature ; et cet homme, ce sera moi.

[...] Je n'ai rien tu de mauvais, rien ajouté de bon, et s'il m'est arrivé d'employer quelque ornement indifférent, ce n'a jamais été que pour remplir un vide occasionné par mon défaut de mémoire ; j'ai pu supposer vrai ce que je savais avoir pu l'être, jamais ce que je savais être faux.

Rousseau, *Les Confessions*, I, 1, publiées de 1781 à 1788.

## Testez-vous !

→ *Corrigés p. 257*

Quiz

**1 Quelle est la différence entre biographie et autobiographie ?**

- ○ La biographie raconte la vie de son auteur.
- ○ L'autobiographie n'est pas écrite par celui qui a vécu la vie racontée.
- ○ La biographie n'est pas écrite par celui qui a vécu la vie racontée.

**2 Pourquoi croit-on que tout ce qu'on lit dans une autobiographie est vrai ?**

- ○ Parce que tout ce qui est publié est forcément vrai.
- ○ À cause du pacte autobiographique.
- ○ Parce qu'on peut faire confiance à un auteur qu'on connaît.

**3 Comment s'appelle un récit autobiographique écrit par un historien ?**

○ Une autobiographie. ○ Une autofiction. ○ Des Mémoires.

**4 À quoi peuvent correspondre les mots du texte en rose ?**

a. Rousseau fait comprendre au lecteur qu'il va écrire sur la nature.
b. Rousseau insiste sur sa sincérité.
c. Rousseau pense qu'il est naturel d'écrire.
d. Rousseau utilise un champ lexical pour insister sur ce qui lui semble important.

**5 D'après le texte ci-dessus, pensez-vous que Rousseau soit sincère ?**

a. Il n'est pas totalement sincère puisqu'il a écrit le début de son texte en latin sans le traduire.
b. Il est totalement sincère puisqu'il le dit.
c. Il n'est pas totalement sincère parce qu'il dit qu'il a ajouté des choses pour compenser un « défaut de mémoire ».
d. Il est totalement sincère parce qu'il avoue qu'il a fait des ajouts.

# 145 La poésie

## Définition

▶ La **poésie** est une façon d'écrire qui s'appuie sur les **sonorités**, le **rythme** et les **images** pour déclencher chez le lecteur **sensations** et **émotions**.

▶ La **poésie**, qui utilise les techniques de versification (voir p. 222 à 229), **se distingue de la prose**.

**À savoir**

Le mot « poésie » vient du grec *poïèsis* signifiant « création ». Avec mise en musique ou non, chant ou non, ce genre qui existait déjà pendant l'Antiquité a constamment été utilisé depuis.

⚠ On peut rencontrer des « poèmes en prose » et trouver un « caractère poétique » à des textes en prose quand l'aspect musical ou émotionnel est dominant.

## Le vocabulaire de la poésie

▶ La poésie utilise un **lexique** et une **présentation spécifiques**.

▶ Pour commenter la poésie, on utilise le **vocabulaire** de la **versification** (voir p. 222 à 229) et des **figures de style** (voir p. 230 à 235).

▶ **Certains poèmes** obéissant à des règles spécifiques portent un **nom particulier** (voir p. 228).

## Exemple

**Quand vous serez bien vieille...**

Quand vous serez bien vieille, au soir à la chandelle,
Assise auprès du feu, dévidant et filant,
Direz, chantant mes vers et vous émerveillant :
Ronsard me célébrait, du temps que j'étais belle.

Lors, vous n'aurez servante oyant telle nouvelle,
Déjà sous le labeur à demi sommeillant,
Qui au bruit de mon nom ne s'aille réveillant,
Bénissant votre nom de louange immortelle.

Je serai sous la terre et fantôme sans os ;
Par les ombres myrteux je prendrai mon repos :
Vous serez au foyer une vieille accroupie,

Regrettant mon amour et votre fier dédain.
Vivez, si m'en croyez, n'attendez à demain :
Cueillez dès aujourd'hui les roses de la vie.

Ronsard, *Sonnets pour Hélène*, II, 24, 1578.

**Titre du poème**
S'il n'a pas de titre, on utilise pour l'identifier un numéro ou, comme ici, le début du premier vers.

**Vers**
18 dans ce poème. Chacun commence par une **majuscule**.

Auteur
Titre du recueil (en italique)

**Sonnet**
(voir p. 228)

Rimes embrassées
(voir p. 228)

**Strophe = ici, quatrain** (quatre vers)
Ensemble de vers ; c'est l'équivalent d'un paragraphe
(voir p. 222).

Livre
(partie du recueil)
Numéro du poème dans le livre
Date de parution

## Testez-vous !

→ Corrigés p. 257

Quiz

**1 Quel est l'antonyme de « poésie » ?**

- ○ Épopée.
- ○ Chanson.
- ○ Prose.

**2 Comment identifie-t-on les poèmes auxquels leur auteur n'a pas donné de titre particulier ?**

- ○ Par le premier mot.
- ○ Par les premiers mots.
- ○ Par le premier vers.

**3 Par quoi chaque vers commence-t-il ?**

- ○ Un tiret.
- ○ Un signe de ponctuation.
- ○ Une majuscule.

**4 Quelles affirmations correspondent à la présentation du poème de la page précédente ?**

a. Il est composé de quatre strophes.
b. Il porte le numéro 1578 mais n'a pas de titre.
c. Les rimes des deux premières strophes sont embrassées.
d. C'est un sonnet.

**5 Que signifie le dernier vers de ce poème ?**

a. Hélène doit cueillir des roses.
b. Hélène doit cueillir des roses tant qu'elle est jeune.
c. Hélène doit profiter de la vie parce qu'elle est déjà vieille.
d. Hélène doit profiter de la vie avant d'être trop vieille.

# 146 La poésie lyrique

## Définition

▶ La **poésie lyrique** exprime les sentiments intimes du poète qui écrit à la **première personne**. Elle vise à **partager avec le lecteur les émotions ressenties** et permet à l'écrivain d'extérioriser ce qu'il ressent, afin de s'en libérer.

**À savoir**

« Lyrique » vient du grec *lyra* (la lyre) et désigne une poésie faite pour être accompagnée de musique.

## Historique

▶ C'est un courant qui s'est développé en France au **XIXe siècle** et dont les représentants les plus connus sont **Hugo** et **Lamartine**.

▶ Héritière du **romantisme**, la poésie lyrique a pour **thème principal l'amour**. La **nature** y joue un **rôle important** : amie et protectrice du couple, elle est aussi la confidente du poète.

▶ Le point de départ de l'écriture est souvent un **drame personnel** : mort de sa fille Léopoldine pour Hugo ; mort de Julie pour Lamartine.

## Exemple

Le poète s'adresse au lac comme à un confident.

Des points d'exclamation expriment la forte émotion du poète.

Ô lac ! l'année à peine a fini sa carrière,
Et près des flots chéris qu'elle devait revoir,
Regarde ! je viens seul m'asseoir sur cette pierre
Où tu la vis s'asseoir !

Tu mugissais ainsi sous ces roches profondes,
Ainsi tu te brisais sur leurs flancs déchirés,
Ainsi le vent jetait l'écume de tes ondes
Sur ses pieds adorés.

Lamartine, « Le Lac », *Méditations poétiques*, 1820.

Le poète s'exprime à la première personne / il est seul.

Une femme lui manque.

Cet amour est passé (verbes à l'imparfait).

Il aimait cette femme.

**Quiz** Corrigés p. 257

**1 Qu'est censé ressentir le lecteur en lisant un poème lyrique ?**
○ De la tristesse. ○ De la joie. ○ Les mêmes sentiments que ceux du poète.

**2 Pourquoi les poètes lyriques écrivent-ils ?**
○ À cause d'une lourde souffrance personnelle. ○ Parce que c'est leur métier.
○ Parce qu'ils aiment la nature.

**3 Dans la poésie lyrique , quel est le rôle de la nature pour le poète ?**
○ Abriter ses amours. ○ Le divertir. ○ Écouter ses souffrances.

# 147 La poésie engagée

## Définition

La **poésie engagée** exprime **les idées de l'auteur** (**politiques** la plupart du temps, mais aussi sociales, culturelles ou, plus rarement, religieuses). Elle vise à **défendre une cause en invitant le lecteur à y adhérer**. La **poésie** est envisagée comme une **arme** ou une **forme de résistance**.

## Historique

▶ La **poésie engagée** s'est particulièrement développée dans la première moitié du XXᵉ siècle, en réaction à la montée du nazisme et du fascisme.

▶ Certains poètes choisissent de lutter par l'écriture : **Paul Eluard** (1895-1952) et **Louis Aragon** (1897-1982) ont publié clandestinement des poèmes. **René Char** (1907-1988), lui, refuse de publier une seule ligne pendant l'Occupation, considérant le silence comme une forme de résistance. Avec **Robert Desnos** (1900-1945), mort en déportation, il a participé activement aux actions armées du réseau Agir.

## Exemple

Structure de phrase répétitive, comme un refrain, facile à retenir.

Champ lexical de la prison.

Le nom répété attire l'attention sur l'aspect politique du poème.

Celui qui croyait au ciel celui qui n'y croyait pas
Ils sont en prison Lequel a le plus triste grabat
Lequel plus que l'autre gèle lequel préfère les rats

Celui qui croyait au ciel celui qui n'y croyait pas
Un rebelle est un rebelle deux sanglots font un seul glas
Et quand vient l'aube cruelle passent de vie à trépas

Celui qui croyait au ciel celui qui n'y croyait pas
Répétant le nom de celle qu'aucun des deux ne trompa
Et leur sang rouge ruisselle même couleur même éclat

Aragon, « La Rose et le Réséda », mars 1943,
*La Diane française*, 1944.

Champ lexical de la mort.

L'absence de ponctuation (malgré la majuscule) permet d'identifier un poème du XXᵉ siècle.

**Quiz** Corrigés p. 257

**1 Pour quelle période surtout parle-t-on d'« engagement » ?**
- ○ La montée des totalitarismes.
- ○ L'impérialisme américain.

**2 Pourquoi les poèmes sont-ils adaptés à la résistance ?**
- ○ Ils sont faciles à comprendre.
- ○ Ils sont courts.
- ○ Ils sont imagés.

**3 Quelle forme littéraire l'engagement peut-il prendre ?**
- ○ L'écriture.
- ○ Le silence.
- ○ La lutte armée.

# 148 Le théâtre

## Définition

▶ Au **théâtre**, **l'histoire est représentée directement devant les yeux des spectateurs**, par des comédiens, le plus souvent sur une scène.

▶ Le théâtre se caractérise le plus souvent par des **échanges de paroles** (dialogues) entre les personnages, mais peut se contenter de **gestes** (mime).

**À savoir**

Le mot « théâtre » vient du verbe grec *théomaï* signifiant « regarder ».

## Le vocabulaire du théâtre

– Dans un **monologue**, **un personnage parle seul en scène.**
– Dans un **dialogue**, il y a un **échange entre au moins deux personnages.**
– Une **réplique** est une **prise de parole d'un personnage.**
– Une **tirade** est une **longue réplique.**

## Exemple

Noms des personnages ou **protagonistes**.

Début de **l'aparté** (parole que les autres personnages présents sur scène ne sont pas censés entendre).

Fin de l'aparté.

La Flèche. – Vous avez de l'argent caché ?
Harpagon. – Non, coquin, je ne dis pas cela. (*À part*) J'enrage. (*Haut*) Je demande si malicieusement tu n'irais pas faire courir le bruit que j'en ai.
La Flèche. – Hé ! que nous importe que vous en ayez ou que vous n'en ayez pas, si c'est pour nous la même chose ?
Harpagon. – Tu fais le raisonneur. Je te baillerai de ce raisonnement-ci par les oreilles. (*Il lève la main pour lui donner un soufflet.*) Sors d'ici, encore une fois.

Molière, *L'Avare*, Acte I, scène 3, 1668.

Auteur
Titre (en italique)
**Acte** (ensemble de scènes formant une unité d'action).
**Scène** (subdivision de l'acte ; on change de scène dès qu'un personnage entre ou sort).

**Didascalies** ou indications scéniques
Notations qui ne sont pas prononcées et servent :
– au metteur en scène pour faire jouer les acteurs ;
– au lecteur pour mieux visualiser la scène jouée qu'il ne voit pas.

Date de première représentation.

**Quiz** Corrigés p. 257

**1 Quelle différence y a-t-il entre théâtre et cinéma ?**
○ Au théâtre, l'action se passe sous les yeux des spectateurs.
○ Au théâtre, on peut rejouer une scène si elle est ratée.
○ Au théâtre, les acteurs ne répètent pas leur scène avant de la jouer.

**2 Quel est l'antonyme de « monologue » ?**
○ Réplique. ○ Tirade. ○ Dialogue.

**3 La très longue prise de parole d'un seul acteur s'appelle :**
○ un monologue. ○ une tirade. ○ les deux.

# 149 La farce

## Définition

▸ La **farce** est une **courte pièce comique** écrite **en vers** (souvent 500 environ).

▸ Ses **personnages** sont souvent des **stéréotypes** (ils se présentent toujours sous la même forme, sans originalité ni personnalité propres).

▸ L'**objectif** est souvent **satirique**.

▸ Comme pour les fabliaux (voir p. 202), le **comique** est peu subtil, voire **grossier**, et emprunté aux situations de la vie quotidienne, en particulier celle de la bourgeoisie de l'époque.

**À savoir**

Le mot « farce » a été emprunté au vocabulaire culinaire. Comme un ingrédient dont on farcit un aliment, les farces étaient en effet intercalées au milieu des mystères (drames religieux)...

## Historique

▸ La farce, inventée au **Moyen Âge**, est passée de simple **intermède** anonyme (divertissement entre deux actes) du Xe au XIIe siècle, à une pièce à part entière par la suite.

▸ On en a écrit **jusqu'au XVIIe siècle**, et Molière en intègre même des éléments dans certaines de ses comédies.

## Exemple

LE JUGE. [...] (*Il s'adresse au berger.*) Avance, dis !
LE BERGER. Bée !
LE JUGE. C'est le comble ! Qu'est-ce que ce « bée ». Suis-je une chèvre ? Réponds-moi.
LE BERGER. Bée !
LE JUGE. Que Dieu te donne une fièvre du diable ! Te moques-tu ?
PATHELIN. Croyez qu'il est fou ou entêté, ou qu'il s'imagine parmi ses bêtes.

*La Farce de Maître Pathelin*, env. 1465.

**Quiz** — Corrigés p. 257

**1 Quels points communs y a-t-il entre fabliau et farce ?**
○ L'écriture en vers. ○ Le genre théâtral. ○ L'objectif satirique.

**2 On a écrit des farces après le Moyen Âge.**
○ Vrai. ○ Faux.

**3 Quel grand auteur de théâtre français s'est inspiré des farces ?**
○ Shakespeare ○ Racine ○ Molière

# 150 La comédie

## Définition

▶ La **comédie** est un genre théâtral en prose ou en vers dont le but est de **faire rire le spectateur (registre comique)**. Elle est généralement composée de **3 actes**.

▶ Son **dénouement** est presque toujours **heureux** et aboutit souvent à un **mariage**.

▶ Les **personnages**, **stéréotypés** (l'avare, le valet rusé, le vieillard grincheux, etc.), sont des **inconnus**, la plupart du temps **d'origine bourgeoise ou populaire**.

▶ La comédie a souvent un **objectif satirique** (voir p. 202).

> **À savoir**
> Le mot « comédie » signifie « chant de la cérémonie » en grec, en référence au caractère religieux des premières comédies grecques.

## Historique

▶ La **comédie grecque antique** est représentée dans les **mêmes conditions que les tragédies** (voir p. 220). L'auteur le plus célèbre est **Aristophane** (V$^{e}$ siècle avant J.-C.).

▶ À Rome, **Plaute** et **Térence** (II$^{e}$ siècle avant J.-C.) l'ont détachée de tout aspect religieux.

▶ En France, la **comédie** s'est beaucoup inspirée de la **farce** (voir p. 217) et de la ***commedia dell'arte*** italienne, basée sur l'improvisation et le **comique de gestes**.

▶ Le principal auteur est **Molière** (1622-1673). Il a repris certaines de ses idées à Plaute, en particulier pour l'une de ses plus célèbres pièces : *L'Avare*.

▶ Au XVII$^{e}$ siècle, **Marivaux** et **Beaumarchais** ont également eu un grand succès, grâce à des intrigues plus complexes que celles de Molière.

▶ Il y a **différents types de comique** :
– de **gestes** (coups, bastonnades, chutes, etc.) ;
– de **mots** (jeux de mots, répétitions, accents ou patois, niveau de langue, etc.) ;
– de **situation** (malentendu ou **quiproquo** dans l'intrigue) ;
– de **caractère** ou de **mœurs** (exagération des défauts humains, des habitudes d'une société ou d'une époque).

> **À savoir**
> Le **quiproquo** est une situation où une personne ou une chose est prise pour une autre.

## Exemple

**SCAPIN.** – Attendez, Monsieur, nous y voici. Pendant que nous mangions, il a fait mettre la galère en mer, et se voyant éloigné du port, il m'a fait mettre dans un esquif, et m'envoie vous dire que, si vous ne lui envoyez par moi tout à l'heure cinq cents écus, il va vous emmener votre fils en Alger.
**GÉRONTE.** – Comment, diantre, cinq cents écus ?
**SCAPIN.** – Oui, Monsieur ; et de plus il ne m'a donné pour cela que deux heures. [...]
**GÉRONTE.** – Que diable allait-il faire dans cette galère ?
**SCAPIN.** – Il ne songeait pas à ce qui est arrivé.
**GÉRONTE.** – Va-t'en, Scapin, va-t'en vite dire à ce Turc que je vais envoyer la justice après lui.
**SCAPIN.** – La justice en pleine mer ! Vous moquez-vous des gens ?
**GÉRONTE.** – Que diable allait-il faire dans cette galère ?

Molière, *Les Fourberies de Scapin*, Acte II, scène 7, 1671.

## Testez-vous !

→ *Corrigés p. 257*

Quiz

**1 Quel est le rang social majoritaire des personnages de comédie ?**
- ○ Ils sont issus de la noblesse.
- ○ Ils sont issus de la haute bourgeoisie.
- ○ Ils sont issus du peuple.

**2 Sur quel type de comique les premières comédies reposent-elles ?**
- ○ De gestes. ○ De mots. ○ De situation.

**3 Pourquoi les personnages des comédies sont-ils stéréotypés ?**
- ○ Parce que les auteurs de comédies manquent d'imagination.
- ○ Parce que c'est plus facile de se moquer de ce type de personnages.
- ○ Parce que les spectateurs les identifient mieux.

**4 Sur quels types de comique la scène ci-dessus repose-t-elle ?**

a. Sur le comique de gestes.
b. Sur le comique de mots.
c. Sur le comique de situation.
d. Sur le comique de caractère.

**5 Dans le texte ci-dessus, à quoi voit-on que Géronte ne veut pas payer ?**

a. La réplique « Comment, diantre, cinq cents écus ? » montre son agacement.
b. Il ne croit pas ce que dit Scapin.
c. Il ne répond jamais à la demande de Scapin.
d. Il est tellement triste qu'il perd la tête.

# 151 La tragédie

## Définition

▶ La **tragédie** est un genre théâtral qui vise à **provoquer la terreur ou la pitié chez le spectateur (registre tragique)**. Elle est généralement composée de **5 actes**.

▶ Son **dénouement** est toujours **malheureux** et se termine souvent sur **une ou plusieurs morts**.

▶ Les **personnages**, souvent des **héros** ou des **personnages mythologiques**, **de rang noble**, y sont **soumis au destin** malgré leurs efforts pour y échapper.

▶ Les **sentiments** exprimés, élevés ou héroïques, sont le plus souvent **très violents**.

> **À savoir**
> On ne sait pas exactement d'où vient le mot « tragédie ». Il signifierait « chant du bouc » en grec, en référence à un possible sacrifice de cet animal lors des fêtes de Dionysos où l'on jouait ce type de pièce.

## Historique

▶ Les tragédies remontent à l'Antiquité. En Grèce, elles étaient écrites en vers, en partie chantées, et faisaient l'objet de concours se déroulant lors des différentes fêtes religieuses. Les trois auteurs les plus célèbres sont **Eschyle**, **Sophocle** et **Euripide** (V^e^ siècle avant J.-C.).

▶ Le genre s'est particulièrement **développé en France au XVII^e^ siècle**. Les deux plus grands auteurs sont **Corneille** et **Racine**, dont les pièces s'inspirent souvent de la mythologie grecque.

▶ À cette époque sont fixées les **principales règles qui régissent l'écriture des pièces** françaises et en particulier des tragédies.

> **À savoir**
> **Boileau**, dans son *Art poétique*, en 1674, énonce la **règle des trois unités** :
> « Qu'en un lieu, en un jour, un seul fait accompli
> Tienne jusqu'à la fin le théâtre rempli. »
> Pour qu'une pièce soit cohérente, il faut donc une seule action, dans un seul lieu, pendant une seule journée.

## Exemple

**THÉSÉE.**
[...]
Je hais jusques au soin dont m'honorent les dieux ;
Et je m'en vais pleurer leurs faveurs meurtrières,
Sans plus les fatiguer d'inutiles prières.
Quoi qu'ils fissent pour moi, leur funeste bonté
Ne me saurait payer de ce qu'ils m'ont ôté.
**PHÈDRE.**
Non, Thésée, il faut rompre un injuste silence ;
Il faut à votre fils rendre son innocence.
Il n'était point coupable.
**THÉSÉE.**
Ah père infortuné !
Et c'est sur votre foi que je l'ai condamné !

Racine, *Phèdre*, Acte V, scène dernière, 1677.

## Testez-vous !

→ Corrigés p. 258

Quiz

**1 En quoi la tragédie s'oppose-t-elle aux autres genres théâtraux ?**

○ Par le rang social des personnages. ○ Par l'écriture en vers.
○ Par le nombre de personnages.

**2 À quelle époque s'est-elle épanouie en Grèce antique ?**

○ Au XVII^e siècle avant J.-C. ○ Au XVII^e siècle après J.-C. ○ Au V^e siècle avant J.-C.

**3 Pour qui s'applique la règle des trois unités ?**

○ Tous les auteurs de théâtre grecs. ○ Tous les auteurs de théâtre français.
○ Les auteurs de tragédies seulement.

**4 À quel monde les personnages de *Phèdre* appartiennent-ils ?**

a. Thésée et Phèdre sont des personnages de la mythologie romaine.
b. Thésée et Phèdre sont des héros médiévaux français.
c. Thésée et Phèdre sont des personnages de la mythologie grecque.
d. Thésée et Phèdre sont des personnages de la mythologie égyptienne.

**5 Quelles affirmations correspondent au contenu de cet extrait ?**

a. Thésée est mécontent de ce que les dieux lui ont accordé.
b. Phèdre lui avoue qu'elle est innocente.
c. Phèdre lui avoue que son fils est innocent.
d. Thésée se sent responsable de ce qui est arrivé à son fils.

# 152 Versification : le vers et son organisation

## Le décompte des syllabes

▸ En poésie, **1 syllabe** correspond à **1 phonème** ou **son** (souvent un groupe consonne(s) + voyelle(s), parfois une voyelle seule). C'est **l'unité de base** du vers.

▸ Pour **découper un vers**, on trace des **barres entre les syllabes**. Le **-e final « muet »** (sans accent) ne compte que si le mot suivant commence par une consonne. **En fin de vers** ou **devant une voyelle**, on le met entre parenthèses pour indiquer qu'il ne se prononce pas.

Il / pleu-/re / dans / mon / cœur
↑ consonne

Com- / m(e) il / pleut / sur / la / vill(e).
↑ voyelle ↑ fin de vers

(Verlaine, *Romances sans paroles*, III, 1874)

▸ Une **suite de 2 voyelles** peut se prononcer :

– en 2 fois (c'est une **diérèse**) ;

Les / san-/glots / longs
Des / v**i**-/**o**-/lons

(Verlaine, « Chanson d'automne », *Poèmes saturniens*, 1866)

– en 1 fois (c'est une **synérèse**).

Je / me / sou-/**viens**
Des / jours / an-/**ciens**

*(Ibid.)*

En découpant « sou-/vi-/ens » ou « an-/ci-/ens », on aurait eu 1 syllabe de trop.

**Diérèse** et **synérèse** ne concernent pas les voyelles qui se prononcent en 1 seul son : dans « cœur » et « doux », on ne peut jamais faire de coupe.

**À savoir**

Les poètes utilisent la diérèse pour des **raisons pratiques** (pour tomber sur le bon nombre de syllabes) ou **stylistiques** (pour insister car, quand on prononce les voyelles séparément, la lecture du mot dure plus longtemps).

## Les différents types de vers

▸ Le vers est une unité formée par un ou plusieurs mots écrit(s) sur une seule ligne.

▸ Les **plus courants** portent un nom particulier, correspondant à leur nombre de syllabes :
- l'**alexandrin** (12 syllabes) ;
- le **décasyllabe** (10 syllabes) ;
- l'**octosyllabe** (8 syllabes) ;
- l'**hexamètre** ou **hexasyllabe** (6 syllabes).

## Les différents types de strophes

▶ Les **strophes** sont des **ensembles de vers formant une unité** du point de vue de la grammaire ou du sens, séparés les uns des autres par des espaces (blancs) typographiques.

▶ Les **plus courantes** portent un nom particulier :
– **distique** (2 vers) ;
– **tercet** (3 vers) ;
– **quatrain** (4 vers).

## Testez-vous !

→ Corrigés p. 258

Quiz

**1 Comment appelle-t-on le vers de 6 syllabes ?**

○ Hexagone. ○ Hexastyle. ○ Hexamètre.

**2 Quel est le nom de la strophe composée de 3 vers ?**

○ Terçain. ○ Tercet. ○ Tierce.

**3 Classez les vers suivants du plus court au plus long.**

**a.** Alexandrin. **b.** Hexasyllabe. **c.** Décasyllabe. **d.** Octosyllabe.

○ acdb ○ abdc ○ bdca

**4 Retrouvez le découpage syllabique de ces vers qui forment le premier quatrain du poème de Victor Hugo « Demain, dès l'aube... » (*Les Contemplations*, 1856).**

Demain, dès l'aube, à l'heure où blanchit la campagne,
Je partirai. Vois-tu, je sais que tu m'attends.
J'irai par la forêt, j'irai par la montagne.
Je ne puis demeurer loin de toi plus longtemps.

**5 Retrouvez le nom des vers suivants, tirés du même recueil.**

a. Il vivait, il jouait, riante créature. (« Épitaphe »)
b. Il est temps que je me repose ; (« Trois ans après »)
c. Je n'étais jamais gai quand je la sentais triste ; (« Elle avait pris ce pli... »)
d. L'instant, pleurs superflus ! (« À Villequier »)

# 153 Versification : le rythme

## La césure

▶ En poésie, on marque normalement une **pause de la voix en fin de vers**.

▶ La **césure** est une pause ou coupe **à l'intérieur d'un vers**, souvent indiquée par un signe de ponctuation. Les césures rythment le vers.

▶ On appelle **hémistiche** la **moitié d'un alexandrin**. La césure en milieu de vers donne une impression de régularité. On la marque par une double barre.

J'irai par la forêt, // j'irai par la montagne.
Sans rien voir au-dehors, // sans entendre aucun bruit,

césures à l'hémistiche

(Victor Hugo, « Demain, dès l'aube… », *Les Contemplations*, 1856)

La virgule oblige à faire une pause. De chaque côté de la virgule, les propositions ou groupes sont construits de la même façon. On a une impression de régularité et de douceur en lisant ces vers.

## Enjambements et rejets

▶ L'**enjambement** est la **continuité obligatoire d'un vers sur le suivant**. La lecture du poème est rendue très fluide parce que, sans signe de ponctuation, on ne peut pas faire de pause en fin de ligne.

**Une Grenouille vit un Bœuf** ________
**Qui lui sembla de belle taille**. ________

(La Fontaine, « La Grenouille qui se veut faire aussi grosse que le Bœuf », *Fables*, I, 3, 1668)

> **À savoir**
> Rejet et contre-rejet permettent de **mettre un mot ou un groupe de mots en valeur** ou de **créer un effet de surprise**.

▶ Le **rejet** est le **dépassement sur un vers d'un court élément du vers précédent**. La voix marque une pause juste après lui.

**Du palais d'un jeune lapin** ________
**Dame Belette, un beau matin,** ________
**S'empara** : // c'est une rusée. ____ : ________

(La Fontaine, « Le Chat, la Belette, et le petit Lapin », *Fables*, VII, 16, 1668)

▶ Le **contre-rejet** est le **placement à la fin d'un vers d'un court élément du vers suivant**. La voix a marqué une pause juste avant lui.

– Par ma barbe, dit l'autre, il est bon ; // **et je loue** ________ ; ____
**Les gens bien sensés comme toi.** ________

(La Fontaine, « Le Renard et le Bouc », *Fables*, III, 5, 1668)

# Testez-vous !

→ Corrigés p. 258

**1 À quels moments fait-on une pause de la voix quand on lit un poème ?**

- ○ Presque toujours en fin de vers.
- ○ Toujours quand il y a un signe de ponctuation.
- ○ Jamais quand il y a une césure.

**2 Si un court élément de phrase « déborde » d'un vers sur le vers suivant, comment s'appelle ce phénomène ?**

- ○ Un enjambement.
- ○ Un rejet.
- ○ Un contre-rejet.

**3 Que peut-on faire pour insister sur un mot dans un poème ?**

- ○ Faire un enjambement.
- ○ Le placer en rejet.
- ○ Le placer en contre-rejet.

**4 Parmi les vers suivants de Baudelaire, tirés du recueil *Les Fleurs du mal* (1857), lesquels ont une coupe à l'hémistiche ?**

a. Tu passes ton chemin, majestueuse enfant. (« Le Beau Navire »)
b. Mon enfant, ma sœur, (« L'Invitation au voyage »)
c. Et des parcelles d'or, ainsi qu'un sable fin, (« Les Chats »)
d. Adieu donc, chants du cuivre et soupirs de la flûte ! (« Le Goût du néant »)

**5 Indiquez si le groupe de mots en gras de ces vers du poème « Le Flacon » de Baudelaire constitue un rejet, un contre-rejet ou un enjambement.**

a. Il est de forts parfums pour qui toute matière
**Est poreuse**. On dirait qu'ils pénètrent le verre.

b. Dans l'air troublé, les yeux se ferment ; **le Vertige**
Saisit l'âme vaincue et la pousse à deux mains.

c. Cher poison préparé par les anges ! **liqueur**
Qui me ronge, ô la vie et la mort de mon cœur !

d. Ou dans une maison déserte quelque armoire
**Pleine de l'âcre odeur des temps**, poudreuse et noire.

# 154 Versification : les rimes et les sonorités

## Définitions

▶ La rime est **l'identité des sons** des syllabes finales de deux mots placés **en fin de vers**.

▶ On parle de **rime intérieure** si les mots qui se font écho sont en milieu de vers.

▶ La **sonorité** ou **qualité des rimes** dépend de leur dernière lettre :
– la **rime féminine** se termine par un **-e** muet ;
– la **rime masculine** ne se termine pas par un **-e** muet.

Il pleure dans mon cœur (masculine)
Comme il pleut sur la vill(e). (féminine)
(Verlaine, *Romances sans paroles*, III, 1874)

⚠ La poésie classique fait alterner rimes féminines et masculines.

## Richesse des rimes

| | | |
|---|---|---|
| Les **rimes pauvres** ne portent que sur 1 voyelle accentuée (prononcée).<br>Se trouva fort dépourv/**ue**<br>Quand la bise fut ven/**ue**.<br>(La Fontaine, « La Cigale et la Fourmi », *Fables*, I, 1, 1668) | Les **rimes suffisantes** portent sur 2 sons.<br>Elle alla crier fam/**i-ne**<br>Chez la Fourmi sa vois/**i-ne**.<br>(*Ibid.*) | Les **rimes riches** portent sur plus de 2 sons.<br>La Fourmi n'est pas [prê/**t-eu-se**<br>[…]<br>Dit-elle à cette [emprun/**t-eu-se**.<br>(*Ibid.*) |

## Disposition des rimes

On désigne chaque rime par une lettre de l'alphabet – ce qui permet d'observer leur disposition verticale.

| | | |
|---|---|---|
| **Rimes plates** ou **suivies** : AABB.<br>Blanche fille aux cheveux [roux, (A)<br>Dont la robe par ses [trous (A)<br>Laisse voir la pauvreté (B)<br>Et la beauté, (B)<br>(Baudelaire, « À une mendiante rousse », *Les Fleurs du mal*, 1857) | **Rimes croisées** ou **alternées** : ABAB.<br>Et d'étranges rêves, (A)<br>Comme des soleils, (B)<br>Couchants sur les [grèves, (A)<br>Fantômes vermeils, (B)<br>(Verlaine, « Soleils couchants », *Poèmes saturniens*, 1866) | **Rimes embrassées** : ABBA.<br>Défilent sans trêves, (A)<br>Défilent, pareils (B)<br>À de grands soleils (B)<br>Couchants sur les [grèves. (A)<br>(*Ibid.*) |

## Les sonorités

| | |
|---|---|
| L'**allitération** est la **répétition de consonnes** identiques. | Surprenons, s'il se peut, les secrets de son âme.<br>(Racine, *Britannicus*, Acte I, scène 1, 1669) |
| L'**assonance** est la **répétition de voyelles** identiques. | Tout m'afflige et me nuit et conspire à me nuire<br>(Racine, *Phèdre*, Acte I, scène 3, 1677) |
| L'**harmonie imitative** est la **répétition de sonorités** qui établissent une **correspondance entre les sons et le sens**. | Pour qui sont ces serpents qui sifflent sur vos [têtes ?<br>(Racine, *Andromaque*, Acte V, scène 5, 1667)<br>L'allitération en [s] et l'assonance en [i] évoquent le sifflement des serpents évoqués dans le vers. |

## Testez-vous !

→ *Corrigés p. 258*

Quiz

**1 Où peut-on trouver des rimes ?**

- ○ Exclusivement en fin de vers.
- ○ Exclusivement en milieu de vers.
- ○ En fin de vers ou en milieu de vers.

**2 Que doit-on faire en poésie classique ?**

- ○ Alterner rimes féminines et rimes masculines.
- ○ Ne pas se soucier des rimes féminines et masculines.
- ○ Ne jamais alterner rimes féminines et masculines.

**3 Comment s'appelle la rime qui porte sur 3 sons ?**

- ○ Rime suffisante.
- ○ Rime riche.
- ○ Rime très riche.

**4 À quelle disposition correspondent ces quatre vers tirés du poème XCVI du recueil *Amours de Cassandre* de Ronsard ?**

Prends cette rose aimable comme toi,
Qui sers de rose aux roses les plus belles,
Qui sers de fleur aux fleurs les plus nouvelles,
Dont la senteur me ravit tout de moi.

**5 Retrouvez les rimes riches dans ces couples de vers tirés *des Fleurs du mal* (1857) de Baudelaire.**

a. Pendant que des mortels la multitude vile,
[...] Va cueillir des remords dans la fête servile, (« Recueillement »)

b. Valse mélancolique et langoureux vertige !
Le violon frémit comme un cœur qu'on afflige ; (« Harmonie du soir »)

c. Le Poète est semblable au prince des nuées
[...] Exilé sur le sol au milieu des huées, (« L'Albatros »)

d. Pendant que le parfum des verts tamariniers,
[...] Se mêle dans mon âme au chant des mariniers. (« Parfum exotique »)

# 155 Versification : les poèmes à forme fixe

Les **poèmes à forme fixe** respectent des **règles prédéfinies**.

## Les formes de poèmes chantés

▶ Le **rondeau** a été inventé au XVe siècle. Il contient **3 strophes** en octosyllabes ou décasyllabes de 5, 3 et 5 vers, avec 2 rimes seulement. Un **refrain** (le premier hémistiche du premier vers) **revient à la fin des strophes 2 et 3**, hors rime.

▶ La **chanson** est composée de **strophes à structure identique**, dotées d'un **refrain**.

▶ La **ballade** est composée de **3 strophes** (8 octosyllabes ou 10 décasyllabes) et **1 demi-strophe** (l'**envoi**). Chaque strophe se clôt sur un **refrain**.

> ⚠ Ne pas confondre « ballade » (type de poème chanté) et « balade » (promenade).

## Les formes non chantées

▶ Le **pantoum** ou **pantoun** est un type de poème originaire de Malaisie, traitant de deux thèmes qui alternent, importé en France par Victor Hugo. Il est composé d'un **nombre libre de quatrains à rimes croisées** (octo- ou décasyllabes généralement). Le **deuxième et le quatrième vers du premier quatrain deviennent le premier et le troisième du quatrain suivant**, et ainsi de suite. Le premier vers du poème en est également le dernier.

▶ Le **sonnet** est une forme importée d'Italie au XVIe siècle. Il est composé de **14 vers** (décasyllabes ou alexandrins, le plus souvent) répartis en **deux quatrains à rimes embrassées et deux tercets**. Sa structure la plus courante est ABBA, ABBA, CCD, EDE.

> ⚠ Dans un sonnet, les rimes des deux tercets peuvent varier.

Je vis, je meurs ; je me brûle et me noie ; (A)
J'ai chaud extrême en endurant froidure ; (B)
La vie m'est et trop molle et trop dure ; (B)
J'ai grands ennuis entremêlés de joie. (A)

Tout à un coup je ris et je larmoie, (A)
Et en plaisir maint grief tourment j'endure ; (B)
Mon bien s'en va, et à jamais il dure ; (B)
Tout en un coup je sèche et je verdoie. (A)

Ainsi Amour inconstamment me mène ; (C)
Et, quand je pense avoir plus de douleur, (D)
Sans y penser je me trouve hors de peine. (C)

Puis, quand je crois ma joie être certaine (C)
Et être au haut de mon désiré heur, (D)
Il me remet en mon premier malheur. (D)

Louise Labé, *Sonnets*, VIII, 1556.

## Testez-vous !

→ *Corrigés p. 258*

Quiz

**1 Quel type de poème était destiné à être mis en musique ?**

○ Le pantoum. ○ Le sonnet. ○ Le rondeau.

**2 Quels poèmes chantés ont des refrains ?**

○ Le rondeau. ○ La ballade. ○ Tous.

**3 De quoi un sonnet est-il composé ?**

○ 14 vers. ○ 4 strophes. ○ 4 quatrains.

**4 Identifiez le poème suivant.**

Voici venir les temps où vibrant sur sa tige
Chaque fleur s'évapore ainsi qu'un encensoir ;
Les sons et les parfums tournent dans l'air du soir ;
Valse mélancolique et langoureux vertige !

Chaque fleur s'évapore ainsi qu'un encensoir ;
Le violon frémit comme un cœur qu'on afflige ;
Valse mélancolique et langoureux vertige !
Le ciel est triste et beau comme un grand reposoir.

Le violon frémit comme un cœur qu'on afflige,
Un cœur tendre, qui hait le néant vaste et noir !
Le ciel est triste et beau comme un grand reposoir ;
Le soleil s'est noyé dans son sang qui se fige.

Un cœur tendre, qui hait le néant vaste et noir,
Du passé lumineux recueille tout vestige !
Le soleil s'est noyé dans son sang qui se fige...
Ton souvenir en moi luit comme un ostensoir !

(Baudelaire, « Harmonie du soir », *Les Fleurs du Mal*, 1857)

# 156 Les figures de style : généralités

## Définition

▶ Une **figure de style** présente **la pensée de façon imagée** et peut ainsi permettre au lecteur de **mieux se représenter ce que l'auteur a voulu dire**.

▶ C'est une **façon personnelle** de s'exprimer qui dépend, en grande partie, de l'imagination de chacun ; elle **renforce donc l'originalité** d'un écrit.

▶ On trouve majoritairement les figures **dans les textes en vers** (poésie ou théâtre).

## Classement des figures

| | |
|---|---|
| Les figures d'**analogie** (comparaison, métaphore, allégorie et personnification) | Elles rapprochent deux éléments présentant un **point commun**. Elles mettent en avant les **similitudes** (voir p. 231). |
| Les figures d'**opposition** (antithèse et oxymore) | Elles rapprochent deux éléments qui sont, *a priori*, **contradictoires**. Elles mettent en avant les **différences** (voir p. 232). |
| Les figures de **placement** (chiasme et hypallage) | Elles **disposent de façon spécifique** certains mots de la phrase ou du texte. Elles créent des symétries, des parallèles (voir p. 232). |
| Les figures d'**amplification** (anaphore, épiphore, hyperbole et gradation) | Elles augmentent l'importance d'un mot ou d'une idée par **répétition** ou par **exagération**, pour **attirer l'attention** du lecteur (voir p. 233). |
| Les figures de **substitution** (métonymie, périphrase et euphémisme) | Elles **remplacent un mot par un autre** en fonction de rapports logiques (voir p. 234). |
| Les figures de l'**ironie** (antiphrase, litote et prétérition) | Elles **cachent la pensée réelle** de celui qui les utilise (voir p. 235). |

**Quiz** Corrigés p. 258

**1 Pour exprimer une ressemblance, on utilise une figure :**

○ d'analogie. ○ d'amplification. ○ de substitution.

**2 Quelle est la figure d'opposition ?**

○ L'antiphrase. ○ La synthèse. ○ L'antithèse.

**3 Pour renforcer l'originalité d'un texte, on emploie des figures :**

○ d'amplification. ○ d'amplification et d'ironie.
○ n'importe quel type de figures.

# 157 Les figures d'analogie

## La comparaison et la métaphore

▶ La **comparaison rapproche deux éléments** (le **comparé** et le **comparant**) comportant une **caractéristique commune** à l'aide d'un **outil de comparaison** (« comme », « pareil à », « ressembler à », etc.).

L'amour s'en va comme cette eau courante
Comparé — Outil de comparaison — Comparant
(Apollinaire, « Le Pont Mirabeau », *Alcools*, 1913)

Point commun : l'eau courante et l'amour s'écoulent, disparaissent.

▶ La **métaphore** est une **comparaison sans outil de comparaison**.

Bergère ô tour Eiffel le troupeau des ponts bêle ce matin
Comparant — Comparé — Comparant — Comparé
(Apollinaire, « Zone », *Alcools*, 1913)

Point commun : la tour Eiffel domine les ponts qu'elle « surveille » comme une bergère.

**À savoir**
Une métaphore qui s'étend sur tout un vers s'appelle **métaphore filée.**

## L'allégorie et la personnification

▶ L'**allégorie représente de façon concrète une idée abstraite**, en utilisant un champ lexical entier ou d'autres figures de style comme la métaphore.

**Mon beau navire** ô ma mémoire
Avons-nous assez **navigué**
Dans une **onde** mauvaise à boire
(Apollinaire, « La Chanson du mal-aimé », *Alcools*, 1913)

La mémoire est matérialisée par l'image du navire à la dérive.

▶ La **personnification utilise, pour un objet ou une idée, un mot réservé aux êtres humains** ; elle assimile l'objet à un être vivant.

**Les jours s'en vont** je demeure
(Apollinaire, « Le Pont Mirabeau », *Alcools*, 1913)

Le verbe « s'en aller » ne peut normalement pas avoir pour sujet « Les jours ».

**Quiz** Corrigés p. 258

**1 Quel est le point commun des figures de cette leçon ?**
○ Elles mettent en valeur les points communs.
○ Elles opposent des personnes et des choses.
○ Elles servent à assimiler quelque chose à quelque chose d'autre.

**2 Quelle est la différence entre comparaison et métaphore ?**
○ L'utilisation d'un mot-outil.
○ La présence du comparant.
○ L'absence du comparé.

**3 Quelle est la figure de style utilisée dans la phrase « Le Soleil vient de se coucher. » ?**
○ Une comparaison. ○ Une métaphore. ○ Une personnification.

# 158 Les figures d'opposition et de placement

## L'opposition

▶ Une **antithèse rapproche, dans la même phrase, deux termes contradictoires** pour créer un contraste.

Je n'ai jamais vu un enfant sans penser qu'il deviendrait vieillard
ni un berceau sans songer à une tombe.
(Flaubert, *Lettres à Louise Colet*, 6 ou 7 août 1846)

▶ Un **oxymore** (ou une **alliance de mots**) **rapproche, dans le même groupe nominal, deux termes contradictoires.**

Cette obscure clarté qui tombe des étoiles
(Corneille, *Le Cid*, Acte IV, scène 3, 1637)

> Dans un **chiasme**, on peut ne pas utiliser exactement le même terme, mais seulement un terme de même sens ou de même famille.
>
> Plus l'offenseur est cher et plus
> [grande est l'offense.
> (Corneille, *Le Cid*, 1637)

## Le placement

▶ Un **chiasme reprend deux termes** utilisés dans la première partie de la phrase ou du vers, **en inversant leur ordre** dans la deuxième.

Il faut **manger** pour **vivre**, et non pas **vivre** pour **manger**.
(Molière, *L'Avare*, Acte III, scène 1, 1668)

▶ Une **hypallage accorde un adjectif à un nom**, alors que, pour le sens, **il concerne un autre mot de la phrase.**

Il<u>s</u> avançaient obscur<u>s</u> à travers l'ombre, dans la nuit solitaire.

(Virgile, *Énéide*, VI, vers 264, Ier siècle av. J.-C.)

Ici, ce sont les personnages qui sont solitaires, et non pas la nuit ; c'est la nuit qui est obscure, et non pas les personnages.

> **À savoir**
>
> L'**hypallage** crée souvent un effet d'étrangeté.

Quiz – Corrigés p. 258

**1 En quoi l'oxymore est-il différent de l'antithèse ?**

- ○ C'est un GN.
- ○ C'est une phrase.

**2 Quelles sont les différences entre chiasme et hypallage ?**

- ○ Le chiasme croise des termes et pas l'hypallage.
- ○ L'hypallage croise des termes et pas le chiasme.
- ○ L'hypallage concerne les accords et pas le chiasme.

**3 « Afin qu'<u>elle</u> <u>m'</u>évite autant que <u>je</u> <u>la</u> fuis. » (*Britannicus*, Acte II, scène 2, 1669). Quelle figure repérez-vous dans ce vers de Racine ?**

- ○ Une antithèse.
- ○ Un oxymore.
- ○ Un chiasme.

# 159 Les figures d'amplification

## L'insistance

▶ Une **anaphore** est la **répétition** d'un terme ou d'un groupe de mots **en début de phrase ou de vers.**

**Jamais** il n'a trahi son père, ni sa ville,
**Jamais** sang innocent n'a fait rougir ses mains
**Jamais** il n'a prêté sa lame à tes desseins,

(Corneille, *Médée*, Acte II, scène 2, 1639)

▶ Une **épiphore** est la **répétition** d'un mot ou d'un groupe de mots **en fin de groupe, de phrase ou de vers.**

Et toujours ce parfum de bois coupé qui venait de **Bérénice**, qui résumait **Bérénice**, qui le pénétrait de **Bérénice.** (Aragon, *Aurélien*, 1944)

## L'exagération

▶ L'**hyperbole amplifie un élément jusqu'à l'exagération** pour le mettre en relief.

Toute la Thessalie en armes te poursuit,
Ton père te déteste, et **l'univers te fuit**.

(Corneille, *Médée*, Acte II, scène 2, 1635)

C'est exagéré (hyperbolique) car il est impossible que l'univers tout entier veuille fuir Médée.

**À savoir**

L'**exagération** est une figure très courante qu'on utilise à l'oral comme à l'écrit sans même s'en rendre compte.

**mort** de rire ou mdr

▶ L'**accumulation** énumère des termes et crée un effet de profusion. La **gradation** utilise des **termes de force croissante ou décroissante**, dont le dernier est souvent hyperbolique.

**Va, cours, vole,** et nous venge. (Corneille, *Le Cid*, Acte I, scène 5, 1637)

Il y a augmentation de la vitesse exprimée entre « Va », « cours » et « vole ». L'utilisation de « vole » est de plus une hyperbole, car il est impossible qu'un humain arrive à s'envoler en courant très vite.

**Quiz** Corrigés p. 258

**1 À quel endroit d'une phrase peut-on trouver une épiphore ?**

○ Au début. ○ Au milieu. ○ À la fin.

**2 Comment peut-on qualifier les mots « anaphore » et « épiphore » ?**

○ Ce sont des synonymes. ○ Ce sont des antonymes. ○ Ce sont des homophones.

**3 Quelle est la figure de style contenue dans la phrase « Elle est trop sympa ! » ?**

○ Une gradation. ○ Une métaphore. ○ Une hyperbole.

# 160 Les figures de substitution

## La métonymie

La **métonymie** consiste à **remplacer un mot par un autre**. Les deux mots doivent avoir un **rapport logique** :

– le **contenu remplace le contenant**, ou l'inverse ;

Il a fait une délicieuse **terrine**.

« une terrine » = une sorte de pâté fait dans un plat en terre appelé « terrine ».

– le **lieu d'origine remplace l'objet ou la personne**, ou l'inverse ;

**La France** a remporté le tournoi. « La France » = les joueurs de l'équipe de France.

– le **tout remplace une de ses parties**, ou l'inverse. Cette forme particulière de métonymie, très courante, s'appelle **synecdoque**.

Ils ont perdu **leur toit**. « leur toit » = leur maison.

## La périphrase

La **périphrase** consiste à **remplacer un mot par sa définition** ou une **explication** parce qu'on ne veut pas ou qu'on ne peut pas employer le mot juste.

le petit coin (= les toilettes)

> **À savoir**
>
> La **périphrase** est employée fréquemment à l'oral quand on ne trouve plus un mot et qu'on veut l'expliquer à son interlocuteur.
>
> C'est le truc qui sert à...

## L'euphémisme

L'**euphémisme** consiste à **atténuer l'expression d'une information** en remplaçant un mot par un autre de même classe grammaticale.

la disparition (= la mort)

les seniors (= les personnes âgées)

> **À savoir**
>
> L'**euphémisme** sert à ne pas choquer, mais aussi à ne pas dévaloriser ce ou celui dont on parle.
>
> hôtesse (de caisse) (= caissière) → valorise la profession et la personne qui l'exerce

**Quiz** Corrigés p. 258

**1 Par quoi toutes ces figures permettent-elles de remplacer des mots ?**

- ○ Par des mots de même famille.
- ○ Par des mots de même sens.
- ○ Par des mots ayant un lien logique.

**2 Quelle est la spécificité de l'euphémisme ?**

- ○ Il choque.
- ○ Il ne choque pas.
- ○ Il explique.

**3 « Elle est au bureau. » Quelle est la figure de style contenue dans cette phrase ?**

- ○ Une métonymie.
- ○ Une périphrase.
- ○ Un euphémisme.

# 161 Les figures de l'ironie

## Définition

▶ « **Ironie** » vient d'un mot grec signifiant « interrogation ». Au départ, il désigne une méthode consistant à interroger son interlocuteur en faisant l'innocent, pour mieux lui faire prendre conscience de son ridicule, pour alerter et dénoncer.

▶ L'ironie, aujourd'hui, consiste à **ne pas dire clairement ce qu'on pense**, voire à **dire le contraire de ce qu'on pense**.

▶ L'ironie est fondée sur **l'implicite**, c'est-à-dire qu'elle n'est **pas clairement exprimée**. On ne la perçoit donc pas forcément, contrairement à ce qui est **explicite**.

▶ Ce n'est pas une figure de style, mais elle en utilise.

## Principales figures utilisées

▶ Une **antiphrase exprime une idée par son contraire**. C'est l'intonation à l'oral et le contexte à l'écrit qui permettent de la reconnaître.

C'est **la meilleure** !
(= c'est tout à fait déplacé)

> ⚠ Contrairement à l'euphémisme, qui vise à ne pas vexer la personne dont on parle (voir p. 234), la **litote** a plutôt pour objectif de provoquer ou de blesser.

▶ Une **litote atténue l'expression d'une information** pour accentuer son effet. Le verbe est souvent à la forme négative.

Ce **n'**est **pas fameux**… (= c'est vraiment nul)

▶ Une **prétérition annonce qu'on ne dira pas quelque chose qu'on dit finalement**.

Je ne veux nommer personne, **mais** un tel est arrivé en retard.

> **À savoir**
> L'**hyperbole** (voir p. 233) peut également être ironique si l'exagération vise à ridiculiser ce ou celui dont on parle.

**Quiz** Corrigés p. 258

**1 Qu'est-ce que l'ironie ?**
- ○ Une façon d'interroger les gens avec naïveté.
- ○ Une façon d'interroger les gens avec une fausse naïveté.
- ○ Une façon de s'exprimer sans dire ce qu'on pense réellement.

**2 Quelle figure ne correspond pas à la « méchanceté » de l'ironie ?**
- ○ La litote.
- ○ L'euphémisme.
- ○ L'hyperbole.

**3 Grâce à quoi peut-on comprendre que quelqu'un est ironique ?**
- ○ Le vocabulaire qu'il emploie.
- ○ Le ton qu'il emploie.
- ○ Le contexte.

# 162 Construction du récit : la chronologie

## Retour en arrière

▶ Le **retour en arrière** permet de **revenir sur un évènement qui a déjà eu lieu**.

▶ Son but est d'**expliquer** ce que le lecteur ne pourrait comprendre sans lui.

▶ Il se repère au **changement du temps des verbes** (passage au plus-que-parfait) et aux **compléments circonstanciels de temps indiquant l'antériorité** (*deux ans plus tôt, hier / la veille*, etc.).

**À savoir**
On l'appelle ***flash back*** au cinéma.

## Anticipation

▶ L'**anticipation donne par avance des indications sur ce qui ne s'est pas encore passé** dans l'histoire.

▶ Son rôle est de **créer une attente** en dévoilant un peu de la suite.

▶ On la repère au **changement de temps** (passage au futur pour les récits au présent ou au présent du conditionnel pour les récits au passé simple) et aux **compléments circonstanciels de temps exprimant la postériorité** (*un jour, demain / le lendemain*, etc.).

**À savoir**
On l'appelle ***teaser*** au cinéma, à la télévision ou dans la publicité.

## Ellipse

▶ L'**ellipse** est un « **trou** » **dans l'histoire** : un ou plusieurs moments ne sont volontairement pas racontés.

▶ Elle a deux fonctions :
– **éliminer les longueurs inutiles** en ne racontant pas les détails sans importance ;
– **cacher des indices importants** qui permettraient de deviner trop vite la fin du récit.

▶ Des mentions comme « le lendemain » ou « deux jours plus tard » signalent, en **début de chapitre**, que quelque chose n'a pas été raconté.

⚠ Le lecteur doit toujours se méfier des **ellipses** qui fonctionnent comme des « pièges ».

## Exemple

Charles attacha son cheval à un arbre. Il courut se mettre dans le sentier ; il attendit. Une demi-heure se passa, puis il compta dix-neuf minutes à sa montre. Tout à coup un bruit se fit contre le mur ; l'auvent s'était rabattu, la cliquette tremblait encore.

Le lendemain, dès neuf heures, il était à la ferme. Emma rougit quand il entra, tout en s'efforçant de rire un peu, par contenance. Le père Rouault embrassa son futur gendre. On remit à causer des arrangements d'intérêt ; on avait, d'ailleurs, du temps devant soi, puisque le mariage ne pouvait décemment avoir lieu avant la fin du deuil de Charles, c'est-à-dire vers le printemps de l'année prochaine.

Gustave Flaubert, *Madame Bovary*, 1857.

Un petit retour en arrière est signalé par le plus-que-parfait.
Le complément circonstanciel de temps indique une ellipse.

## Testez-vous !

➔ *Corrigés p. 258*

Quiz

**1 Par quelle indication une anticipation peut-elle être annoncée ?**

○ Jamais. ○ Soudain. ○ Demain.

**2 Par quelle indication une ellipse peut-elle être signalée ?**

○ Le mois suivant. ○ L'année d'avant. ○ Au moment même.

**3 Par quel temps verbal un retour en arrière se signale-t-il ?**

○ Le passé simple. ○ Le passé composé. ○ Le plus-que-parfait.

**4 Quelles affirmations correspondent au relevé du texte ci-dessus ?**

a. Le retour en arrière sert à expliquer l'attente de Charles.
b. Le retour en arrière sert à expliquer le bruit que Charles entend.
c. Le groupe nominal « Le lendemain » permet de comprendre que la nuit n'a pas été racontée.
d. Le groupe nominal « Le lendemain » permet de comprendre que la soirée n'a pas été racontée.

**5 Que constitue l'évocation du mariage dans le texte ?**

a. Un retour en arrière.
b. Une anticipation.
c. Une ellipse.
d. Le cours normal du récit.

# 163 Construction du récit : le schéma narratif

## Définition

▶ Le schéma narratif est un **modèle d'organisation des récits**.

▶ Inventé pour les **contes de fées**, qui ont toujours le même genre de structure, il peut être utilisé pour d'autres textes narratifs.

## Les étapes du schéma narratif

▶ La **situation initiale** (ou **état initial**) ne comporte aucune action précise ; c'est une présentation du cadre et des personnages, dont la situation (bonne ou mauvaise) est stable. Elle commence souvent par « Il était une fois ».

▶ L'**élément perturbateur** est une action inattendue qui vient détruire la stabilité de la situation initiale.

▶ Les **péripéties** sont les actions qui visent à retrouver ou à améliorer la situation initiale.

▶ L'**élément de résolution** est la dernière action, qui permet d'annuler les effets de l'élément perturbateur.

▶ La **situation finale** (ou **état final**) est la situation (généralement heureuse) dans laquelle se retrouvent les personnages à la fin. Elle se termine souvent par « Ils vécurent heureux et eurent beaucoup d'enfants ».

## Exemple

Voici une proposition de schéma narratif pour le conte *Cendrillon*, dans la version de Perrault. (**P.** : péripétie.)

- **Situation initiale :** le père de Cendrillon, veuf, s'est remarié ; sa nouvelle femme et ses deux belles-filles maltraitent la jeune fille.
- **Élément perturbateur :** le fils du roi donne un bal ; Cendrillon, faute de moyens, ne peut s'y rendre.
- **P. 1 :** la marraine de Cendrillon, une fée, lui procure le nécessaire pour y aller.
- **P. 2 :** le fils du roi la remarque et l'invite à nouveau.
- **P. 3 :** à la fin du second bal, Cendrillon part précipitamment et perd une de ses chaussures.
- **P. 4 :** le fils du roi utilise celle-ci comme moyen d'identification pour la retrouver.
- **P. 5 :** elle ne va à personne.

– **Élément de résolution :** elle s'adapte au pied de Cendrillon ; sa marraine lui redonne l'apparence qu'elle avait au bal, et le prince l'épouse.
– **Situation finale :** Cendrillon, devenue princesse, a marié ses demi-sœurs à des princes et va vivre heureuse.

Ce schéma permet d'avoir une **vision d'ensemble du récit**, de façon plus rapide et plus claire qu'un résumé.
Ici, par exemple, on voit toutes les actions qui concernent Cendrillon et son évolution entre les situations initiale et finale.

## Testez-vous !

→ *Corrigés p. 259*

Quiz

**1 Que permet d'organiser le schéma narratif ?**

- ○ La succession des actions.
- ○ Les relations entre les personnages.
- ○ La présentation du cadre du récit.

**2 Pourquoi deux étapes du schéma portent-elles le nom d'« état » ?**

- ○ Parce qu'on indique dans quel pays vivent les personnages.
- ○ Parce qu'il ne s'y passe généralement aucune action.
- ○ Parce qu'on y décrit l'état psychologique des personnages.

**3 Qu'est-ce qui met fin à la situation initiale ?**

○ L'élément de résolution. ○ La péripétie. ○ L'élément perturbateur.

**4 À quelle étape du schéma l'extrait suivant de *La Belle au bois dormant* de Perrault appartient-il ?**

« Il était une fois un Roi et une Reine, qui étaient si fâchés de n'avoir point d'enfants, si fâchés qu'on ne saurait dire. »

a. La situation finale.
b. L'élément de résolution.
c. L'élément perturbateur.
d. La situation initiale.

**5 Quel extrait du même conte correspond à l'élément de résolution ?**

a. « Le rang de la vieille Fée étant venu, elle dit [...] que la Princesse se percerait la main d'un fuseau, et qu'elle en mourrait. »
b. « Le Roi ordonna qu'on la laissât dormir en repos, jusqu'à ce que son heure de se réveiller fût venue. »
c. « [...] l'Ogresse, enragée de voir ce qu'elle voyait, se jeta elle-même la tête la première dans la cuve, et fut dévorée en un instant par les vilaines bêtes qu'elle y avait fait mettre. »
d. « [...] il vécut avec la Princesse plus de deux ans entiers, et en eut deux enfants [...] »

# 164 Construction du récit : le schéma actanciel

## Définition

▶ Le **schéma actanciel** est une sorte de **carte mentale** (***mindmap***) qui permet de **visualiser les différents personnages d'un récit et les rapports qu'ils entretiennent entre eux**.

▶ Il donne une **vision globale de l'histoire, centrée sur les personnages**.

## Les éléments du schéma actanciel

Il ne s'agit pas forcément d'un objet au sens propre ; il peut s'agir d'une personne ou d'un nouveau statut, par exemple.

On représente traditionnellement le schéma actanciel avec 6 éléments, qui fonctionnent 2 par 2 autour de l'idée de quête.

– Le **sujet** : c'est le personnage principal ou héros de l'histoire ;
– l'**objet** : c'est ce que le héros veut obtenir, ce à quoi il veut parvenir par sa quête.

– Les **opposants** : ce sont les personnages qui s'opposent au héros dans sa quête ;
– les **adjuvants** : ce sont les personnages qui aident le héros dans sa quête.

– Le **destinateur** : c'est celui qui détermine la quête du sujet, qui lui donne sa mission ;
– le **destinataire** : c'est celui qui va obtenir l'objet ou en bénéficier.

**opposants** (ou **adversaires**) → **sujet** (ou **héros**) ← **adjuvants** (ou **aides**)

↕ **quête**

**destinateur** → **objet** → **destinataire**

## Exemple

Voici une proposition de schéma actanciel pour le conte *Cendrillon*, dans la version de Perrault.

la belle-mère, les demi-sœurs (le père) → Cendrillon ← la marraine-fée (le père)

↕

le prince → aller au bal → Cendrillon (le prince)

Ce schéma est un **outil de réflexion** : à chaque fois qu'on a des difficultés à placer un personnage, cela peut mettre sur la piste d'un point important.
Ici, par exemple, on hésite à placer le père du côté des opposants (il laisse sa fille se faire maltraiter dans la situation initiale) ou des adjuvants (il semble avoir été bon pour elle avant son remariage) ; il ne paraît pas très actif et ne joue pas vraiment son rôle de père.
De même, c'est Cendrillon qui réussit sa quête en allant deux fois au bal et bénéficie de ses conséquences, mais le prince aussi, puisqu'il épouse celle qui lui plaît.

## Testez-vous !

→ *Corrigés p. 259*

Quiz

**1 Que permet d'organiser le schéma actanciel ?**

- ○ La succession des actions.
- ○ Les relations entre les personnages.
- ○ La présentation du cadre du récit.

**2 Comment peut-on définir l'objet de la quête ?**

- ○ Ce que le sujet veut obtenir.
- ○ Ce que les adjuvants veulent obtenir.
- ○ Ce que les opposants veulent obtenir.

**3 Que sont les mots « opposants » et « adjuvants » ?**

- ○ Des synonymes.
- ○ Des antonymes.
- ○ Des paronymes.

**4 À quel endroit du schéma pourrait-on placer les personnages suivants du conte de Perrault *La Belle au bois dormant* ? Lisez toutes les phrases avant de répondre.**

a. « [...] on donna pour Marraines à la petite Princesse toutes les Fées qu'on pût trouver dans le Pays [...] ».

b. « [...] on vit entrer une vieille Fée qu'on n'avait point priée parce qu'il y avait plus de cinquante ans qu'elle n'était sortie d'une Tour [...] »

c. « Dans ce moment la jeune Fée sortit de derrière la tapisserie et dit tout haut ces paroles : "Rassurez-vous, Roi et Reine [...]" [...] »

d. « Alors le Roi [...] fit mettre la Princesse dans le plus bel appartement du Palais, sur un lit en broderie d'or et d'argent. »

**5 Comment qualifier ce personnage du même conte ?**

« [...] une bonne Vieille était seule à filer sa quenouille. Cette bonne femme n'avait point ouï parler des défenses que le Roi avait faites de filer au fuseau. »

a. Elle est du côté des opposants car c'est la méchante Fée déguisée.

b. Elle est un adjuvant car elle va apprendre à filer à la Princesse.

c. Elle est l'objet car la Princesse la recherche.

d. Elle est une opposante involontaire car c'est à cause d'elle que la Princesse va se piquer au fuseau.

# 165 Construction du récit : narration et points de vue

## Le narrateur

▶ C'est **celui qui raconte l'histoire**.

▶ Il y a **deux types de narrateurs** :
– le **narrateur extérieur** : il n'est **pas un personnage** de l'histoire. Le récit est fait à la **troisième personne** ;
– le **narrateur intérieur** : c'est **un personnage** de l'histoire. Le récit est fait à la **première** ou à la **troisième personne**.

> ⚠ Il ne faut pas confondre **l'auteur** (personne réelle qui écrit un texte) et **le narrateur** (personne virtuelle qui raconte l'histoire du texte).

## Les points de vue

▶ Le **point de vue** ou **focalisation** est la **« vision » avec laquelle un récit est fait**. Pour savoir de quel point de vue il s'agit, il faut se demander : « **qui voit ?** ». Les points de vue sont classés ci-dessous, de la vision la plus large à la plus resserrée.

▶ Dans le **point de vue omniscient**, tout est **raconté de l'extérieur** par une sorte d'être supérieur qui « sait » (*-scient*) « tout » (*omni-*) et dit tout au lecteur, y compris ce qui se passe dans la tête de chacun des personnages. Le récit est fait à la **troisième personne** avec un **narrateur extérieur** qui n'appartient pas à l'histoire.

▶ Dans le **point de vue externe**, les évènements sont **racontés de l'extérieur**, comme par n'importe quel témoin de la scène. Le lecteur ne découvre de l'histoire que ce qu'on lui en dit ; il n'a pas de connaissance totale immédiate ; il doit attendre le dévoilement. Le récit est fait à la **troisième personne** avec un **narrateur extérieur** qui n'est pas un personnage de l'histoire.

▶ Dans le **point de vue interne**, les évènements sont **racontés de l'intérieur :**
– par le personnage principal de l'histoire. Le récit est alors fait à la **première personne** par un **narrateur intérieur**, comme, par exemple, dans les textes autobiographiques ou les journaux intimes ;
– par les yeux d'un personnage qui limite la vision du lecteur car tout est vu au travers de son regard. Le récit est alors fait à la **troisième personne** avec un **narrateur intérieur**.

> ⚠ Ce n'est pas parce qu'un auteur emploie « je » qu'il raconte forcément sa propre vie.

# Testez-vous !

→ Corrigés p. 259

Quiz

**1 Grâce à quel point de vue peut-on connaître les pensées de tous les personnages ?**

- ○ Point de vue interne.
- ○ Point de vue externe.
- ○ Point de vue omniscient.

**2 Avec quel type de narrateur peut-on avoir un récit à la première personne ?**

- ○ Narrateur extérieur.
- ○ Narrateur intérieur.
- ○ Narrateur omniscient.

**3 Quel est le point du vue qui limite le plus les connaissances du lecteur ?**

- ○ Point de vue interne.
- ○ Point de vue externe.
- ○ Point de vue omniscient.

**4 Quelles affirmations correspondent à l'extrait ci-dessous, premières lignes du roman *Du côté de chez Swann* (1829), de Marcel Proust ?**

« Longtemps, je me suis couché de bonne heure. Parfois, à peine ma bougie éteinte, mes yeux se fermaient si vite que je n'avais pas le temps de me dire : "Je m'endors". »

a. Le narrateur est intérieur car l'auteur a employé « je ».
b. Il s'agit forcément d'une autobiographie car l'auteur a employé « je ».
c. Le point de vue est omniscient parce qu'on sait ce qui se passe dans la tête du personnage.
d. Le point de vue est interne car le narrateur est intérieur.

**5 Même consigne avec cet extrait de *Mateo Falcone* (1913), de Mérimée.**

« Un certain jour d'automne, Mateo sortit de bonne heure avec sa femme pour aller visiter un de ses troupeaux dans une clairière du maquis. Le petit Fortunato voulait l'accompagner, mais la clairière était trop loin ; d'ailleurs, il fallait bien que quelqu'un restât pour garder la maison ; le père refusa donc : on verra s'il n'eut pas lieu de s'en repentir. »

a. Le narrateur est forcément extérieur car le récit est fait à la troisième personne.
b. On ne peut pas savoir si le narrateur est intérieur ou extérieur car ce passage ne donne pas assez d'indications.
c. Le point de vue est externe car on dirait qu'un témoin raconte la scène.
d. Le point de vue est interne car tout est vu avec les yeux de Mateo.

# Corrigés

## Leçon 1 (page 8)

❶ dû, du ❷ un élève ❸ un festival

## Leçon 2 (page 9)

❶ apercevoir ❷ l'agrafe ❸ un buisson

## Leçon 3 (pages 10-11)

❶ la dictée ❷ une fourmi ❸ un blessé

❹ a. vérité, pâté, charcutier b. souhait, perdrix c. heure, docteur d. laboratoire, trottoir

❺ a. Cette souris b. l'abri c. au musée d. ta verrue

## Leçon 4 (pages 12-13)

❶ les détails ❷ les choux ❸ les carnavals

❹ des tuyaux, des nez, des portails, des morceaux, des poux, des verrous, des anneaux, des bals, des canaux, des vœux, des bleus, des jeux, des pneus

❺ a. coraux b. les Durand, les enfants c. les bijoux d. directrices, des oiseaux

## Leçon 5 (pages 14-15)

❶ une jeune fille vive ❷ un garçon malheureux ❸ les élections municipales

❹ a. Une **brise légère** et **fraîche/fraiche** soufflait. b. **Cette saison chaude** et **sèche** est **fatigante**. c. **Ma tante** est **bourrue** et **rêveuse**. d. **La compétition annuelle** est **ambitieuse**.

❺ a. Ces nouveaux films sont passionnants. b. Les conseils régionaux prennent des décisions essentielles. c. Les chevaliers courageux ne craignent pas les coups fatals. d. Ces faits banals ne font pas la une (les unes) des quotidiens nationaux.

## Leçon 6 (page 16)

❶ rapidement ❷ vaillamment ❸ intensément

## Leçon 7 (page 17)

❶ Pourquoi ris-tu ? demande Claire. (Pas de majuscule à l'incise narrative) ❷ Je ne parle pas japonais. ❸ Les Finlandais connaissent un hiver très long.

## Leçon 8 (page 18)

❶ trois grands sacs de terre ❷ cet ancien livre de recettes ❸ deux nouveaux timbres-poste

## Leçon 9 (page 19)

❶ trois-cent-vingt ❷ six-cent-quatre-vingts ❸ deux-mille-six-cents

Nous avons choisi d'appliquer la réforme et de mettre des traits d'union ; si on ne l'applique pas les nombres ci-dessus s'écrivent sans traits d'union, sauf *six cent quatre-vingts*.

## Leçon 10 (pages 20-21)

❶ Ces chaussettes bleues sont usées. J'ai des gants bleu marine. ❷ Je n'aime pas ces chaussures marron. ❸ Tes bottes orange sont splendides.

❹ a. mon occupation préférée b. des espadrilles mauves c. des carreaux vert bouteille et jaunes d. ces véhicules imaginés / performants

❺ a. rayures roses et vertes b. ces mocassins orange et marron c. trempés d. Ces vieilles maisons sont haut (adverbe donc invariable) perchées.

## Leçon 11 (page 22)

❶ mêmes, nue ❷ nu, même ❸ demie, demi

## Leçon 12 (page 23)

❶ Nulle, tels ❷ Tel, telle ❸ tel quel, nulle

## Leçon 13 (page 24)

❶ Que disent-ils ? Que vois-tu ? ❷ Pourquoi tes amis empruntent-ils des stylos ?

3 La paire de chaussures que tu as achetée me semble trop petite.

## Leçon 14 (page 25)

1 La plupart dorment. 2 Toi et moi révisons. 3 C'est moi qui ai eu peur.

## Leçon 15 (pages 26-27)

1 dormi 2 Elle est entrée en scène. 3 Voici les livres que Jeanne a lus.

4 a. Les histoires que **j'ai traduites** sont destinées aux enfants. b. Voici la demeure que mes cousins **ont restaurée** eux-mêmes. c. Hugo et Inès **sont arrivés** lundi. d. Comment sont construits les participes passé que tu **as accordés** ?

5 a. Les cerises que nous avons **cueillies** hier ne sont pas assez sucrées. b. Manon a **adopté** deux chatons qu'elle a **trouvés**. c. Les voisins sont **venus** nous montrer la voiture qu'ils ont **achetée**. d. **Encouragée** par son succès, la nageuse a redoublé d'efforts.

## Leçon 16 (pages 28-29)

1 Natacha s'est coupée. 2 Ils se sont donné une semaine pour réviser. (*je n'en ai pas acheté* : pas d'accord avec *en* ; *Alicia s'est préparée à plonger*). 3 Les sportifs que j'ai vus courir étaient très rapides (*que*, mis pour *les sportifs*, est COD de *vus* et non de *courir*). Les cerises que j'ai voulu cueillir étaient vertes (*que* COD de *cueillir*).

4 a. pressés b. pressé (le COD est après le verbe) c. brûlés (accord avec le COD *les* mis pour *les doigts*) d. trouvé (pas d'accord avec *en*)

5 a. écorché (COD placé après le verbe) b. laissé ; piquée (accord avec le COD *l'* mis pour *Lucie*) c. vus (accord avec le COD *que* mis pour *les éclairs*) ; terrifié (accord avec *l'* mis pour *Lucas*) d. coupé (le COD est après le verbe) ; vernis (accord avec le COD *les* mis pour *les ongles*)

## Leçon 17 (page 30)

1 Julie a décidé de jouer dans un orchestre. 2 Tom a acheté un fer à souder. 3 Je vais vous demander votre avis.

## Leçon 18 (page 31)

1 Je me levai et ouvris la porte. 2 Je voudrais une baguette, s'il vous plaît. 3 Si tu aimais la stratégie, je jouerais aux échecs avec toi.

## Leçon 19 (page 32)

1 Jérémie a écrit (participe passé : *écrite* au féminin) à sa grand-mère. 2 Jessica promit (verbe au passé simple) de venir. 3 Tu ne m'as pas cru (participe passé).

## Leçon 20 (page 33)

1 Je vérifie mon calcul. 2 J'envoie un message. 3 Donne-moi un conseil.

## Leçon 21 (page 34)

1 nous sourions (Les autres verbes sont à l'imparfait ou au présent du subjonctif.)

2 nous voyions, nous déplacions (*nous rions* est au présent.)

3 Il faut que vous ayez un billet d'entrée. Il faut que nous souriions pour la photo.

## Leçon 22 (page 35)

1 En adhérant à notre association, vous aurez tous les avantages. 2 Mes cousins sont partants (adjectif verbal) pour nous accompagner. 3 fatigant, négligent

## Leçon 23 (page 36)

1 a, à 2 est, et 3 où, ou

## Leçon 24 (page 37)

1 ses, ces 2 C'est, s'est 3 C'était, s'était

## Leçon 25 (page 38)

1 ceux, se 2 Ce, ceux 3 Ce, se, ceux, se

## Leçon 26 (page 39)

1 l'ai, les 2 des, dès 3 l'es, dès

## Leçon 27 (page 40)

1 La, la 2 là, la 3 La, là, l'as

## Leçon 28 (page 41)

1 Mon, ton, sont 2 Son, ton, m'ont 3 Sont, t'ont, ton

## Leçon 29 (page 42)

1 m'as, ta, ma 2 Ma, t'as, sa 3 Ça, sa

## Leçon 30 (page 43)

1 Leur, leur 2 On, leur, leur 3 On n', leur, leurs

## Leçon 31 (page 44)

1 Si, ci, n'y 2 Ni, ni, s'y 3 si, ci, s'y

## Leçon 32 (page 45)

1 Sans, s'en 2 d'en, s'en 3 C'en, dans, d'en

## Leçon 33 (page 46)

1 Quant, qu'en 2 tant, temps 3 Quand, temps, temps

## Leçon 34 (page 47)

1 Quel, quelle 2 qu'elle, quels 3 quelles, qu'elles

## Leçon 35 (page 48)

1 Quoique, plus tôt 2 Quelles que, plutôt 3 Quoi que, quelques

## Leçon 36 (page 49)

1 tous, tous 2 Tous, tout 3 Tout, toutes

## Leçon 37 (page 50)

1 Peu, peu, peut 2 dû, du 3 crû, cru

## Leçon 38 (page 51)

1 quelquefois, à faire 2 davantage, affaire 3 quelques fois, d'avantages

## Leçon 39 (page 52)

1 ver, près 2 sûre, sur 3 sûr, prêts

## Leçon 40 (page 53)

1 J'ai passé un coup de balai dans l'entrée. 2 Monsieur le comte a pris du poids. 3 La chaîne (chaine) de l'ancre du bateau est rouillée.

## Leçon 41 (pages 54-55)

1 Le prolongement de l'autoroute désenclave la région. 2 Le volcan de l'île de la Réunion entre en éruption. 3 J'essaie d'inculquer à mon petit frère les bases de la politesse.

4 a. Quelqu'un a pénétré par **effraction** dans le musée. b. Nous avons consulté un **éminent** spécialiste des oreilles. c. Toute **infraction** au règlement intérieur sera sanctionnée. d. L'embarquement des passagers est **imminent**.

5 a. Quand je ferme les yeux, j'ai l'**illusion** qu'il fait nuit. b. On nous conseille de **consommer** cinq fruits et légumes par jour. c. Cette bougie ne peut pas se **consumer** si vite. d. Ne faites pas **allusion** à cet incident désagréable.

## Leçon 42 (pages 56-57)

1 surement 2 un pèse-lettre, des porte-avions, un cure-dent (Orthographe traditionnelle : un pèse-lettres, un cure-dents) 3 un extraterrestre, une serpillère (Orthographe traditionnelle : une serpillière)

4 a. Nous découvrîmes une grotte qui abritait des **chauvesouris**. b. Au bout de **mille-trois-cent-cinquante-quatre ans**, le vaisseau se posa enfin. c. Le **ruissèlement** de l'eau endommage la pierre. d. Pierre s'y **connait** : ce fruit n'est **surement** pas mûr.

5 a. Juste : *charriot* au lieu de *chariot*. b. Faux : l'accent circonflexe sur le *-a* est maintenu (*gateau* n'existe pas). c. Faux : l'accent circonflexe sur le *-u* permet de distinguer *dû* du verbe *devoir* et le déterminant *du*. d. Juste : le tréma se place sur la lettre à prononcer.

## Leçon 43 (pages 58-59)

1 si bien que 2 noms, pronoms, verbes, adjectifs, déterminants 3 un groupe infinitif

4 a. Apporter : verbe dans une liste de noms. b. Élégant : adjectif dans une liste de noms. c. Où : pronom relatif ou adverbe interrogatif dans une liste de conjonctions de coordination. d. Car : conjonction de coordination dans une liste de prépositions.

5 a. le petit chien de Noémie : GN ; mignon : adjectif b. mon : déterminant ; élève des crocodiles : groupe verbal c. Nous : pronom ; acheter un crocodile : groupe infinitif d. vraiment : adverbe ; fier de toi : groupe adjectival.

## Leçon 44 (pages 60-61)

1 un nom abstrait 2 un nom inanimé 3 un nom collectif

4 a. **Victoire** a apporté **son chien**, **son chat** et leurs croquettes. b. Ta colère ne se justifie à aucun moment. c. Cet **écrivain** a écrit de nombreux romans d'aventures. d. **Le dompteur** expérimenté s'approche **des panthères** avec son long fouet.

5 a. fromage b. arbre c. siège d. meuble

## Leçon 45 (page 62)

1 Une (rose), L'(amitié) 2 Ce (film), Leurs (affaires) 3 Le (boucher), deux (baguettes)

## Leçon 46 (page 63)

1 cette histoire-ci, cet épisode 2 notre, nos 3 tes chaussettes

## Leçon 47 (pages 64-65)

1 As-tu **une** gomme à me prêter ? 2 **Le** loup est un animal sauvage. 3 Nous avons coupé **du** bois pour le feu. Avez-vous **de** l'encre de Chine ?

4 a. Un : article indéfini ; l' : article défini élidé b. Les : article défini ; du : article défini contracté c. Du : article partitif ; le : article défini ; au : article défini contracté d. De la : article partitif ; la : article défini

5 a. Un : article indéfini (pronoms : *je, te, le*) b. De la : article partitif ; des : article indéfini ; le : article défini (pronom : *nous*) c. La : article défini ; l' : article défini élidé ; du : article défini contracté ; une : article indéfini d. Le : article défini ; des : article défini contracté ; aux : article défini contracté (pronoms : *nous, l'*)

## Leçon 48 (page 66)

1 Je cours **tous** les matins. 2 un déterminant numéral cardinal 3 un déterminant interrogatif

## Leçon 49 (page 67)

1 Ce sketch est ennuyeux, mais **celui-là** est réussi. 2 désigne le destinataire 3 COI du verbe *ressembler*

## Leçon 50 (pages 68-69)

1 Léo, qui était à la piscine, **en** revient. **On** a oublié de téléphoner. 2 est un pronom personnel ; désigne le destinataire 3 est un pronom personnel ; est toujours complément (*leur* est le pluriel de *lui*)

4 a. j', y (substitut), lui (substitut) b. elle (substitut), tu, nous c. eux (substitut) d. j', je, leur (substitut), nous, t', en (substitut).

5 a. Je : sujet du verbe *lire* ; le : COD du verbe *rendre* b. J' : sujet du verbe *croiser* ; il : sujet du verbe *obéir* ; lui : COI du verbe *obéir* c. Nous : sujet du verbe *aimer* ; l' : COD du verbe *aimer* ; tu : sujet du verbe *aimer* d. Nous : COD du verbe *regarder* ; vous : sujet du verbe *regarder*

## Leçon 51 (pages 70-71)

1 un pronom démonstratif

2 Ce crayon n'est pas **le tien.** (*leur* est un pronom personnel, *leurs* et *notre* des déterminants possessifs.)

3 **La plupart** étaient en avance. (*plusieurs* et *tous* sont des déterminants indéfinis.)

4 **Pronoms possessifs :** b. le mien – **Pronoms démonstratifs :** a. celles-ci ; b. celui-ci ; d. Ceci – **Pronoms indéfinis :** a. la plupart ; c. Nul, personne

5 a. celle-ci b. ceux-ci c. Ce d. celui

## Leçon 52 (pages 72-73)

❶ un pronom relatif ❷ C'est Lucas **qui** a téléphoné (antécédent : *Lucas*). ❸ ton frère

❹ a. lequel : pronom interrogatif b. dont : pronom relatif (antécédent : *château*) c. à quoi : pronom interrogatif d. pour laquelle : pronom relatif (antécédent : *compétition*)

❺ a. qui ; antécédent : *livre* ; fonction : sujet du verbe *recommander* b. que ; antécédent : *village* ; fonction : COD du verbe *décrire* c. dont ; antécédent : *village* ; fonction : COI du verbe *parler* d. où ; antécédent : *village* ; fonction CC de lieu du verbe *passer*.

## Leçon 53 (page 74)

❶ Ma patinette est très **rapide**. C'est une décision **ministérielle**. ❷ C'est un curieux personnage. ❸ Je suis **satisfait de ta décision.** (adjectif + groupe nominal)

## Leçon 54 (page 75)

❶ un adjectif de relation ❷ au comparatif d'infériorité ❸ Il est **très vif**. Il est **tout à fait prêt**.

## Leçon 55 (page 76)

❶ un verbe d'état, un verbe attributif ❷ un verbe intransitif ❸ un verbe d'action, un verbe à double transitivité

## Leçon 56 (page 77)

❶ Il est récompensé. ❷ Il reste deux biscuits. ❸ Je m'entraîne (*je* et *m'* : même personne).

## Leçon 57 (page 78)

❶ pronominal ; de sens réfléchi ❷ Il **se méfie** de nous. ❸ Cette tour **se voit** de très loin.

## Leçon 58 (page 79)

❶ pour, sans, vers ❷ avec du sucre ❸ une cause

## Leçon 59 (pages 80-81)

❶ Nous sommes **enfin** tous **ensemble**. Je suis rentré **hier**. Je **n'**ai **jamais** rencontré Hélène. ❷ enfin ❸ un adverbe (*bien*)

❹ a. bientôt, ici, presque b. Hier, très, vite, aujourd'hui, particulièrement c. D'abord, ensuite d. déjà, non, jamais

❺ a. aimable : adjectif ; aimablement : adverbe b. haut (placé) : adverbe ; haut (nom : *gratte-ciel*) : adjectif c. court (nom : *pull*) : adjectif ; court- (vêtue) : adverbe d. net (parler) : adverbe ; net (nom : *trait*) : adjectif

## Leçon 60 (pages 82-83)

❶ deux compléments du nom ❷ J'ai bien un stylo rouge **mais** il ne marche pas. Je mettrai un bonnet **et** des gants. ❸ la chronologie des actions

❹ a. et b. mais c. ou d. donc (*puis* est un adverbe de liaison)

❺ a. et, mais b. donc c. ni, ni d. mais

## Leçon 61 (pages 84-85)

❶ une subordonnée conjonctive ❷ **Les trois phrases** : que, bien que, quand. ❸ afin que, avant que (*après que* est toujours suivi de l'indicatif : *Il est parti après qu'il a déjeuné.*)

❹ a. que b. parce qu' c. que (*qui* est un pronom relatif) d. Après qu'

❺ a. que b. Tandis que / Pendant que / Alors que c. Comme / Puisque d. si

## Leçon 62 (page 86)

❶ le regret, la tristesse ❷ retranscrivent un bruit de façon stylisée ❸ exprime l'impatience du locuteur

## Leçon 63 (page 87)

❶ un pronom interrogatif ❷ un pronom relatif (antécédent : *les radis*) ❸ un adverbe (locution adverbiale restrictive *ne... que*)

## Leçon 64 (page 88)

❶ Jules et Sophie ❷ Je ❸ ai vu Théo (verbe + complément essentiel)

## Leçon 65 (page 89)

❶ une voile (*l'horizon* : CC de lieu) ❷ il s'agit d'une incise narrative ❸ qui vivra ; une proposition subordonnée (relative sans antécédent)

## Leçon 66 (pages 90-91)

❶ Nous avons consulté **un site intéressant**. (COD du verbe *consulter)* ❷ Je ne m'attendais pas **à ta visite**. (COI du verbe *s'attendre)* ❸ J'ai donné un conseil **à mon chien**. (COS du verbe *donner* ; COD : *un conseil*)

❹ a. Je **le** croise ; il **lui** ressemble. b. Je **le lui** ai offert. c. Je **l'**ai empruntée (accord du participe passé avec le COD placé avant le verbe) ; et **la lui** ai conseillée. d. Le loup **l'**observe ; ce dernier **le** craint.

❺ a. une histoire incroyable : COD du verbe *imaginer* ; l' : COD du verbe *écrire* b. de rien : COI du verbe *manquer* ; à Thomas : COS du verbe *donner* ; mes rollers : COD du verbe *donner* c. un bon film : COD du verbe *voir* ; l' : COD du verbe *recommander* ; à Nadia : COS du verbe *recommander* d. mon stylo : COD du verbe *prendre* ; l' : COD du verbe *rendre* ; me : COS du verbe *rendre*

## Leçon 67 (pages 92-93)

❶ Tu sembles **prêt**. (attribut du sujet *Tu)* ❷ de visiter la Chine : groupe infinitif attribut du sujet *mon rêve* ❸ Je suis considéré **comme un génie**. (attribut du sujet *je)*

❹ a. reine : attribut du sujet *Elle* b. heureux : attribut du sujet *Tu* c. pompier : attribut du sujet *Je* d. simple : attribut du sujet *La règle*

❺ a. pas d'attribut b. que tu choisisses des chaussures confortables : proposition subordonnée attribut du sujet *L'important* c. ravie de t'avoir rencontré : attribut du sujet *Victoire* ; le (= ravi(e)) : pronom attribut du sujet *je* d. de traverser la Manche à la nage : groupe infinitif attribut du sujet *Mon rêve*

## Leçon 68 (page 94)

❶ On tient Myriam (COD) pour **responsable** (attribut du COD). ❷ Nous avons trouvé ces fraises (COD) **succulentes** (attribut du COD). ❸ Nous le (COD) considérons **comme le meilleur** (attribut du COD). Je crois utile (attribut du COD) d'emporter mes affaires de sport (COD de *croire*).

## Leçon 69 (page 95)

❶ désigne celui qui effectue l'action ; ne se rencontre qu'au passif. ❷ Le cambrioleur est démasqué **par le policier**. CA du verbe *démasquer* (*par la fenêtre* : CC de lieu ; *par hasard* : CC de cause).

❸ Le coupable est rongé **de remords**. CA du verbe *ronger*. La première phrase est au passif mais n'a pas de CA (*des millions de fois* : CCT).

## Leçon 70 (pages 96-97)

❶ Mon père travaille **la nuit**. (quand ?) ❷ CC de cause (pour quelle raison ?) ❸ CC de moyen (grâce à quoi ?)

❹ a. Les cigognes font leur nid. En Alsace : CCL ; en haut des cheminées : CCL. b. Nos voisins viendront dîner. La semaine prochaine : CCT ; à la maison : CCL. c. M. Sport fait de la gymnastique. Pour garder la forme : CC de but ; tous les matins : CCT. d. Nous reviendrons. Puisque c'est ainsi : CC de cause ; mardi : CCT.

❺ a. au nord de l'Italie : GN, CCL ; dans les années cinquante : GN, CCT. b. à la patinoire : GN, CCL ; hier : adverbe, CCT ; avec toi : pronom (groupe pronominal prépositionnel), CC d'accompagnement. c. Comme il avait perdu les clés de sa maison : proposition subordonnée (conjonctive circonstancielle), CC de cause ; par la fenêtre : GN, CC de lieu. d. sérieusement : adverbe, CC de manière ; pour réussir l'évaluation d'histoire : groupe infinitif (groupe infinitif prépositionnel), CC de but.

## Leçon 71 (page 98)

❶ J'ai vu un chien **minuscule** (minuscule : épithète du nom *chien*). ❷ attribut du sujet *chaussures* ❸ épithète du nom *pull* (La virgule marque l'énumération.)

## Leçon 72 (page 99)

❶ C'est une occasion **de se faire des amis.** CdN *occasion* ❷ un infinitif ❸ peut être un pronom ; peut être un GN

## Leçon 73 (page 100)

❶ Le match, **le meilleur de la saison**, a suscité l'enthousiasme. Apposé à *Le match* ❷ un GN ; un adjectif qualificatif ❸ apposé au nom ville (ville = *Londres* : *Londres* n'est donc pas un CdN)

## Leçon 74 (page 101)

❶ **Karim**, peux-tu m'aider ? ❷ une apostrophe ❸ Votre Majesté : un titre de politesse

## Leçon 75 (pages 102-103)

❶ Les adverbes sont des mots invariables. ❷ Un groupe infinitif peut être COD ; un adjectif peut être attribut du sujet. ❸ sujet du verbe ; attribut du sujet (Le COS peut être supprimé.)

❹ a. petit : épithète du nom *chat* ; depuis deux heures : CCT ; dans son panier : CCL. b. Hier : CCT ; dans la rue : CCL ; ancien : épithète du nom *camarade* ; de classe : CdN *camarade*. c. Pour réussir cet exercice : CC de but ; *de mots* : CdN *groupes*. d. aux pommes : CdN *gâteau* ; que j'ai fait avec Maylis : complément de l'antécédent *gâteau*.

❺ a. passionnante : adjectif, épithète du nom *histoire* ; à Julie : GN prépositionnel, COI du verbe *plaire*. b. à Paul : GN prépositionnel, COS du verbe *offrir* ; des chocolats : GN prépositionnel, COD du verbe *offrir* ; content : adjectif, attribut du sujet *il* ; de mon cadeau : GN prépositionnel, complément de l'adjectif *content*. c. Demain : adverbe, CCT ; sérieusement : adverbe, CC de manière ; de français : GN prépositionnel, CdN *leçons*. d. Je : pronom, sujet du verbe *peindre* ; magnifique : adjectif, épithète du nom *tableau* ; avec ces pastels : GN prépositionnel, CC de moyen.

## Leçon 76 (pages 104-105)

❶ Il pleuvra demain. Je me demande pourquoi. ❷ une phrase injonctive ❸ une interrogation partielle

❹ a. Phrase déclarative b. Phrase injonctive c. Phrase interrogative d. Phrase injonctive

❺ a. Cet abricot n'est-il pas assez mûr ? b. Cet astronome a-t-il découvert une nouvelle étoile ? c. Se réjouit-elle d'aller aux sports d'hiver ? d. Grand-père arrive-t-il par le train de 17 h 30 ?

## Leçon 77 (page 106)

❶ Rien ne sert de courir. ❷ Ne pas sonner avant d'entrer. ❸ Personne n'a téléphoné.

## Leçon 78 (page 107)

❶ J'ai oublié d'apporter mon ballon. (Dans les autres phrases, on peut supprimer *trop vite* et *encore*.) ❷ le CCT ❸ le CC de manière (soigneusement).

## Leçon 79 (page 108)

❶ une phrase verbale ❷ une phrase complexe (deux verbes conjugués) ❸ une phrase simple (un verbe conjugué)

## Leçon 80 (page 109)

❶ Un groupe centré sur un verbe conjugué à un mode personnel. ❷ deux propositions (deux verbes conjugués) ❸ [Le livre est intéressant] *et* [que tu m'as conseillé]

## Leçon 81 (pages 110-111)

❶ une proposition subordonnée ❷ deux propositions indépendantes juxtaposées ❸ que tu viennes

❹ Les propositions subordonnées sont soulignées. a. Le contrôleur annonce (proposition principale) <u>que le train aura du retard</u>. b. Pierre ne veut pas être dérangé (proposition principale) <u>quand il lit</u>. c. La mer remporte les coquillages (proposition principale) <u>qu'elle a apportés</u>. d. Le coquillage <u>que tu as ramassé</u> est très rare. (*Le coquillage est très rare* : proposition principale.)

❺ a. Indépendante b. Subordonnée c. Principale d. Principale

**Deux propositions juxtaposées :** Il pleut, il fait froid.

**Deux propositions coordonnées** : que Martin allait chez son orthophoniste [et] que Cléa allait à la piscine.

## Leçon 82 (pages 112-113)

❶ que tu m'as prêté ❷ l'antécédent du pronom relatif ❸ complément de l'antécédent *garçon*

❹ a. auquel on n'accédait pas auparavant : inaccessible b. qui mange de l'herbe : herbivore c. sur lequel on peut naviguer : navigable d. qui se lit facilement : facilement lisible

❺ a. où j'ai grandi : complément de l'antécédent *maison* ; que j'entretenais avec passion : complément de l'antécédent *jardin* b. qui longeait la rivière : apposé à l'antécédent *sentier* (la relative est détachée par des virgules) c. Qui tombe sur la case « prison » : sujet du verbe *devoir* (tournure proverbiale ; *qu'on le délivre* est une subordonnée conjonctive) d. auquel nous jouons : complément de l'antécédent *jeu*

## Leçon 83 (pages 114-115)

❶ Je suis sûr **que tu viendras.** ❷ Je crois **que tu te trompes.** ❸ attribut du sujet *priorité*

❹ a. que tu réussisses → Je souhaite vraiment ta réussite. b. à ce que Tom arrive d'un moment à l'autre → Nous nous attendons à l'arrivée de Tom d'un moment à l'autre. c. que notre équipe a été victorieuse → Avez-vous appris la victoire de notre équipe. d. que le paquebot soit parti → J'attends le départ du paquebot.

❺ a. que notre machine ne fonctionnera pas : COD du verbe *penser* b. que nous nous soyons bien amusés : attribut du sujet *L'important* c. que la machine ne décolle pas : sujet du verbe *être* d. que ce projet était très ambitieux : COD du verbe *savoir*

## Leçon 84 (page 116)

❶ Comme je suis en retard : CC de cause (*Quand viens-tu ?* est une indépendante ; *quand* est ici un adverbe interrogatif) ❷ jusqu'à ce que je le sache ❸ subjonctif (*avant que* est toujours suivi du subjonctif)

## Leçon 85 (page 117)

❶ Comme j'étais en avance ❷ si bien que je ne peux que réussir ❸ afin que ses résultats s'améliorent (*si bien qu'il progresse* : CC de conséquence)

## Leçon 86 (page 118)

❶ à supposer qu'il y ait bien un bus ❷ L'hypothèse et sa conséquence ne sont pas réalisées. ❸ comme quelqu'un qui ne connaît pas sa leçon.

## Leçon 87 (page 119)

❶ alors que je pourrais aller jouer ❷ Quoique je n'aime pas la science-fiction ❸ bien que

## Leçon 88 (page 120)

❶ qui pourrait me prêter un vélo. ❷ où se trouve mon écharpe (dans la 3e phrase, la subordonnée est relative : *salle* est l'antécédent du pronom relatif *où*) ❸ une subordonnée complétive (Sa fonction est complément du verbe de la principale.)

## Leçon 89 (page 121)

❶ Léa pense que nous sommes au point. ❷ Léa disait qu'elle pourrait nous aider. ❸ L'action de la subordonnée se déroule avant celle de la principale.

## Leçon 90 (page 122)

❶ d'une proposition subordonnée ❷ les collégiens accéder aux ordinateurs (dans les autres phrases, c'est le sujet du verbe conjugué qui effectue aussi l'action de l'infinitif) ❸ Les explications données, les recherches débutèrent.

## Leçon 91 (page 123)

❶ La phrase injonctive peut exprimer un conseil. (*Ex. Tu devrais venir.*) ❷ une principale et une subordonnée ❸ une subordonnée

## Leçon 92 (pages 124-125)

❶ à la fin d'une interrogation directe ❷ un point d'interrogation ❸ les points de suspension

Corrigés

4 a. Julie s'avança. Elle n'avait pas entendu le bus. Elle s'écarta brusquement. b. Pourquoi avez-vous choisi ce thème ? Comment allez-vous procéder ? c. C'est incroyable ! Léa a vécu en Australie, au Canada, en Turquie… d. Ce jour-là, il faisait beau. La rue était déserte. Soudain un cri retentit.

5 a. Je suis libre samedi ; je passerai te voir avec Lola, Victoire et Mayanna. b. La Fontaine écrit : « Rien ne sert de courir ; il faut partir à point. » c. À la fin de la journée, comme la veille, les collégiens se retrouvèrent sur le stade. d. Le ciel s'obscurcit ; on entendit gronder au loin ; les premières gouttes éclatèrent sur le trottoir.

## Leçon 93 (pages 126-127)

1 Les reprises pronominale et lexicale ; les reprises totale et partielle. 2 il ; lui (*tu* représente le destinataire) 3 lexicale

4 a. Jérémie → il (reprise pronominale totale) → le garçon (reprise lexicale totale) ; le poteau → l' (reprise pronominale totale) b. Les élèves → les uns, les autres (reprises pronominales partielles) c. Les spectateurs → ils (reprise pronominale totale) ; le chanteur → celui-ci (reprise pronominale totale) d. [J'ai oublié mon livre] → ce (reprise pronominale totale)

5 a. Les mouches → ces insectes (terme générique) b. Mon appartement → le plus vaste palais du monde (périphrase) c. Une crème, un gâteau et des glaces → ces desserts (terme générique) d. Achille → le héros (nom commun)

## Leçon 94 (page 128)

1 là-bas ; au loin 2 tout d'abord ; par la suite 3 des adverbes

## Leçon 95 (page 129)

1 de mettre en relief un élément ; de capter l'attention du lecteur (l'inversion du sujet est un procédé, pas un objectif) 2 C'est bien ce film que j'ai aimé. 3 l'inversion du sujet ; une périphrase

## Leçon 96 (pages 130-131)

1 le discours direct ; le discours indirect libre 2 le discours indirect ; le discours indirect libre 3 Elle assure qu'elle est d'accord (récit au présent). Elle assura qu'elle était d'accord (récit au passé).

4 a. discours indirect b. discours direct c. discours indirect libre d. discours narrativisé (il faut imaginer les paroles)

5 a. Sa mère lui rappela qu'elle ne devait surtout pas sortir seule le soir dans ce quartier. b. Johan demanda à Émeline quand elle reviendrait de son voyage au Mexique. c. Claire raconta qu'ils étaient allés (et non *allées*) au cinéma la veille. d. Sylvie expliqua qu'elle allait voir Laura, que cette dernière (le pronom *elle* serait ici ambigu : Sylvie ou Laura ?) s'était fait opérer de l'appendicite.

## Leçon 97 (pages 132-133)

1 le locuteur 2 un mode 3 un mode impersonnel

4 a. crois (personnel) ; devons (personnel) ; renseigner (impersonnel), en consultant (impersonnel) ; on peut aussi relever spécialisés (impersonnel) si on ne le considère pas comme un adjectif. b. aimeraient (personnel) ; participions (personnel) c. est tombé (personnel ; temps composé) ; en voulant (impersonnel) ; grimper (impersonnel) ; s'est cassé (personnel ; temps composé) d. Avez eu (personnel ; temps composé) ; regarder (impersonnel) ; ai parlé (personnel ; temps composé)

5 a. apporterai : action future ; ai cueillies : action passée b. prendrez : action future ; irez : action future c. saisissez : action présente d. sommes sortis : action passée ; faisait : action passée

## Leçon 98 (pages 134-135)

1 -e, -es, -e 2 -is, -is, -it, -issons, -issez, -issent 3 je veux

4 a. choisis ; es b. écoutes ; vois c. avoue ; comprends d. écrit ; envoie

5 a. songez ; paraissez b. veut ; rit ; peut c. s'écrie ; cours ; vient d. a ; dites ; faites

## Leçon 99 (pages 136-137)

1 j'essaye (on peut aussi écrire *j'essaie*) 2 vous nagez 3 ils pèlent

4 a. achètes b. appuyons c. pèle ; jette d. rangeons

5 a. Nous partageons b. je m'ennuie (on écrit *j'essaye* ou *j'essaie*) c. Je rappelle d. Nous larguons

## Leçon 100 (pages 138-139)

1 je prends 2 je mets 3 je crois

4 a. Ils vont ; ils prennent b. Vous dites ; vous faites c. peins-tu (verbe en *-indre*) d. Nous résolvons

5 a. Je joue ; je recouds ; je résous b. Hector entend ; Jade éteint c. J'envoie ; je vois d. Lola repeint ; Anna reprend

## Leçon 101 (pages 140-141)

1 je porterai 2 oublieras 3 je mangerais

4 a. Je jouerai aux dames et je ne perdrai jamais. b. D'abord, tu cloueras la planche et, ensuite, tu scieras le morceau qui dépassera. c. Le Petit Chaperon rouge ne voudra plus traverser les bois, elle préfèrera poster le colis destiné à sa grand-mère. d. Nous ferons un gâteau au chocolat pour ton anniversaire.

5 a. *Nous oublions* est au présent dans une série de verbes au futur simple. b. *Je dirais* est au présent du conditionnel dans une série de verbes au futur simple. c. *Il lisait* est à l'imparfait dans une série de verbes au présent du conditionnel. d. *Vous vérifieriez* est au présent du conditionnel dans une série de verbes au futur simple.

## Leçon 102 (pages 142-143)

1 je préparais 2 j'oubliais, nous oubliions 3 nous savions (les deux autres verbes sont au présent)

4 a. Lorsque nous attendions chez le dentiste, nous ne nous ennuyions pas car nous lisions des journaux. b. Nous cueillions des cerises et nous en mangions de grosses poignées ; elles étaient vraiment délicieuses. c. Aurélia se balançait de plus en plus haut ; elle risquait de tomber. d. Florent prenait des leçons de natation et nageait facilement la brasse et le crawl.

5 a. *Je saurais* est au présent du conditionnel dans une série de verbes à l'imparfait. b. *Nous chanterions* est au présent du conditionnel dans une série de verbes à l'imparfait. c. *Vous vérifiez* est au présent dans une série de verbes à l'imparfait (imparfait : *vérifiiez*). d. *Nous croyons* est au présent dans une série de verbes à l'imparfait.

## Leçon 103 (pages 144-145)

1 -ai, -as, -a, -âmes, -âtes, -èrent 2 il répondit 3 nous revînmes (*nous revîmes* : verbe *revoir*)

4 a. précipitai ; pris b. sursautai ; courus c. décidai ; sortis d. apporta

5 a. J'escaladai la montagne et découvris un paysage magnifique. b. Je campai à mi-chemin et repartis le lendemain. c. Je gravis en silence les derniers mètres. d. Une fois au sommet, je poussai un cri de joie.

## Leçon 104 (pages 146-147)

1 il rangea 2 nous emploierons 3 il résout

4 a. Vous voyagerez dans un train qui ira en Sibérie ! b. Je paierai en espèces ; je n'emploierai aucune carte bancaire. c. Nous naviguerons dans l'océan Indien et longerons les côtes de Madagascar. d. Tu joueras toujours au même jeu ; tu t'ennuieras sûrement.

5 a. Yann rangea b. Je distribuerai (on peut écrire *essayerez* ou *essaierez*). c. Il éteint d. Connaissez-vous ; qui s'appelle

## Leçon 105 (pages 148-149)

1 au plus-que-parfait 2 nous serons arrivés (*nous aurons proposés* : on devrait écrire *proposé* ; *nous aurions proposé* : conditionnel passé) 3 j'aurais décidé

4 a. aurai terminé : futur antérieur ; as lu : passé composé b. aurait imaginé : conditionnel passé c. eut appuyé : passé antérieur d. sont arrivés, a eu : passé composé

5 a. Pierre est parti le premier et a mené longtemps la course. b. Il a trébuché sur un

caillou et il est tombé. c. Anne l'a dépassé et est arrivée la première. d. Les cousins se sont retrouvés et ont décidé de se lancer dans de nouvelles aventures.

## Leçon 106 (page 150)

❶ Cette année, je suis en quatrième. ❷ « Un loup **survient** à jeun qui cherchait aventure. » ❸ un ordre

## Leçon 107 (page 151)

❶ l'imparfait et le passé simple ❷ exprime une habitude ❸ est employé par politesse

## Leçon 108 (pages 152-153)

❶ que je vienne, que nous venions ❷ Je voudrais qu'il ait ce rôle. ❸ J'aimerais qu'il me croie.

❹ a. que nous apprenions b. que je prenne ; que je me rende c. que cette machine puisse ; qu'elle emmène d. que vous connaissiez et réussissiez

❺ a. que vous soyez b. que nous organisions c. que vous puissiez ; que vous sachiez d. que tu voies

## Leçon 109 (pages 154-155)

❶ Il fallait qu'il **racontât** son aventure. ❷ Il faut qu'il **ait terminé** cet exercice dans cinq minutes. ❸ à l'imparfait du subjonctif

❹ a. que son suzerain lui **donnât** b. qu'Alexandre **vînt** c. que sa fille **prît** d. Bien qu'il **fût**

❺ a. que la princesse **ait rétréci** b. que nous **ayons organisé** c. que vous **ayez achevé** d. que **j'aie contacté**

## Leçon 110 (page 156)

❶ Prends ce bus. ❷ Aie de bons résultats. ❸ à la 2e personne du singulier

## Leçon 111 (page 157)

❶ Je vais **goûter**. ❷ choisi ❸ en relisant

## Leçon 112 (pages 158-159)

❶ le sujet ❷ au futur simple passif ❸ au passé composé actif

❹ a. il est applaudi : présent passif b. la porte avait été fracturée : plus-que-parfait passif c. ce collier est offert : présent passif d. Allan a été contacté : passé composé passif

❺ a. Notre roman sera illustré par le professeur d'arts plastiques. b. Quelques exemplaires de notre roman seront déposés au CDI. c. Le concours aura peut-être été gagné par notre classe. d. 30 exemplaires de notre œuvre ont été tirés.

## Leçon 113 (pages 160-161)

❶ Presque 80 % ❷ Formation savante ❸ Leur radical

❹ a. ex æquo b. équilatéral c. équestre d. cerf

❺ a. cause – naviguer – fragile b. navire – compter – direct c. armature – séparer– natif d. are – muter – rigide

## Leçon 114 (page 162)

❶ d'étymologie ❷ des synonymes ❸ de langue

## Leçon 115 (page 163)

❶ la substantivation ❷ la substantivation ❸ sens, devoir

## Leçon 116 (page 164)

❶ Néologisme ❷ l'abréviation de « pneumatique » ❸ leur prononciation

## Leçon 117 (page 165)

❶ anglaise ❷ l'italien ❸ surfeur

## Leçon 118 (pages 166-167)

❶ au début ❷ Grec ❸ avec

❹ a. rebord, abord, débord / éventuellement bâbord, tribord b. advenir, convenir, devenir, intervenir, parvenir, prévenir, provenir, revenir, souvenir, survenir c. démener, amener, emmener, ramener d. détenir, retenir, obtenir, contenir / éventuellement appartenir, maintenir

5 a. port (report, export, import, apport, transport) b. terrer (enterrer, déterrer, atterrer) c. serrer (resserrer, desserrer, enserrer) d. mission (démission, rémission, admission, émission, transmission)

## Leçon 119 (pages 168-169)

1 en nom / en verbe 2 blanchâtre 3 *-ère* / *-eure*

4 a. réellement b. retournement c. boulanger d. néflier

5 a. voler / vol**eur**, voli**ère** ou vol**ant** / vol**age**, vol**atile**, vol**é** ou vol**ant** b. coller / coll**age** ou coll**ant** / coll**é** ou coll**ant** c. couper / coup**ure** / coup**é** ou coup**ant** d. tirer / tir**eur** ou tir**euse** / tir**é** ou tir**ant**

## Leçon 120 (pages 170-171)

1 fructivore, raticide 2 liaison par préposition 3 qui prend du temps (littéralement « qui mange du temps », *-phage* est à prendre au sens figuré)

4 a. gé- (la terre) b. hydr- (l'eau) c. phage- (manger) d. anthrop- (l'homme)

5 a. géophage b. monochrome c. polyglotte d. omnipotent

## Leçon 121 (pages 172-173)

1 qui a plusieurs sens 2 au sens concret 3 sémantique

4 a. figuré b. propre c. propre d. figuré

5 a. perturbation climatique violente / agitation violente (politique ou sociale) b. œuvre artistique sur toile / document contenant des listes de données c. façon de se tenir / arrêt sur une ligne de transport d. petit meuble décoratif / appareil numérique

## Leçon 122 (page 174)

1 ce qu'un mot évoque 2 populace / marâtre 3 Jouer au casino

## Leçon 123 (page 175)

1 familier 2 élision / négation incomplète 3 soutenu

## Leçon 124 (pages 176-177)

1 des modalisateurs 2 Quel magnifique véhicule ! / Il se pourrait qu'elle soit rare. 3 sûrement / honnêtement

4 d. les superlatifs

5 b. « robustes » – « prospère »

## Leçon 125 (page 178)

1 des antonymes 2 fille 3 béquille

## Leçon 126 (page 179)

1 non 2 se prononcent de la même façon 3 des paronymes

## Leçon 127 (page 180)

1 un mot spécifique 2 boisson 3 table

## Leçon 128 (page 181)

1 de même thème 2 les mathématiques 3 le sommeil

## Leçon 129 (pages 182-183)

1 des synonymes 2 temporels 3 les répétitions du nom d'un personnage

4 a. passé simple b. imparfait c. « était » d. « guettait »

5 a. faux b. vrai c. faux d. vrai

## Leçon 130 (pages 184-185)

1 interrompt l'action 2 à préciser ce qu'on décrit 3 les verbes de perception

4 b. Ils ont pour fonction « épithètes ». c. Il y en a beaucoup pour un si court extrait, pour permettre de mieux visualiser la scène.

5 d. Ils organisent la description de la vue d'ensemble à des points de détail.

## Leçon 131 (pages 186-187)

1 une sorte de description 2 si le récit est fait au passé simple 3 faux

4 a. à l'imparfait b. « bonne », « grand », « osseux et dévié », « coiffée d'un énorme bonnet blanc, dont les rubans lui flottaient dans le dos » c. « jambe », « corps », « tête » et « dos ». d. Négatif car ce sont les défauts du personnage qui sont mis en valeur (« Elle boitait », « son [...] corps osseux et dévié », « elle s'enfonçait dans le sol. »).

5 a. Elle est comparée à un navire à l'ancre. b. Elle évoque une tempête. c. Au champ lexical de la mer. d. Ils insistent ; ils renforcent la description.

## Leçon 132 (pages 188-189)

1 ... répliqua-t-elle 2 avec un tiret 3 non

4 a. répondent-ils b. demande-t-elle c. crie-t-elle d. annonce-t-il

5 a. répondirent-ils b. demanda-t-elle c. cria-t-elle d. annonça-t-il

## Leçon 133 (pages 190-191)

1 une lettre administrative 2 en haut à gauche 3 une lettre privée

4 c. Dans les 8 jours qui suivent le 15 septembre 2002.

5 b. La date se calcule en effet par rapport à la date d'écriture de la lettre. c. La date est en effet liée à la situation d'énonciation. d. La date est en effet liée au moment où M. Héchat a fait la réclamation.

## Leçon 134 (pages 192-193)

1 rendre les arguments plus efficaces 2 de plus / en outre 3 à tel point que / de telle sorte que

4 a. « donc » / « et » b. « ou... ou » c. « parce que » d. « en dépit de »

5 a. choix / choix b. crime / criminel ; clair / clarté c. aucune / aucune d. au nom de ses valeurs fondamentales / en dépit de l'expérience des siècles

## Leçon 135 (pages 194-195)

1 un ancien récit oral 2 un rôle éducatif 3 explicite

4 b. Il y a des actions mais peu importantes (la confection du chaperon par exemple). c. Il n'y a presque pas d'actions.

5 c. Le premier expose la situation initiale, le deuxième l'élément perturbateur.

## Leçon 136 (pages 196-197)

1 le fait qu'ils soient fictifs ; le merveilleux 2 Le conte philosophique n'est pas destiné aux enfants. 3 Le conte traditionnel ne contient pas d'élément de critique sociale.

4 a. On n'a aucune information sur l'époque mais on a des indications sur le lieu. d. Le conte se déroule dans une région réelle, la Westphalie, mais à une époque imaginaire.

5 b. On l'appelle Candide. c. Il est peut-être le fils de la sœur du baron. d. C'est le héros puisqu'il a donné son nom au livre.

## Leçon 137 (pages 198-199)

1 en vers 2 des récits guerriers 3 de l'Antiquité

4 d. L'*Odyssée* raconte le retour d'Ulysse, après sa victoire contre les Troyens.

5 d. Il demande à la Muse de raconter directement l'histoire (« raconte-le-moi », « raconte », « raconte-les-nous »).

## Leçon 138 (page 200)

1 en un seul dieu 2 Parce qu'elles ont été écrites en ancien français. 3 du XIe siècle

## Leçon 139 (page 201)

1 de sa dame 2 pour les nobles 3 de l'Angleterre actuelle

## Leçon 140 (pages 202-203)

1 toujours en vers 2 au Moyen Âge 3 faire rire

4 c. Renart appelle Tiercelin « un de ses vieux compères ».

5 a. Il ressemble à une fable car les animaux se comportent comme des hommes. d. On dirait la fable de La Fontaine « Le Corbeau et le Renard ».

## Leçon 141 (pages 204-205)

1 les contes et les épopées 2 Elles sont plus souvent écrites en vers. 3 de fables d'Ésope

4 b. Ce sont leurs morales.

5 a. La longueur et les détails donnés par Ésope et La Fontaine sont plus importants. c. La morale de La Fontaine ne concerne par tous les hommes mais seulement les « Grands ».

## Leçon 142 (pages 206-207)

1 la longueur 2 la chute 3 un démarrage immédiat sans *incipit*

4 a. Puisqu'on parle de lave, on devrait plutôt employer un mot en rapport avec le feu. c. Ce n'est pas un emploi normal, donc c'est sans doute un indice pour deviner la chute. d. C'est normal de l'employer puisqu'en fait les deux héros sont des sucres.

5 a. « l'antre obscur » = la boîte à sucre, le sucrier b. « deux » = les deux derniers morceaux de sucre ; « les autres » = tous les autres morceaux de sucre de la boîte c. « les dieux » = des humains qui possèdent la boîte à sucre d. « parfois » = quand ces humains ont besoin de prendre du sucre

## Leçon 143 (pages 208-209)

1 La langue dans laquelle il était écrit à l'origine. 2 forcément en prose 3 Il a beaucoup évolué dans sa forme comme dans son contenu.

4 b. Il y a trois personnages en présence (Denise, Pépé et Jean). d. Les personnages cités appartiennent à la même famille.

5 a. C'est une ville effrayante.

## Leçon 144 (pages 210-211)

1 La biographie n'est pas écrite par celui qui a vécu la vie racontée. 2 à cause du pacte autobiographique 3 des Mémoires

4 b. Rousseau insiste sur sa sincérité. d. Rousseau utilise un champ lexical pour insister sur ce qui lui semble important.

5 c. Il n'est pas totalement sincère parce qu'il dit qu'il a ajouté des choses pour compenser un « défaut de mémoire ». Ces ajouts peuvent avoir été complètement inventés et sont donc semblables à des mensonges. d. Il est totalement sincère parce qu'il avoue qu'il a fait des ajouts. On peut donc imaginer qu'il signale ces ajouts quand il en fait.
*Les réponses, bien qu'apparemment contradictoires, sont donc acceptables toutes les deux.*

## Leçon 145 (pages 212-213)

1 prose 2 par les premiers mots 3 une majuscule

4 a. Il est composé de quatre strophes. c. Les rimes des deux premières strophes sont embrassées. d. C'est un sonnet.

5 d. Hélène doit profiter de la vie avant d'être trop vieille.

## Leçon 146 (page 214)

1 les mêmes sentiments que ceux du poète 2 à cause d'une lourde souffrance personnelle 3 abriter ses amours ; écouter ses souffrances

## Leçon 147 (page 215)

1 la montée des totalitarismes 2 Ils sont courts. 3 l'écriture ; le silence

## Leçon 148 (page 216)

1 Au théâtre, l'action se passe sous les yeux des spectateurs. 2 dialogue 3 les deux

## Leçon 149 (page 217)

1 l'écriture en vers ; l'objectif satirique 2 vrai 3 Molière

## Leçon 150 (pages 218-219)

1 Ils sont issus du peuple. 2 de gestes 3 Parce que c'est plus facile de se moquer de ce type de personnages. Parce que les spectateurs les identifient mieux.

4 b. Sur le comique de mots (répétition de « *Que diable allait-il faire dans cette galère ?* ») d. Sur le comique de caractère (Géronte est plus intéressé par son argent que par son fils ; c'est un avare.)

5 a. La réplique « Comment, diantre, cinq cents écus ? » montre son agacement. c. Il ne répond jamais à la demande de Scapin.

## Leçon 151 (pages 220-221)

1 Par le rang social des personnages 2 au Ve siècle avant J.-C. 3 tous les auteurs de théâtre français

4 c. Thésée et Phèdre sont des personnages de la mythologie grecque.

5 a. Thésée est mécontent de ce que les dieux lui ont accordé (« Je hais jusques au soin dont m'honorent les Dieux », « faveurs meurtrières », « inutiles prières »). c. Phèdre lui avoue que son fils est innocent (« Il faut à votre fils rendre son innocence. », « Il n'était point coupable. ». d. Thésée se sent responsable de ce qui est arrivé à son fils (« je l'ai condamné »).

## Leçon 152 (pages 222-223)

1 hexamètre 2 tercet 3 bdca

4 De/main,/ dès /l'au/b(e), à /l'heu/r(e) où / blan/chit / la/ cam/pagne,
Je / par/ti/rai./ Vois-/tu,/ je/ sais/ que/ tu/ m'at/tends.
J'i/rai/ par/ la/ fo/rêt,/ j'i/rai/ par/ la /mon/tagne.
Je /ne /puis /de/meu/rer/ loin /de /toi /plus/ long/temps.

5 a. alexandrin b. octosyllabe c. alexandrin d. hexasyllabe

## Leçon 153 (pages 224-225)

1 Presque toujours en fin de vers. Toujours quand il y a un signe de ponctuation. 2 un rejet 3 le placer en rejet ; le placer en contre-rejet

4 a. Tu passes ton chemin, // majestueuse enfant. c. Et des parcelles d'or, // ainsi qu'un sable fin,

5 a. rejet b. contre-rejet c. contre-rejet d. enjambement

## Leçon 154 (pages 226-227)

1 en fin de vers ou en milieu de vers 2 alterner rimes féminines et rimes masculines 3 rime riche

4 rimes embrassées

5 a. vile / servile d. tamariniers / mariniers

## Leçon 155 (pages 228-229)

1 le rondeau 2 Tous 3 14 vers ; 4 strophes 4 Il s'agit d'un pantoum.

## Leçon 156 (page 230)

1 d'analogie 2 l'antithèse 3 n'importe quel type de figures

## Leçon 157 (page 231)

1 Elles mettent en valeur les points communs. Elles servent à assimiler quelque chose à quelque chose d'autre. 2 l'utilisation d'un mot-outil 3 une personnification

## Leçon 158 (page 232)

1 C'est un GN. 2 Le chiasme croise des termes et pas l'hypallage. L'hypallage concerne les accords et pas le chiasme. 3 un chiasme (les pronoms personnels soulignés de 1re personne et de 3e personne du singulier sont inversés)

## Leçon 159 (page 233)

1 à la fin 2 Ce sont des antonymes. 3 une hyperbole

## Leçon 160 (page 234)

1 par des mots ayant un lien logique 2 Il ne choque pas. 3 une métonymie

## Leçon 161 (page 235)

1 Une façon d'interroger les gens avec une fausse naïveté. Une façon de s'exprimer sans dire ce qu'on pense réellement. 2 l'euphémisme 3 le ton qu'il emploie ; le contexte

## Leçon 162 (pages 236-237)

1 demain 2 le mois suivant 3 le plus-que-parfait

4 b. Le retour en arrière sert à expliquer le bruit que Charles entend. c. Le groupe nominal

« Le lendemain » permet de comprendre que la nuit n'a pas été racontée.

5 b. une anticipation (« le printemps de l'année prochaine »)

## Leçon 163 (pages 238-239)

1 la succession des actions 2 parce qu'il ne s'y passe généralement aucune action 3 l'élément perturbateur

4 d. la situation initiale

5 c. « [...] l'Ogresse, enragée de voir ce qu'elle voyait, se jeta elle-même la tête la première dans la cuve, et fut dévorée en un instant par les vilaines bêtes qu'elle y avait fait mettre. »

## Leçon 164 (pages 240-241)

1 les relations entre les personnages 2 ce que le sujet veut obtenir 3 des antonymes

4 a. Marraines = Fées = adjuvants / la petite Princesse = sujet b. une vieille Fée = opposant c. la jeune Fée = adjuvant / Roi et Reine = adjuvants d. le Roi = adjuvant / la Princesse = sujet

5 d. Elle est une opposante involontaire car c'est à cause d'elle que la Princesse va se piquer au fuseau.

## Leçon 165 (pages 242-243)

1 point de vue omniscient 2 narrateur intérieur 3 point de vue interne

4 a. Le narrateur est intérieur car l'auteur a employé « je ». d. Le point de vue est interne car le narrateur est intérieur.

5 b. On ne peut pas savoir si le narrateur est intérieur ou extérieur car ce passage ne donne pas assez d'indications. c. Le point de vue est externe car on dirait qu'un témoin raconte la scène.

# Index

## B



## C

## D



## E

# I

## Q



## R

## S

## T



## V

# Tableaux de conjugaison

# Avoir

## INDICATIF

| Présent | | Passé composé | | |
|---|---|---|---|---|
| j' | ai | j' | ai | eu |
| tu | as | tu | as | eu |
| il | a | il | a | eu |
| nous | avons | nous | avons | eu |
| vous | avez | vous | avez | eu |
| ils | ont | ils | ont | eu |

| Futur | | Futur antérieur | | |
|---|---|---|---|---|
| j' | aurai | j' | aurai | eu |
| tu | auras | tu | auras | eu |
| il | aura | il | aura | eu |
| nous | aurons | nous | aurons | eu |
| vous | aurez | vous | aurez | eu |
| ils | auront | ils | auront | eu |

| Passé simple | | Passé antérieur | | |
|---|---|---|---|---|
| j' | eus | j' | eus | eu |
| tu | eus | tu | eus | eu |
| il | eut | il | eut | eu |
| nous | eûmes | nous | eûmes | eu |
| vous | eûtes | vous | eûtes | eu |
| ils | eurent | ils | eurent | eu |

| Imparfait | | Plus-que-parfait | | |
|---|---|---|---|---|
| j' | avais | j' | avais | eu |
| tu | avais | tu | avais | eu |
| il | avait | il | avait | eu |
| nous | avions | nous | avions | eu |
| vous | aviez | vous | aviez | eu |
| ils | avaient | ils | avaient | eu |

## SUBJONCTIF

| Présent | | | Passé | | | |
|---|---|---|---|---|---|---|
| que | j' | aie | que | j' | aie | eu |
| que | tu | aies | que | tu | aies | eu |
| qu' | il | ait | qu' | il | ait | eu |
| que | nous | ayons | que | nous | ayons | eu |
| que | vous | ayez | que | vous | ayez | eu |
| qu' | ils | aient | qu' | ils | aient | eu |

| Imparfait | | | Plus-que-parfait | | | |
|---|---|---|---|---|---|---|
| que | j' | eusse | que | j' | eusse | eu |
| que | tu | eusses | que | tu | eusses | eu |
| qu' | il | eût | qu' | il | eût | eu |
| que | nous | eussions | que | nous | eussions | eu |
| que | vous | eussiez | que | vous | eussiez | eu |
| qu' | ils | eussent | qu' | ils | eussent | eu |

## CONDITIONNEL

| Présent | |
|---|---|
| j' | aurais |
| tu | aurais |
| il | aurait |
| nous | aurions |
| vous | auriez |
| ils | auraient |

| Passé 1re forme | | |
|---|---|---|
| j' | aurais | eu |
| tu | aurais | eu |
| il | aurait | eu |
| nous | aurions | eu |
| vous | auriez | eu |
| ils | auraient | eu |

| Passé 2e forme | | |
|---|---|---|
| j' | eusse | eu |
| tu | eusses | eu |
| il | eût | eu |
| nous | eussions | eu |
| vous | eussiez | eu |
| ils | eussent | eu |

## INFINITIF

**Présent**

avoir

**Passé**

avoir eu

## IMPÉRATIF

**Présent**

aie, ayons, ayez

**Passé**

aie eu, ayons eu, ayez eu

## PARTICIPE

**Présent**

ayant

**Passé**

eu(e/s/es)

**Passé composé**

ayant eu

# Être

## INDICATIF

| Présent | | Passé composé | | |
|---|---|---|---|---|
| je | suis | j' | ai | été |
| tu | es | tu | as | été |
| il | est | il | a | été |
| nous | sommes | nous | avons | été |
| vous | êtes | vous | avez | été |
| ils | sont | ils | ont | été |
| **Futur** | | **Futur antérieur** | | |
| je | serai | j' | aurai | été |
| tu | seras | tu | auras | été |
| il | sera | il | aura | été |
| nous | serons | nous | aurons | été |
| vous | serez | vous | aurez | été |
| ils | seront | ils | auront | été |
| **Passé simple** | | **Passé antérieur** | | |
| je | fus | j' | eus | été |
| tu | fus | tu | eus | été |
| il | fut | il | eut | été |
| nous | fûmes | nous | eûmes | été |
| vous | fûtes | vous | eûtes | été |
| ils | furent | ils | eurent | été |
| **Imparfait** | | **Plus-que-parfait** | | |
| j' | étais | j' | avais | été |
| tu | étais | tu | avais | été |
| il | était | il | avait | été |
| nous | étions | nous | avions | été |
| vous | étiez | vous | aviez | été |
| ils | étaient | ils | avaient | été |

## SUBJONCTIF

| Présent | | | Passé | | | |
|---|---|---|---|---|---|---|
| que | je | sois | que | j' | aie | été |
| que | tu | sois | que | tu | aies | été |
| qu' | il | soit | qu' | il | ait | été |
| que | nous | soyons | que | nous | ayons | été |
| que | vous | soyez | que | vous | ayez | été |
| qu' | ils | soient | qu' | ils | aient | été |
| **Imparfait** | | | **Plus-que-parfait** | | | |
| que | je | fusse | que | j' | eusse | été |
| que | tu | fusses | que | tu | eusses | été |
| qu' | il | fût | qu' | il | eût | été |
| que | nous | fussions | que | nous | eussions | été |
| que | vous | fussiez | que | vous | eussiez | été |
| qu' | ils | fussent | qu' | ils | eussent | été |

## CONDITIONNEL

| Présent | | |
|---|---|---|
| je | serais | |
| tu | serais | |
| il | serait | |
| nous | serions | |
| vous | seriez | |
| ils | seraient | |
| **Passé 1re forme** | | |
| j' | aurais | été |
| tu | aurais | été |
| il | aurait | été |
| nous | aurions | été |
| vous | auriez | été |
| ils | auraient | été |
| **Passé 2e forme** | | |
| j' | eusse | été |
| tu | eusses | été |
| il | eût | été |
| nous | eussions | été |
| vous | eussiez | été |
| ils | eussent | été |

## INFINITIF

**Présent**

être

**Passé**

avoir été

## IMPÉRATIF

**Présent**

sois, soyons, soyez

**Passé**

aie été, ayons été, ayez été

## PARTICIPE

**Présent**

étant

**Passé**

été

**Passé composé**

ayant été

# Chanter

## INDICATIF

| Présent | | Passé composé | | |
|---|---|---|---|---|
| je | chante | j' | ai | chanté |
| tu | chantes | tu | as | chanté |
| il | chante | il | a | chanté |
| nous | chantons | nous | avons | chanté |
| vous | chantez | vous | avez | chanté |
| ils | chantent | ils | ont | chanté |

| Futur | | Futur antérieur | | |
|---|---|---|---|---|
| je | chanterai | j' | aurai | chanté |
| tu | chanteras | tu | auras | chanté |
| il | chantera | il | aura | chanté |
| nous | chanterons | nous | aurons | chanté |
| vous | chanterez | vous | aurez | chanté |
| ils | chanteront | ils | auront | chanté |

| Passé simple | | Passé antérieur | | |
|---|---|---|---|---|
| je | chantai | j' | eus | chanté |
| tu | chantas | tu | eus | chanté |
| il | chanta | il | eut | chanté |
| nous | chantâmes | nous | eûmes | chanté |
| vous | chantâtes | vous | eûtes | chanté |
| ils | chantèrent | ils | eurent | chanté |

| Imparfait | | Plus-que-parfait | | |
|---|---|---|---|---|
| je | chantais | j' | avais | chanté |
| tu | chantais | tu | avais | chanté |
| il | chantait | il | avait | chanté |
| nous | chantions | nous | avions | chanté |
| vous | chantiez | vous | aviez | chanté |
| ils | chantaient | ils | avaient | chanté |

## CONDITIONNEL

| Présent | |
|---|---|
| je | chanterais |
| tu | chanterais |
| il | chanterait |
| nous | chanterions |
| vous | chanteriez |
| ils | chanteraient |

| Passé 1re forme | | |
|---|---|---|
| j' | aurais | chanté |
| tu | aurais | chanté |
| il | aurait | chanté |
| nous | aurions | chanté |
| vous | auriez | chanté |
| ils | auraient | chanté |

| Passé 2e forme | | |
|---|---|---|
| j' | eusse | chanté |
| tu | eusses | chanté |
| il | eût | chanté |
| nous | eussions | chanté |
| vous | eussiez | chanté |
| ils | eussent | chanté |

## INFINITIF

**Présent**

chanter

**Passé**

avoir chanté

## IMPÉRATIF

**Présent**

chante, chantons, chantez

**Passé**

aie chanté, ayons chanté, ayez chanté

## PARTICIPE

**Présent**

chantant

**Passé**

chanté(e/s/es)

**Passé composé**

ayant chanté

## SUBJONCTIF

| Présent | | | Passé | | | |
|---|---|---|---|---|---|---|
| que | je | chante | que | j' | aie | chanté |
| que | tu | chantes | que | tu | aies | chanté |
| qu' | il | chante | qu' | il | ait | chanté |
| que | nous | chantions | que | nous | ayons | chanté |
| que | vous | chantiez | que | vous | ayez | chanté |
| qu' | ils | chantent | qu' | ils | aient | chanté |

| Imparfait | | | Plus-que-parfait | | | |
|---|---|---|---|---|---|---|
| que | je | chantasse | que | j' | eusse | chanté |
| que | tu | chantasses | que | tu | eusses | chanté |
| qu' | il | chantât | qu' | il | eût | chanté |
| que | nous | chantassions | que | nous | eussions | chanté |
| que | vous | chantassiez | que | vous | eussiez | chanté |
| qu' | ils | chantassent | qu' | ils | eussent | chanté |

# Finir

## INDICATIF

| Présent | | Passé composé | | |
|---|---|---|---|---|
| je | finis | j' | ai | fini |
| tu | finis | tu | as | fini |
| il | finit | il | a | fini |
| nous | finissons | nous | avons | fini |
| vous | finissez | vous | avez | fini |
| ils | finissent | ils | ont | fini |

| Futur | | Futur antérieur | | |
|---|---|---|---|---|
| je | finirai | j' | aurai | fini |
| tu | finiras | tu | auras | fini |
| il | finira | il | aura | fini |
| nous | finirons | nous | aurons | fini |
| vous | finirez | vous | aurez | fini |
| ils | finiront | ils | auront | fini |

| Passé simple | | Passé antérieur | | |
|---|---|---|---|---|
| je | finis | j' | eus | fini |
| tu | finis | tu | eus | fini |
| il | finit | il | eut | fini |
| nous | finîmes | nous | eûmes | fini |
| vous | finîtes | vous | eûtes | fini |
| ils | finirent | ils | eurent | fini |

| Imparfait | | Plus-que-parfait | | |
|---|---|---|---|---|
| je | finissais | j' | avais | fini |
| tu | finissais | tu | avais | fini |
| il | finissait | il | avait | fini |
| nous | finissions | nous | avions | fini |
| vous | finissiez | vous | aviez | fini |
| ils | finissaient | ils | avaient | fini |

## SUBJONCTIF

| Présent | | | Passé | | | |
|---|---|---|---|---|---|---|
| que | je | finisse | que | j' | aie | fini |
| que | tu | finisses | que | tu | aies | fini |
| qu' | il | finisse | qu' | il | ait | fini |
| que | nous | finissions | que | nous | ayons | fini |
| que | vous | finissiez | que | vous | ayez | fini |
| qu' | ils | finissent | qu' | ils | aient | fini |

| Imparfait | | | Plus-que-parfait | | | |
|---|---|---|---|---|---|---|
| que | je | finisse | que | j' | eusse | fini |
| que | tu | finisses | que | tu | eusses | fini |
| qu' | il | finît | qu' | il | eût | fini |
| que | nous | finissions | que | nous | eussions | fini |
| que | vous | finissiez | que | vous | eussiez | fini |
| qu' | ils | finissent | qu' | ils | eussent | fini |

## CONDITIONNEL

| Présent | |
|---|---|
| je | finirais |
| tu | finirais |
| il | finirait |
| nous | finirions |
| vous | finiriez |
| ils | finiraient |

| Passé 1re forme | | |
|---|---|---|
| j' | aurais | fini |
| tu | aurais | fini |
| il | aurait | fini |
| nous | aurions | fini |
| vous | auriez | fini |
| ils | auraient | fini |

| Passé 2e forme | | |
|---|---|---|
| j' | eusse | fini |
| tu | eusses | fini |
| il | eût | fini |
| nous | eussions | fini |
| vous | eussiez | fini |
| ils | eussent | fini |

## INFINITIF

**Présent**

finir

**Passé**

avoir fini

## IMPÉRATIF

**Présent**

finis, finissons, finissez

**Passé**

aie fini, ayons fini ayez fini

## PARTICIPE

**Présent**

finissant

**Passé**

fini(e/s/es)

**Passé composé**

ayant fini

# Aller

## INDICATIF

| Présent | | Passé composé | | |
|---|---|---|---|---|
| je | vais | je | suis | allé(e) |
| tu | vas | tu | es | allé(e) |
| il | va | il (elle) | est | allé(e) |
| nous | allons | nous | sommes | allé(e)s |
| vous | allez | vous | êtes | allé(e)s |
| ils | vont | ils (elles) | sont | allé(e)s |
| **Futur** | | **Futur antérieur** | | |
| j' | irai | je | serai | allé(e) |
| tu | iras | tu | seras | allé(e) |
| il | ira | il (elle) | sera | allé(e) |
| nous | irons | nous | serons | allé(e)s |
| vous | irez | vous | serez | allé(e)s |
| ils | iront | ils (elles) | seront | allé(e)s |
| **Passé simple** | | **Passé antérieur** | | |
| j' | allai | je | fus | allé(e) |
| tu | allas | tu | fus | allé(e) |
| il | alla | il (elle) | fut | allé(e) |
| nous | allâmes | nous | fûmes | allé(e)s |
| vous | allâtes | vous | fûtes | allé(e)s |
| ils | allèrent | ils (elles) | furent | allé(e)s |
| **Imparfait** | | **Plus-que-parfait** | | |
| j' | allais | j' | étais | allé(e) |
| tu | allais | tu | étais | allé(e) |
| il | allait | il (elle) | était | allé(e) |
| nous | allions | nous | étions | allé(e)s |
| vous | alliez | vous | étiez | allé(e)s |
| ils | allaient | ils (elles) | étaient | allé(e)s |

## SUBJONCTIF

| Présent | | | Passé | | | |
|---|---|---|---|---|---|---|
| que | j' | aille | que | je | sois | allé(e) |
| que | tu | ailles | que | tu | sois | allé(e) |
| qu' | il | aille | qu' | il (elle) | soit | allé(e) |
| que | nous | allions | que | nous | soyons | allé(e)s |
| que | vous | alliez | que | vous | soyez | allé(e)s |
| qu' | ils | aillent | qu' | ils (elles) | soient | allé(e)s |
| **Imparfait** | | | **Plus-que-parfait** | | | |
| que | j' | allasse | que | je | fusse | allé(e) |
| que | tu | allasses | que | tu | fusses | allé(e) |
| qu' | il | allât | qu' | il (elle) | fût | allé(e) |
| que | nous | allassions | que | nous | fussions | allé(e)s |
| que | vous | allassiez | que | vous | fussiez | allé(e)s |
| qu' | ils | allassent | qu' | ils (elles) | fussent | allé(e)s |

## CONDITIONNEL

| Présent | | |
|---|---|---|
| j' | irais | |
| tu | irais | |
| il | irait | |
| nous | irions | |
| vous | iriez | |
| ils | iraient | |
| **Passé 1re forme** | | |
| je | serais | allé(e) |
| tu | serais | allé(e) |
| il (elle) | serait | allé(e) |
| nous | serions | allé(e)s |
| vous | seriez | allé(e)s |
| ils (elles) | seraient | allé(e)s |
| **Passé 2e forme** | | |
| je | fusse | allé(e) |
| tu | fusses | allé(e) |
| il (elle) | fût | allé(e) |
| nous | fussions | allé(e)s |
| vous | fussiez | allé(e)s |
| ils (elles) | fussent | allé(e)s |

## INFINITIF

**Présent**

aller

**Passé**

être allé(e/s/es)

## IMPÉRATIF

**Présent**

va, allons, allez

**Passé**

sois allé(e), soyons allé(e)s, soyez allé(e)s

## PARTICIPE

**Présent**

allant

**Passé**

allé(e/s/es)

**Passé composé**

étant allé(e/s/es)

# Dire

## INDICATIF

| Présent | | Passé composé | | |
|---|---|---|---|---|
| je | dis | j' | ai | dit |
| tu | dis | tu | as | dit |
| il | dit | il | a | dit |
| nous | disons | nous | avons | dit |
| vous | dites | vous | avez | dit |
| ils | disent | ils | ont | dit |

| Futur | | Futur antérieur | | |
|---|---|---|---|---|
| je | dirai | j' | aurai | dit |
| tu | diras | tu | auras | dit |
| il | dira | il | aura | dit |
| nous | dirons | nous | aurons | dit |
| vous | direz | vous | aurez | dit |
| ils | diront | ils | auront | dit |

| Passé simple | | Passé antérieur | | |
|---|---|---|---|---|
| je | dis | j' | eus | dit |
| tu | dis | tu | eus | dit |
| il | dit | il | eut | dit |
| nous | dîmes | nous | eûmes | dit |
| vous | dîtes | vous | eûtes | dit |
| ils | dirent | ils | eurent | dit |

| Imparfait | | Plus-que-parfait | | |
|---|---|---|---|---|
| je | disais | j' | avais | dit |
| tu | disais | tu | avais | dit |
| il | disait | il | avait | dit |
| nous | disions | nous | avions | dit |
| vous | disiez | vous | aviez | dit |
| ils | disaient | ils | avaient | dit |

## CONDITIONNEL

| Présent | |
|---|---|
| je | dirais |
| tu | dirais |
| il | dirait |
| nous | dirions |
| vous | diriez |
| ils | diraient |

| Passé 1re forme | | |
|---|---|---|
| j' | aurais | dit |
| tu | aurais | dit |
| il | aurait | dit |
| nous | aurions | dit |
| vous | auriez | dit |
| ils | auraient | dit |

| Passé 2e forme | | |
|---|---|---|
| j' | eusse | dit |
| tu | eusses | dit |
| il | eût | dit |
| nous | eussions | dit |
| vous | eussiez | dit |
| ils | eussent | dit |

## INFINITIF

**Présent**

dire

**Passé**

avoir dit

## IMPÉRATIF

**Présent**

dis, disons, dites

**Passé**

aie dit, ayons dit, ayez dit

## PARTICIPE

**Présent**

disant

**Passé**

dit(e/s/es)

**Passé composé**

ayant dit

## SUBJONCTIF

| Présent | | | Passé | | | |
|---|---|---|---|---|---|---|
| que | je | dise | que | j' | aie | dit |
| que | tu | dises | que | tu | aies | dit |
| qu' | il | dise | qu' | il | ait | dit |
| que | nous | disions | que | nous | ayons | dit |
| que | vous | disiez | que | vous | ayez | dit |
| qu' | ils | disent | qu' | ils | aient | dit |

| Imparfait | | | Plus-que-parfait | | | |
|---|---|---|---|---|---|---|
| que | je | disse | que | j' | eusse | dit |
| que | tu | disses | que | tu | eusses | dit |
| qu' | il | dît | qu' | il | eût | dit |
| que | nous | dissions | que | nous | eussions | dit |
| que | vous | dissiez | que | vous | eussiez | dit |
| qu' | ils | dissent | qu' | ils | eussent | dit |

# Faire

## INDICATIF

| Présent | | Passé composé | | |
|---|---|---|---|---|
| je | fais | j' | ai | fait |
| tu | fais | tu | as | fait |
| il | fait | il | a | fait |
| nous | faisons | nous | avons | fait |
| vous | faites | vous | avez | fait |
| ils | font | ils | ont | fait |

| Futur | | Futur antérieur | | |
|---|---|---|---|---|
| je | ferai | j' | aurai | fait |
| tu | feras | tu | auras | fait |
| il | fera | il | aura | fait |
| nous | ferons | nous | aurons | fait |
| vous | ferez | vous | aurez | fait |
| ils | feront | ils | auront | fait |

| Passé simple | | Passé antérieur | | |
|---|---|---|---|---|
| je | fis | j' | eus | fait |
| tu | fis | tu | eus | fait |
| il | fit | il | eut | fait |
| nous | fîmes | nous | eûmes | fait |
| vous | fîtes | vous | eûtes | fait |
| ils | firent | ils | eurent | fait |

| Imparfait | | Plus-que-parfait | | |
|---|---|---|---|---|
| je | faisais | j' | avais | fait |
| tu | faisais | tu | avais | fait |
| il | faisait | il | avait | fait |
| nous | faisions | nous | avions | fait |
| vous | faisiez | vous | aviez | fait |
| ils | faisaient | ils | avaient | fait |

## CONDITIONNEL

| Présent | |
|---|---|
| je | ferais |
| tu | ferais |
| il | ferait |
| nous | ferions |
| vous | feriez |
| ils | feraient |

| Passé 1re forme | | |
|---|---|---|
| j' | aurais | fait |
| tu | aurais | fait |
| il | aurait | fait |
| nous | aurions | fait |
| vous | auriez | fait |
| ils | auraient | fait |

| Passé 2e forme | | |
|---|---|---|
| j' | eusse | fait |
| tu | eusses | fait |
| il | eût | fait |
| nous | eussions | fait |
| vous | eussiez | fait |
| ils | eussent | fait |

## INFINITIF

| Présent |
|---|
| faire |
| **Passé** |
| avoir fait |

## IMPÉRATIF

| Présent |
|---|
| fais, faisons, faites |
| **Passé** |
| aie fait, ayons fait, ayez fait |

## SUBJONCTIF

| Présent | | | Passé | | | |
|---|---|---|---|---|---|---|
| que | je | fasse | que | j' | aie | fait |
| que | tu | fasses | que | tu | aies | fait |
| qu' | il | fasse | qu' | il | ait | fait |
| que | nous | fassions | que | nous | ayons | fait |
| que | vous | fassiez | que | vous | ayez | fait |
| qu' | ils | fassent | qu' | ils | aient | fait |

| Imparfait | | | Plus-que-parfait | | | |
|---|---|---|---|---|---|---|
| que | je | fisse | que | j' | eusse | fait |
| que | tu | fisses | que | tu | eusses | fait |
| qu' | il | fît | qu' | il | eût | fait |
| que | nous | fissions | que | nous | eussions | fait |
| que | vous | fissiez | que | vous | eussiez | fait |
| qu' | ils | fissent | qu' | ils | eussent | fait |

## PARTICIPE

| Présent |
|---|
| faisant |
| **Passé** |
| fait(e/s/es) |
| **Passé composé** |
| ayant fait |

# Pouvoir

## INDICATIF

| Présent | | Passé composé | | |
|---|---|---|---|---|
| je | peux / je puis | j' | ai | pu |
| tu | peux | tu | as | pu |
| il | peut | il | a | pu |
| nous | pouvons | nous | avons | pu |
| vous | pouvez | vous | avez | pu |
| ils | peuvent | ils | ont | pu |

| Futur | | Futur antérieur | | |
|---|---|---|---|---|
| je | pourrai | j' | aurai | pu |
| tu | pourras | tu | auras | pu |
| il | pourra | il | aura | pu |
| nous | pourrons | nous | aurons | pu |
| vous | pourrez | vous | aurez | pu |
| ils | pourront | ils | auront | pu |

| Passé simple | | Passé antérieur | | |
|---|---|---|---|---|
| je | pus | j' | eus | pu |
| tu | pus | tu | eus | pu |
| il | put | il | eut | pu |
| nous | pûmes | nous | eûmes | pu |
| vous | pûtes | vous | eûtes | pu |
| ils | purent | ils | eurent | pu |

| Imparfait | | Plus-que-parfait | | |
|---|---|---|---|---|
| je | pouvais | j' | avais | pu |
| tu | pouvais | tu | avais | pu |
| il | pouvait | il | avait | pu |
| nous | pouvions | nous | avions | pu |
| vous | pouviez | vous | aviez | pu |
| ils | pouvaient | ils | avaient | pu |

## SUBJONCTIF

| Présent | | | Passé | | | |
|---|---|---|---|---|---|---|
| que | je | puisse | que | j' | aie | pu |
| que | tu | puisses | que | tu | aies | pu |
| qu' | il | puisse | qu' | il | ait | pu |
| que | nous | puissions | que | nous | ayons | pu |
| que | vous | puissiez | que | vous | ayez | pu |
| qu' | ils | puissent | qu' | ils | aient | pu |

| Imparfait | | | Plus-que-parfait | | | |
|---|---|---|---|---|---|---|
| que | je | pusse | que | j' | eusse | pu |
| que | tu | pusses | que | tu | eusses | pu |
| qu' | il | pût | qu' | il | eût | pu |
| que | nous | pussions | que | nous | eussions | pu |
| que | vous | pussiez | que | vous | eussiez | pu |
| qu' | ils | pussent | qu' | ils | eussent | pu |

## CONDITIONNEL

| Présent | |
|---|---|
| je | pourrais |
| tu | pourrais |
| il | pourrait |
| nous | pourrions |
| vous | pourriez |
| ils | pourraient |

| Passé 1re forme | | |
|---|---|---|
| j' | aurais | pu |
| tu | aurais | pu |
| il | aurait | pu |
| nous | aurions | pu |
| vous | auriez | pu |
| ils | auraient | pu |

| Passé 2e forme | | |
|---|---|---|
| j' | eusse | pu |
| tu | eusses | pu |
| il | eût | pu |
| nous | eussions | pu |
| vous | eussiez | pu |
| ils | eussent | pu |

## INFINITIF

| Présent |
|---|
| pouvoir |
| **Passé** |
| avoir pu |

## IMPÉRATIF

| Présent |
|---|
| *inusité* |
| **Passé** |
| *inusité* |

## PARTICIPE

| Présent |
|---|
| pouvant |
| **Passé** |
| pu |
| **Passé composé** |
| ayant pu |

# Vouloir

## INDICATIF

| Présent | | Passé composé | | |
|---|---|---|---|---|
| je | veux | j' | ai | voulu |
| tu | veux | tu | as | voulu |
| il | veut | il | a | voulu |
| nous | voulons | nous | avons | voulu |
| vous | voulez | vous | avez | voulu |
| ils | veulent | ils | ont | voulu |

| Futur | | Futur antérieur | | |
|---|---|---|---|---|
| je | voudrai | j' | aurai | voulu |
| tu | voudras | tu | auras | voulu |
| il | voudra | il | aura | voulu |
| nous | voudrons | nous | aurons | voulu |
| vous | voudrez | vous | aurez | voulu |
| ils | voudront | ils | auront | voulu |

| Passé simple | | Passé antérieur | | |
|---|---|---|---|---|
| je | voulus | j' | eus | voulu |
| tu | voulus | tu | eus | voulu |
| il | voulut | il | eut | voulu |
| nous | voulûmes | nous | eûmes | voulu |
| vous | voulûtes | vous | eûtes | voulu |
| ils | voulurent | ils | eurent | voulu |

| Imparfait | | Plus-que-parfait | | |
|---|---|---|---|---|
| je | voulais | j' | avais | voulu |
| tu | voulais | tu | avais | voulu |
| il | voulait | il | avait | voulu |
| nous | voulions | nous | avions | voulu |
| vous | vouliez | vous | aviez | voulu |
| ils | voulaient | ils | avaient | voulu |

## CONDITIONNEL

| Présent | |
|---|---|
| je | voudrais |
| tu | voudrais |
| il | voudrait |
| nous | voudrions |
| vous | voudriez |
| ils | voudraient |

| Passé 1re forme | | |
|---|---|---|
| j' | aurais | voulu |
| tu | aurais | voulu |
| il | aurait | voulu |
| nous | aurions | voulu |
| vous | auriez | voulu |
| ils | auraient | voulu |

| Passé 2e forme | | |
|---|---|---|
| j' | eusse | voulu |
| tu | eusses | voulu |
| il | eût | voulu |
| nous | eussions | voulu |
| vous | eussiez | voulu |
| ils | eussent | voulu |

## INFINITIF

**Présent**

vouloir

**Passé**

avoir voulu

## IMPÉRATIF

**Présent**

veux, voulons, voulez *ou* veuille, veuillez

**Passé**

aie voulu, ayons voulu, ayez voulu

## PARTICIPE

**Présent**

voulant

**Passé**

voulu(e/s/es)

**Passé composé**

ayant voulu

## SUBJONCTIF

| Présent | | | Passé | | | |
|---|---|---|---|---|---|---|
| que | je | veuille | que | j' | aie | voulu |
| que | tu | veuilles | que | tu | aies | voulu |
| qu' | il | veuille | qu' | il | ait | voulu |
| que | nous | voulions | que | nous | ayons | voulu |
| que | vous | vouliez | que | vous | ayez | voulu |
| qu' | ils | veuillent | qu' | ils | aient | voulu |

| Imparfait | | | Plus-que-parfait | | | |
|---|---|---|---|---|---|---|
| que | je | voulusse | que | j' | eusse | voulu |
| que | tu | voulusses | que | tu | eusses | voulu |
| qu' | il | voulût | qu' | il | eût | voulu |
| que | nous | voulussions | que | nous | eussions | voulu |
| que | vous | voulussiez | que | vous | eussiez | voulu |
| qu' | ils | voulussent | qu' | ils | eussent | voulu |

# Partir

## INDICATIF

| Présent | | Passé composé | | |
|---|---|---|---|---|
| je | pars | je | suis | parti(e) |
| tu | pars | tu | es | parti(e) |
| il | part | il (elle) | est | parti(e) |
| nous | partons | nous | sommes | parti(e)s |
| vous | partez | vous | êtes | parti(e)s |
| ils | partent | ils (elles) | sont | parti(e)s |

| Futur | | Futur antérieur | | |
|---|---|---|---|---|
| je | partirai | je | serai | parti(e) |
| tu | partiras | tu | seras | parti(e) |
| il | partira | il (elle) | sera | parti(e) |
| nous | partirons | nous | serons | parti(e)s |
| vous | partirez | vous | serez | parti(e)s |
| ils | partiront | ils (elles) | seront | parti(e)s |

| Passé simple | | Passé antérieur | | |
|---|---|---|---|---|
| je | partis | je | fus | parti(e) |
| tu | partis | tu | fus | parti(e) |
| il | partit | il (elle) | fut | parti(e) |
| nous | partîmes | nous | fûmes | parti(e)s |
| vous | partîtes | vous | fûtes | parti(e)s |
| ils | partirent | ils (elles) | furent | parti(e)s |

| Imparfait | | Plus-que-parfait | | |
|---|---|---|---|---|
| je | partais | j' | étais | parti(e) |
| tu | partais | tu | étais | parti(e) |
| il | partait | il (elle) | était | parti(e) |
| nous | partions | nous | étions | parti(e)s |
| vous | partiez | vous | étiez | parti(e)s |
| ils | partaient | ils (elles) | étaient | parti(e)s |

## SUBJONCTIF

| Présent | | | Passé | | | |
|---|---|---|---|---|---|---|
| que | je | parte | que | je | sois | parti(e) |
| que | tu | partes | que | tu | sois | parti(e) |
| qu'il | parte | | qu' | il (elle) | soit | parti(e) |
| que | nous | partions | que | nous | soyons | parti(e)s |
| que | vous | partiez | que | vous | soyez | parti(e)s |
| qu' | ils | partent | qu' | ils (elles) | soient | parti(e)s |

| Imparfait | | | Plus-que-parfait | | | |
|---|---|---|---|---|---|---|
| que | je | partisse | que | je | fusse | parti(e) |
| que | tu | partisses | que | tu | fusses | parti(e) |
| qu' | il | partît | qu' | il (elle) | fût | parti(e) |
| que | nous | partissions | que | nous | fussions | parti(e)s |
| que | vous | partissiez | que | vous | fussiez | parti(e)s |
| qu' | ils | partissent | qu' | ils (elles) | fussent | parti(e)s |

## CONDITIONNEL

| Présent | |
|---|---|
| je | partirais |
| tu | partirais |
| il | partirait |
| nous | partirions |
| vous | partiriez |
| ils | partiraient |

| Passé 1re forme | | |
|---|---|---|
| je | serais | parti(e) |
| tu | serais | parti(e) |
| il (elle) | serait | parti(e) |
| nous | serions | parti(e)s |
| vous | seriez | parti(e)s |
| ils (elles) | seraient | parti(e)s |

| Passé 2e forme | | |
|---|---|---|
| je | fusse | parti(e) |
| tu | fusses | parti(e) |
| il (elle) | fût | parti(e) |
| nous | fussions | parti(e)s |
| vous | fussiez | parti(e)s |
| ils (elles) | fussent | parti(e)s |

## INFINITIF

**Présent**

partir

**Passé**

être parti(e/s/es)

## IMPÉRATIF

**Présent**

pars, partons, partez

**Passé**

sois parti(e), soyons parti(e)s, soyez parti(e)s

## PARTICIPE

**Présent**

partant

**Passé**

parti(e/s/es)

**Passé composé**

étant parti(e/s/es)

# Venir

## INDICATIF

| Présent | | Passé composé | | |
|---|---|---|---|---|
| je | viens | je | suis | venu(e) |
| tu | viens | tu | es | venu(e) |
| il | vient | il (elle) | est | venu(e) |
| nous | venons | nous | sommes | venu(e)s |
| vous | venez | vous | êtes | venu(e)s |
| ils | viennent | ils (elles) | sont | venu(e)s |

| Futur | | Futur antérieur | | |
|---|---|---|---|---|
| je | viendrai | je | serai | venu(e) |
| tu | viendras | tu | seras | venu(e) |
| il | viendra | il (elle) | sera | venu(e) |
| nous | viendrons | nous | serons | venu(e)s |
| vous | viendrez | vous | serez | venu(e)s |
| ils | viendront | ils (elles) | seront | venu(e)s |

| Passé simple | | Passé antérieur | | |
|---|---|---|---|---|
| je | vins | je | fus | venu(e) |
| tu | vins | tu | fus | venu(e) |
| il | vint | il (elle) | fut | venu(e) |
| nous | vînmes | nous | fûmes | venu(e)s |
| vous | vîntes | vous | fûtes | venu(e)s |
| ils | vinrent | ils (elles) | furent | venu(e)s |

| Imparfait | | Plus-que-parfait | | |
|---|---|---|---|---|
| je | venais | j' | étais | venu(e) |
| tu | venais | tu | étais | venu(e) |
| il | venait | il (elle) | était | venu(e) |
| nous | venions | nous | étions | venu(e)s |
| vous | veniez | vous | étiez | venu(e)s |
| ils | venaient | ils (elles) | étaient | venu(e)s |

## SUBJONCTIF

| Présent | | | Passé | | | |
|---|---|---|---|---|---|---|
| que | je | vienne | que | je | sois | venu(e) |
| que | tu | viennes | que | tu | sois | venu(e) |
| qu' | il | vienne | qu' | il (elle) | soit | venu(e) |
| que | nous | venions | que | nous | soyons | venu(e)s |
| que | vous | veniez | que | vous | soyez | venu(e)s |
| qu' | ils | viennent | qu' | ils (elles) | soient | venu(e)s |

| Imparfait | | | Plus-que-parfait | | | |
|---|---|---|---|---|---|---|
| que | je | vinsse | que | je | fusse | venu(e) |
| que | tu | vinsses | que | tu | fusses | venu(e) |
| qu' | il | vînt | qu' | il (elle) | fût | venu(e) |
| que | nous | vinssions | que | nous | fussions | venu(e)s |
| que | vous | vinssiez | que | vous | fussiez | venu(e)s |
| qu' | ils | vinssent | qu' | ils (elles) | fussent | venu(e)s |

## CONDITIONNEL

| Présent | |
|---|---|
| je | viendrais |
| tu | viendrais |
| il | viendrait |
| nous | viendrions |
| vous | viendriez |
| ils | viendraient |

| Passé 1re forme | | |
|---|---|---|
| je | serais | venu(e) |
| tu | serais | venu(e) |
| il (elle) | serait | venu(e) |
| nous | serions | venu(e)s |
| vous | seriez | venu(e)s |
| ils (elles) | seraient | venu(e)s |

| Passé 2e forme | | |
|---|---|---|
| je | fusse | venu(e) |
| tu | fusses | venu(e) |
| il (elle) | fût | venu(e) |
| nous | fussions | venu(e)s |
| vous | fussiez | venu(e)s |
| ils (elles) | fussent | venu(e)s |

## INFINITIF

**Présent**

venir

**Passé**

être venu(e/s/es)

## IMPÉRATIF

**Présent**

viens, venons, venez

**Passé**

sois venu(e), soyons venu(e)s, soyez venu(e)s

## PARTICIPE

**Présent**

venant

**Passé**

venu(e/s/es)

**Passé composé**

étant venu(e/s/es)

# Prendre

## INDICATIF

| Présent | | Passé composé | | |
|---|---|---|---|---|
| je | prends | j' | ai | pris |
| tu | prends | tu | as | pris |
| il | prend | il | a | pris |
| nous | prenons | nous | avons | pris |
| vous | prenez | vous | avez | pris |
| ils | prennent | ils | ont | pris |

| Futur | | Futur antérieur | | |
|---|---|---|---|---|
| je | prendrai | j' | aurai | pris |
| tu | prendras | tu | auras | pris |
| il | prendra | il | aura | pris |
| nous | prendrons | nous | aurons | pris |
| vous | prendrez | vous | aurez | pris |
| ils | prendront | ils | auront | pris |

| Passé simple | | Passé antérieur | | |
|---|---|---|---|---|
| je | pris | j' | eus | pris |
| tu | pris | tu | eus | pris |
| il | prit | il | eut | pris |
| nous | prîmes | nous | eûmes | pris |
| vous | prîtes | vous | eûtes | pris |
| ils | prirent | ils | eurent | pris |

| Imparfait | | Plus-que-parfait | | |
|---|---|---|---|---|
| je | prenais | j' | avais | pris |
| tu | prenais | tu | avais | pris |
| il | prenait | il | avait | pris |
| nous | prenions | nous | avions | pris |
| vous | preniez | vous | aviez | pris |
| ils | prenaient | ils | avaient | pris |

## SUBJONCTIF

| Présent | | | Passé | | | |
|---|---|---|---|---|---|---|
| que | je | prenne | que | j' | aie | pris |
| que | tu | prennes | que | tu | aies | pris |
| qu' | il | prenne | qu' | il | ait | pris |
| que | nous | prenions | que | nous | ayons | pris |
| que | vous | preniez | que | vous | ayez | pris |
| qu' | ils | prennent | qu' | ils | aient | pris |

| Imparfait | | | Plus-que-parfait | | | |
|---|---|---|---|---|---|---|
| que | je | prisse | que | j' | eusse | pris |
| que | tu | prisses | que | tu | eusses | pris |
| qu' | il | prît | qu' | il | eût | pris |
| que | nous | prissions | que | nous | eussions | pris |
| que | vous | prissiez | que | vous | eussiez | pris |
| qu' | ils | prissent | qu' | ils | eussent | pris |

## CONDITIONNEL

| Présent | |
|---|---|
| je | prendrais |
| tu | prendrais |
| il | prendrait |
| nous | prendrions |
| vous | prendriez |
| ils | prendraient |

| Passé 1re forme | | |
|---|---|---|
| j' | aurais | pris |
| tu | aurais | pris |
| il | aurait | pris |
| nous | aurions | pris |
| vous | auriez | pris |
| ils | auraient | pris |

| Passé 2e forme | | |
|---|---|---|
| j' | eusse | pris |
| tu | eusses | pris |
| il | eût | pris |
| nous | eussions | pris |
| vous | eussiez | pris |
| ils | eussent | pris |

## INFINITIF

**Présent**

prendre

**Passé**

avoir pris

## IMPÉRATIF

**Présent**

prends, prenons, prenez

**Passé**

aie pris, ayons pris, ayez pris

## PARTICIPE

**Présent**

prenant

**Passé**

pris(e/es)

**Passé composé**

ayant pris

# Peindre

## INDICATIF

| Présent | | Passé composé | | |
|---|---|---|---|---|
| je | peins | j' | ai | peint |
| tu | peins | tu | as | peint |
| il | peint | il | a | peint |
| nous | peignons | nous | avons | peint |
| vous | peignez | vous | avez | peint |
| ils | peignent | ils | ont | peint |

| Futur | | Futur antérieur | | |
|---|---|---|---|---|
| je | peindrai | j' | aurai | peint |
| tu | peindras | tu | auras | peint |
| il | peindra | il | aura | peint |
| nous | peindrons | nous | aurons | peint |
| vous | peindrez | vous | aurez | peint |
| ils | peindront | ils | auront | peint |

| Passé simple | | Passé antérieur | | |
|---|---|---|---|---|
| je | peignis | j' | eus | peint |
| tu | peignis | tu | eus | peint |
| il | peignit | il | eut | peint |
| nous | peignîmes | nous | eûmes | peint |
| vous | peignîtes | vous | eûtes | peint |
| ils | peignirent | ils | eurent | peint |

| Imparfait | | Plus-que-parfait | | |
|---|---|---|---|---|
| je | peignais | j' | avais | peint |
| tu | peignais | tu | avais | peint |
| il | peignait | il | avait | peint |
| nous | peignions | nous | avions | peint |
| vous | peigniez | vous | aviez | peint |
| ils | peignaient | ils | avaient | peint |

## CONDITIONNEL

| Présent | |
|---|---|
| je | peindrais |
| tu | peindrais |
| il | peindrait |
| nous | peindrions |
| vous | peindriez |
| ils | peindraient |

| Passé 1re forme | | |
|---|---|---|
| j' | aurais | peint |
| tu | aurais | peint |
| il | aurait | peint |
| nous | aurions | peint |
| vous | auriez | peint |
| ils | auraient | peint |

| Passé 2e forme | | |
|---|---|---|
| j' | eusse | peint |
| tu | eusses | peint |
| il | eût | peint |
| nous | eussions | peint |
| vous | eussiez | peint |
| ils | eussent | peint |

## INFINITIF

**Présent**

peindre

**Passé**

avoir peint

## IMPÉRATIF

**Présent**

peins, peignons, peignez

**Passé**

aie peint, ayons peint, ayez peint

## PARTICIPE

**Présent**

peignant

**Passé**

peint(e/s/es)

**Passé composé**

ayant peint

## SUBJONCTIF

| Présent | | | Passé | | | |
|---|---|---|---|---|---|---|
| que | je | peigne | que | j' | aie | peint |
| que | tu | peignes | que | tu | aies | peint |
| qu' | il | peigne | qu' | il | ait | peint |
| que | nous | peignions | que | nous | ayons | peint |
| que | vous | peigniez | que | vous | ayez | peint |
| qu' | ils | peignent | qu' | ils | aient | peint |

| Imparfait | | | Plus-que-parfait | | | |
|---|---|---|---|---|---|---|
| que | je | peignisse | que | j' | eusse | peint |
| que | tu | peignisses | que | tu | eusses | peint |
| qu' | il | peignît | qu' | il | eût | peint |
| que | nous | peignissions | que | nous | eussions | peint |
| que | vous | peignissiez | que | vous | eussiez | peint |
| qu' | ils | peignissent | qu' | ils | eussent | peint |

# Se souvenir

## INDICATIF

| Présent | | | Passé composé | | | |
|---|---|---|---|---|---|---|
| je | me | souviens | je | me | suis | souvenu(e) |
| tu | te | souviens | tu | t' | es | souvenu(e) |
| il | se | souvient | il (elle) | s' | est | souvenu(e) |
| nous | nous | souvenons | nous | nous | sommes | souvenu(e)s |
| vous | vous | souvenez | vous | vous | êtes | souvenu(e)s |
| ils | se | souviennent | ils (elles) | se | sont | souvenu(e)s |

| Futur | | | Futur antérieur | | | |
|---|---|---|---|---|---|---|
| je | me | souviendrai | je | me | serai | souvenu(e) |
| tu | te | souviendras | tu | te | seras | souvenu(e) |
| il | se | souviendra | il (elle) | se | sera | souvenu(e) |
| nous | nous | souviendrons | nous | nous | serons | souvenu(e)s |
| vous | vous | souviendrez | vous | vous | serez | souvenu(e)s |
| ils | se | souviendront | ils (elles) | se | seront | souvenu(e)s |

| Passé simple | | | Passé antérieur | | | |
|---|---|---|---|---|---|---|
| je | me | souvins | je | me | fus | souvenu(e) |
| tu | te | souvins | tu | te | fus | souvenu(e) |
| il | se | souvint | il (elle) | se | fut | souvenu(e) |
| nous | nous | souvînmes | nous | nous | fûmes | souvenu(e)s |
| vous | vous | souvîntes | vous | vous | fûtes | souvenu(e)s |
| ils | se | souvinrent | ils (elles) | se | furent | souvenu(e)s |

| Imparfait | | | Plus-que-parfait | | | |
|---|---|---|---|---|---|---|
| je | me | souvenais | je | m' | étais | souvenu(e) |
| tu | te | souvenais | tu | t' | étais | souvenu(e) |
| il | se | souvenait | il (elle) | s' | était | souvenu(e) |
| nous | nous | souvenions | nous | nous | étions | souvenu(e)s |
| vous | vous | souveniez | vous | vous | étiez | souvenu(e)s |
| ils | se | souvenaient | ils (elles) | s' | étaient | souvenu(e)s |

## SUBJONCTIF

| Présent | | | | Passé | | | | |
|---|---|---|---|---|---|---|---|---|
| que | je | me | souvienne | que | je | me | sois | souvenu(e) |
| que | tu | te | souviennes | que | tu | te | sois | souvenu(e) |
| qu' | il | se | souvienne | qu' | il (elle) | se | soit | souvenu(e) |
| que | nous | nous | souvenions | que | nous | nous | soyons | souvenu(e)s |
| que | vous | vous | souveniez | que | vous | vous | soyez | souvenu(e)s |
| qu' | ils | se | souviennent | qu' | ils (elles) | se | soient | souvenu(e)s |

| Imparfait | | | | Plus-que-parfait | | | | |
|---|---|---|---|---|---|---|---|---|
| que | je | me | souvinsse | que | je | me | fusse | souvenu(e) |
| que | tu | te | souvinsses | que | tu | te | fusses | souvenu(e) |
| qu' | il | se | souvînt | qu' | il (elle) | se | fût | souvenu(e) |
| que | nous | nous | souvinssions | que | nous | nous | fussions | souvenu(e)s |
| que | vous | vous | souvinssiez | que | vous | vous | fussiez | souvenu(e)s |
| qu' | ils | se | souvinssent | qu' | ils (elles) | se | fussent | souvenu(e)s |

## CONDITIONNEL

| Présent | | |
|---|---|---|
| je | me | souviendrais |
| tu | te | souviendrais |
| il | se | souviendrait |
| nous | nous | souviendrions |
| vous | vous | souviendriez |
| ils | se | souviendraient |

| Passé 1re forme | | | |
|---|---|---|---|
| je | me | serais | souvenu(e) |
| tu | te | serais | souvenu(e) |
| il (elle) | se | serait | souvenu(e) |
| nous | nous | serions | souvenu(e)s |
| vous | vous | seriez | souvenu(e)s |
| ils (elles) | se | seraient | souvenu(e)s |

| Passé 2e forme | | | |
|---|---|---|---|
| je | me | fusse | souvenu(e) |
| tu | te | fusses | souvenu(e) |
| il (elle) | se | fût | souvenu(e) |
| nous | nous | fussions | souvenu(e)s |
| vous | vous | fussiez | souvenu(e)s |
| ils (elles) | se | fussent | souvenu(e)s |

## INFINITIF

**Présent**

se souvenir

**Passé**

s'être souvenu(e/s/es)

## IMPÉRATIF

**Présent**

souviens-toi, souvenons-nous, souvenez-vous

**Passé**

## PARTICIPE

**Présent**

se souvenant

**Passé**

souvenu(e/s/es)

**Passé composé**

s'étant souvenu(e/s/es)

**Crédits photographiques Frise Repères d'histoire littéraire**
**Ulysse et les sirènes :** mosaïque du IIe s. av. J.-C., Tunisie ©Everett-Art/Shutterstock. **Chevalier Tristan** ©Everett-Art/Shutterstock. **Shakespeare** (L. Coblitz, 1847) ©Everett-Art/Shutterstock. **Molière** (J.-B. Mauzaisse, 1841) ©Everett-Art/Shutterstock. **Voltaire** (C. Lusurier, 1778) ©Everett-Art/Shutterstock. **Maupassant, Hugo, Flaubert, Camus, Apollinaire** ©Photothèque Hachette.

**Extraits des dictionnaires page 162 :**
Dictionnaire de langue française : Grand Larousse illustré © Larousse, 2015.
Dictionnaire étymologique : Dictionnaire étymologique © Larousse, 2010.
Dictionnaire des synonymes : Dictionnaire des synonymes © Hachette Éducation, 2013.

Karine Juillien remercie Nicole Juillien et Luis Fernandes, pour leur relecture attentive et leurs conseils.

Achevé d'imprimer en Espagne par UNIGRAF S.L.
Dépôt légal : Avril 2018 - Édition: 03
71/6577/0

# Repères d'histoire littéraire
## en lien avec les programmes du collège

## VIIIe siècle avant J.-C. à Ve siècle après J.-C. (Antiquité)

### Épopée
• **Homère (Grèce), VIIIe siècle av. J.-C. :** *Iliade*, *Odyssée*.

• **Virgile (Rome), Ier siècle av. J.-C. :** *Énéide*.

### Fable
• **Ésope (Grèce), VIIe-VIe s. av. J.-C. :** *Fables*.

*Ulysse et les sirènes*

## Xe siècle à XVe siècle (Moyen Âge)

### Littérature médiévale épique
• **Anonyme :** *Chanson de Roland* (1065 env.), chanson de geste.

### Littérature médiévale satirique
• **Anonyme :** *Roman de Renart* (1175 env.).

• **Anonyme :** *Estula* (XIIIe siècle), fabliau.

• **Anonyme :** *Farce de Maître Pathelin* (1464).

### Littérature médiévale courtoise
• Plusieurs auteurs ont retranscrit la légende de *Tristan et Iseult* au XIIe siècle : **Béroul, Thomas d'Angleterre, Marie de France.**

*Le chevalier Tristan, manuscrit du XVe s.*

• **Chrétien de Troyes, v.1135-1190 :** *Yvain ou le Chevalier au lion* (1176 env.), *Lancelot ou le Chevalier de la charrette* (1176 env.), *Perceval ou le Conte du Graal* (1181 env.).

• **Marie de France, 1154-1189 :** *Lais* (1175 env.).

## XVIe siècle (Renaissance)

### Poésie
• **Ronsard, 1524-1585 :** *Sonnets pour Hélène* (1578).

### Autobiographie
• **Montaigne, 1533-1592 :** *Essais* (1580).

### Roman et récit
• **Rabelais, 1494-1553 :** *Pantagruel* (1532), *Gargantua* (1534).

• **Léry, 1536-1613 :** *Voyage en terre de Brésil* (1578).

### Théâtre
• **Shakespeare, 1564-1616 :** *Roméo et Juliette* (1597).

*Shakespeare*

## XVII^e siècle

### Théâtre

Molière

- **Corneille, 1606-1684 :** *Le Cid* (1637).
- **Molière, 1622-1673 :** *L'Amour médecin* (1665), *Le Médecin malgré lui* (1666), *L'Avare* (1668), *Les Fourberies de Scapin* (1671), *Le Malade imaginaire* (1673), *Le Bourgeois gentilhomme* (1670).
- **Racine, 1639-1699 :** *Andromaque* (1668), *Iphigénie* (1674), *Phèdre* (1677).

### Fable

- **La Fontaine, 1621-1695 :** *Fables* (1668).

### Conte

- **Perrault, 1628-1703 :** *Contes du temps passé* (1697) : *Le Petit Chaperon rouge, Cendrillon…*

## XVIII^e siècle

### Textes philosophiques

Voltaire

- **Diderot, 1713-1784 :** *L'Encyclopédie* (1747-1765).
- **Montesquieu, 1689-1755 :** *Lettres persanes* (1721).
- **Voltaire, 1694-1778 :** *Zadig* (1748), *Micromégas* (1752), *Candide* (1759).

### Autobiographie

- **Rousseau, 1712-1778 :** *Confessions* (1765-1770).

### Conte

- **Leprince de Beaumont, 1711-1780 :** *La Belle et la Bête* (1757).

## XIX^e siècle

### Conte

Maupassant

- **Andersen, 1805-1875 :** *La Petite Sirène* (1837).
- **Jacob, 1785-1863, et Wilhelm Grimm, 1786-1859 :** *Contes (1812) : Blanche Neige, Hänsel et Gretel…*

### Nouvelle

- **Daudet, 1840-1897 :** *Lettres de mon moulin* (1869).
- **Flaubert, 1821-1880 :** *Un cœur simple* (1877).
- **Gautier, 1811-1872 :** *La Cafetière* (1831).
- **Maupassant, 1850-1893 :** *Le Horla* (1887), *Contes de la bécasse* (1883).
- **Mérimée, 1803-1870 :** *La Vénus d'Ille* (1837), *Colomba* (1840), *Carmen* (1845).

### Roman

- **Balzac, 1799-1850 :** *Le Colonel Chabert* (1832), *Eugénie Grandet* (1833).
- **Carroll, 1832-1898 :** *Alice au pays des merveilles* (1865).